KB234809

창의적 인성개발

창의적 인성개발

임혜숙 지음

한국학술정보(주)

머리말

첨단기술의 발달과 급변하는 물질문명의 소용돌이 속에서 인성교육에 대한 필요성은 더욱 절실하게 요구되기 시작하였다. 따라서 세계화, 정보화, 다양화 시대에 얼마나 잘 적응하며 살아갈 수 있도록 하는가가 교육의 큰 화두가 되고 있다. 세대가 바뀌고 사회현상이 변하면 그에 따른 인성교육의 목적과 방법 또한 달라져야 할 것이다.

예로부터 우리나라는 인성을 중요시하여 모든 교육의 근간을 이루고 있었다. 그러나 현대사회는 지식을 기반으로 하는 무한한 정보의 바다라고 할 수 있다. 그런 가운데 지식 위주의 경쟁주의로 내몰리는 현실을 외면하고 살기란 쉽지 않다. 사회구조의 변화로 여러 가지 문제가 야기되고 있으며, 이미 우리사회의 여러 곳에서 지각변동을 시작하였다. 높은 이혼율, 저출산, 가출청소년의 증가, 아동학대, 집단따돌림, 자살, 여러 형태의 소외현상, 교실붕괴라 일컬어지는 행위들 등이 발생하는 빈도는 점차 가속화되고 있다. 그래서 인성교육의 필요성이 더욱더 가중된다.

스마트한 세상에 살고 있는 우리의 아이들은 과연 얼마나 스마트하게 살아갈 수 있는가. 그것은 분명히 우리에게 편리함과 유익을 주고 있다. 그러나 한편 우려스러운 점은 자칫 인간성이 메마르고 인간관계가 소원해질 수 있다는 것이다. 빠르게 변화하는 첨단지식을 소화하지 못하는 사람들이 기계와 인간으로부터 소외당하면서 정신건강에 문제가 생기게 되고, 그에 따라 발생할 수 있는 여러 가지 사회적 병리현상들을 예방하지 않으면 안 된다.

21세기에 살고 있는 우리 아이들은 너무도 급격하게 변화하는 불확실한 미래를 예측하면서 준비하여야 한다. 이제 인성교육도 21세기가 원하는 방향을 직시하여 발맞춰가야 한다. 그래서 창의성과 인성교육을 융합한 창의적 인성개발이 필요하다. 창의성교육과 인성교육이 별개의 것이 아니라 인성을 창의적으로 개발해나도록 교육하는 것이 21세기에 우리 아이들이 잘 살아갈 수 있도록 하는 교육이라고 하겠다.

창의적으로 문제를 해결하고 미래에 발생할 수 있는 가능성을 예측하고 준비하도록 한다. 사회가 모든 기반을 갖추고 있기만을 바라는 것이 아니라 민감하게 '나'를 느끼고 자기주도적으로 선택하는데, 정서적으로 메마르지 않도록 하며, 타인을 배려하고 협동할 수 있는 역량을 길러나가는 자세를 견지해야 한다. 선진 사회일수록 정직성을 요구하고 약속이 중요하게 여겨진다. 다양함을 인정하여 나와 남이 다르다는 점을 수용하고 나의 모든 행위에 책임감을 가지는 성숙된 시민의식을 함양하여야 한다.

본 서는 이러한 목적에서 크게 이론과 실제의 두 파트로 나누어 구성하였다.

PART 1에서는 창의적 인성개발의 이론을 중심으로 전개하였다. 4개의 CHAPTER로 나누어서 인성교육과 창의성교육의 이해를 돕도록 한 후 창의적 인성교육에 대한 이론적 배경을 갖도록 하였다. 그리고 여러 가지 창의적 사고기법을 소개하였다.

PART 2에서는 창의적 인성개발을 위하여 실제 적용할 수 있도록 하는 활동을 중심으로 전개하였다. CHAPTER 5의 '나 찾기'에서부터 CHAPTER 12의 용서에 이르기까지 감성(정서), 정직, 약속, 배려, 책임이라는 인성요소에 다양한 사고기법을 적용하여 창의적으로 사고하며 인성을 개발할 수 있는 프로그램을 제시하였다.

최선을 다하여 무더운 여름의 땀방울을 값지게 만들고자 노력하였다. 20여 년 가까이 교육현장에서 영재교육, 창의성교육을 진행하고 연구하며 늘 염려스러운 부분이 감성과 인성교육이었다. 그런데 2009년 말 교육과학기술부는 창의·인성교육을 골자로 하는 개정교육과정을 제시하였다. 21세기의 교육이 '새로운 가치를 창출하고 동시에 더불어 살 줄 아는 인재'를 양성한다는 목표 아래 공감대를 형성하게 되었다. 창의·인성교육의 실천방안으로 유아단계에서는 창의·인성교육을 내실화하고, 초·중등 교과 활동에서의 창의·인성교육을 강화하고자 하였다. 이를 통하여 창의성과 인성을 동시에 함양한다는 것이다.

그동안 인성교육에 관한 교재들이 많이 나와 있으며 창의성에 관한 연구도 활발히 전개되고 있었다. 그런데 창의적 인성개발이라는 과목에 관심을 갖고 공부하려는 학생들을 위하여 적합한 교육을 하기란 쉬운 일이 아니었다. 용기를 내서 이렇게 강의했던 자료를 모아 정리하였다. 그러다 보니 부족한 부분이 많음을 스스로 느끼게 된다. 그러나 창의적으로 인성을 개발해나가도록 하는 것이 미래를 살아갈 우리 아이들을 위한 중요한 역할이라는 점을 인식하여 부족한 부분은 계속 보완하도록 노력할 것을 다짐하며, 여기에 여러 자료들을 참고하였으나 일일이 표시하지 못한 부분이 있음을 밝힌다.

　학문의 길을 간다고 하여 정작 해야 할 일을 뒤로 미루며 잘 못해도 언제나 아낌없이 격려와 지지를 보내준 가족과 친지분들께 고마움을 표한다. 그리고 창의적 인성개발이라는 과목을 개설하여 보편화에 앞장서 주신 은사님, 선후배, 동료분들께 감사드리며, 편달을 달게 수용할 준비를 한다.

　끝으로 기꺼이 출판을 허락해주신 한국학술정보(주)의 채종준 사장님과 직원 여러분께 깊은 감사의 말씀을 드린다.

2012년 8월

임혜숙

:: Contents

Part 02　창의적 인성개발의 실제

Part 01

유·아동 창의적 인성교육의 이해

#01
유·아동 인성교육의 이해

1. 유·아동 인성교육의 개념

1) 인성의 개념

인성(Character, 人性)은 '사람의 성품(性品)'이란 사전적 의미를 갖는다(민중서림, 2004). 성품(性品)은 사람의 성질과 품격이다. 성품은 '타고난 성질(性質), 성정(性情) 혹은 천품(天稟)'이라는 사전적 의미를 갖는 용어로서 한 인간의 총체적 혹은 전인적 인격 상태를 나타내는 개념이라고 볼 수 있다. 성질은 마음의 바탕이고 품격은 사람의 됨됨이이다. 인성이란 각 개인이 가지는 사고와 태도 및 행동 특성을 말하는 것으로 추상적이고 포괄적인 의미를 갖는다.

인성(Character)은 ethos와 poios를 의미하는 것으로 사용되어 왔다. ethos는 덕목, 즉 지녀야 할 도덕적 가치이며, poios는 그가 어떤 사람인가를 의미하므로 도덕적이고 올바른 삶을 존중하고 실천할 수 있는 개인적 특성이라고 할 수 있다(홍순정, 2011). 영어에서는 인성에 해당하는 적절한 용어가 없으나 일반적으로 'character'를 인성 용어로 사용하고 있다. 이는 개인이 일상생활에서 보여 주는 도덕적, 윤리적 측면에서의 성질을 의미한다.

인성 개념과 관련된 비슷한 용어로는 인격(character), 기질(temperament), 개성(individuality), 성격(personality), 성품, 품성, 심성, 마음과 혼용되기도 한다. 의미상 다소 차이는 있으나 인성은 교육학 분야에서 인격은 정신의학 분야에서, 그리고 성격은 심리학 분야에서 동일한 의미로 사용된다(강진령, 2010). 인격에 비해 인성은 심리학의 관심이 아니라 철학, 교육학, 윤리학 분야에서 주로 다루어지고 있다.

인성(character)은 성격(personality)을 비롯하여 동기, 흥미, 태도, 도덕, 윤리 등을 포괄하는 상위적 개념이다. 인성은 성품·기질·개성·인격·품성 등 다양한 의미를 포함하는 용어로 사람이 태어날 때부터 가진 본연의 성격, 인격을 의미한다. 즉, 한 사람의 마음의 바탕과 사람됨을 가리키는 말이다. 각 개인이 가지는 사고와 태도 및 행동 특성을 나타내는 것으로 내적인 면과 외적인 면이 통합된 개념이다. 고정된 것이 아니라 교육과 사회적 관계를 통하여 변화되고 내면화되어 생활하는 가운데 행동으로 표현되는 것이다.

인성이란 '개인이 환경에 적응하는 데 있어서 비교적 일관성 있고 독특한 행동양식과 사고양식(이수원 등, 1988)' 혹은 '인간의 심리적 행동 - 사고, 감정, 행위 등 - 의 공통점과 차이점을 결정하는 안정된 경향성과 특성(원호택, 1998)'이다. 한 개인이 일상생활에 있어서의 행동, 사고, 감정의 기초가 되는 신체적, 정신적, 감정적 특징이라고 할 수 있다. 맥클랜드(McClleland)는 인성을 변화시키기 위해서는 가치관, 의식구조, 행동, 습관을 차례로 바꿔야 한다고 역설하고 있다. 그의 주장 속에는 가치관이 인성형성에 지대한 영향을 미칠 수 있다는 점을 암시하고 있다(강진령, 2010).

인성이 개인적 특성이라는 점에서는 성격의 일면과 관계 지을 수 있으나, 인성은 또한 인간으로서 지켜야 할 올바른 가치, 윤리적 가치, 도덕적 가치의 형성과 실천 능력을 의미한다. 즉, 인간적 가치의 문제, 옳고 그름의 문제, 사회적 가치의 문제와 깊게 관련되어 있다(홍순정, 2010).

남궁달화(2010)는 인성이란 '사람의 성품'이라고 하였다. 성품은 사람의 성질과 품격이다. 성질은 '마음의 바탕'이고 품격은 사람의 '됨됨이'이다. 인성이란 곧 한 사람의 마음의 바탕과 사람됨을 가리키는 말이다. 인성의 개념이 '마음의 바탕'과 '사람됨'이라는 두 가지 요소로 구성되어 있다. 마음의 바탕은 지·정·의 세 요소로 구성된다. 사람됨은 태어난 그대로의 인간을 가리키는 것이 아니라 가치를 추구하고 실현하는 삶과 그 모습이라고 생각한다.

인성은 흔히 성품·기질·개성·인격 등 다양한 의미를 포함하는 용어로 학자들이 그 이론적 근거에 따라 다양한 관점에서 접근하고 있다. 예를 들면 프로이트는 개인이 본능적 요구를 현실적, 도덕적 제약 가운데에서 합리적으로 충족시켜 나가는 방식으로 인성을 파악하였고, 로저스는 개인이 자신의 독특한 주관적인 경험세계 속에서 자아실현을 이루어 나가는 과정을 이해하려고 하였다. 한편 행동주의 학자인 스키너는 인성에 대한 일체의 가설적 개념을 배제하고 인성이란 개인이 어떤 독특한 변화 과정을 통하여 학습한 일련의 행동형에 지나지 않는다고 하였다(권이종, 2010).

홍경자(2010)는 성격에 대하여 첫째, 성격이란 내적 구조로서 행동과 생각을 통하여 또는 환경의 적응방식을 통하여 그리고 습관체제를 통하여 나타난다. 둘째, 성격은 어떤 조직 또는 체제이다. 인성은 몇 개의 요인으로 결합된 조직체로서, 이들 구성요소의 상호작용 양식에 의하여 성격의 특성이 나타난다. 셋째, 성격은 역동적이다. 넷째, 성격은 고정성과 항상성을 갖는다. 인간의 성격은 어린아이로 태어나 청년기, 성인기, 노년기를 거치는 과정 중에 발달하고 재구성되기 때문에 변화하는 것은 사실이나 성격변화는 비교적 오랜 시간을 거친 후에 완만하게 일어나기 때문에 개인의 성격에는 어느 정도의 항상성이 인정된다고 하였다.

인성은 한 개인이 도덕적으로 선을 의식하고 이성의 명령에 따라 가치를 형성하고 실천하는 능력이다. 어떤 경험을 하느냐에 따라 사람들의 삶의 방향과 도덕적 행위의 질적 수준이 크게 변화하게 된다. 인성은 개개인의 사고방식을 통한 행동으로 환경과 상호작용하면서 나타나는 고유한 적응방식이다. 개인의 기질·개성에 따른 사고방식과 행동 특성이 관련된 내적 요소와 가정·사회환경이나 교육과 관련된 외적요소가 역동적으로 상호작용하는 가운데 형성되는 것으로 변화되고 내면화되어 생활하는 가운데 행동으로 표현되는 것이다.

2) 인성교육의 개념

인성교육(人性教育)이란 사람의 성품을 교육하는 것이다. 인간교육이라고도 할 수 있으며 인간의 모든 영역에서 이루어지는 교육이다. 따라서 한 개인이 사회생활을 영위하면서 다른 사람, 우주, 자연과 어떻게 어우러져 생각하고, 행동하며 어떤 태도를 지니는 개인의 특성을 형성하도록 교육하는 것이다. 인간이 인간다운 특징을 보유하고 사람답게 살아갈 수 있는 결정을 하도록 교육하는 것이다. 개인이 습득한 지식, 기술, 체력 등의 조건들도 인성 조건의 깊이와 형태에 따라 그 가치가 다르게 결정되는 것임을 쉽게 볼 수 있다. 그러므로 모든 교육에서 인성교육은 중요한 교육목표이자 내용이 되고 있는 것이다.

인성교육은 성격교육, 심성교육, 품성교육, 인성지도, 성격지도 등과 혼용되는데 성격교육을 교육학 대사전에서는 병소의 성격형성이 바람직하게 되도록 환경과 인간관계 등을 부드럽고 원만하게 하는 일이고, 이미 정상이라 보기 어려운 성격을 정상적이 되도록 교정하는 일로 정의하고 있다.

교육학에서 인성교육은 심리학적인 구체적 내용과 철학적인 포괄적이고 추상적인 내용을 다 내포하는 방향으로 연구되고 있다. 학자에 따라 시간 지키기, 협력, 청결, 건강 등과 같은 구체적인 항목을 인성교육의 목표로 정하는 경우도 있고, 정의, 지혜, 용기, 절제 등과 같이 매우 추상적인 항목들을 인성교육의 목표로 정하는 경우도 있어 그 견해차가 매우 크다(이병석 외, 2010).

인성의 개념적 구성이 마음의 바탕과 인간의 됨됨이로 이루어지는 것으로 볼 때, 인성교육이란 곧 마음의 바탕인 지(知-앎), 정(情-느낌), 의(意-다짐)를 교육하고, 인간이 되는 것을 교육하는 가치를 추구하고 실현하는 것을 교육하는 것이라고 하였다. 마음의 발달을 위한 정서교육을 하는 것이고 자아실현을 위한 가치교육을 하는 것이며 더불어 살아가기 위한 도덕교육을 하는 것이다(남궁달화, 2010).

조승원(2010)은 인성교육은 나눔과 배려의 실천을 요구한다고 하여 내용 요소로 충(忠), 효(孝), 예(禮), 의(義), 인(仁)을 들었다. 여기서 충(忠)은 내 마음 한가운데 있는 참된 마음으로 국가에 대한 충성뿐만 아니라 '자기의 진심을 다하는 것'으로 공부할 때 부모님을 섬길 때 진심을 다하는 것이고, 다른 사람을 대할 때는 진심을 다해 배려하는 것이다. 예(禮)는 인간이 지켜야 할 도리로 개인과 가정에서의 예절은 사회 전체 예절의 기초가 된다고 하였다.

권이종(2010)은 오늘날 우리 사회에서 주장되고 있는 인성교육에 대하여 다음과 같이 정의하고 해석하였다.

첫째, 인성교육을 통해 길러지는 바람직한 인간성은 현명한 의사결정능력을 지닌 인간으로 보고, 인성교육의 방향을 중시, 개성 존중, 적극성 함양, 긍정적 방식의 고취, 미래지향성 등 다섯 가지로 제시하기도 한다.

둘째, 인성교육을 전인교육과 동일한 개념으로 파악하여 교사와 학생들의 만남, 즉 상호작용을 통해 개인의 인격을 형성하고 문화를 전승, 재구성, 창조하는 가치 지향적 활동으로 규정한다. 또한 인성교육의 세 가지 전제로 ① 교육은 인간 대 인간의 만남이란 점, ② 교육은 가치를 추구하는 활동이란 점, ③ 교육의 목표는 개인적 차원에서 인격형성이요, 사회적 맥락에서는 문화발전이라는 점을 들고 있다.

셋째, 인성교육을 인간의 체, 덕, 지(지금까지 우리나라에서는 관행적으로 지덕체를 강조하여 왔으나 현대사회에 접어들면서 OECD 가입국을 비롯한 많은 선진국에서 인성교육이 지식교육보다 더 중요하고, 건강이 인성 또는 지식교육보다 더 중요하다고 강조하고 있다)를 긍정적으로 변화시켜 인간의 가치를 극대화하는 활동으로 정의하고 있다. 인성교육을 통한 바람직한 인간상으로 주도적, 도덕적, 공동체적인 인간과, 창조적이고 생산적이며 건강한 인간을 강조한다. 또한 심리학적 이론에 근거하여, 인성교육에 있어서 인간의 개별 특성에 관심을 가지고 그 특성이 존중되며 자유롭게 개발되어 그 특성대로 사회적 조화를 이루도록 교육하자는 것이다. 예를 들어 '무지개 색깔은 빨, 주, 노, 초, 파, 남, 보'이듯이, 사람은 너와 나, 우리가 모두 다르므로 개인의 특성과 잠재능력을 제도나 상호작용과 인간관계 면에서 제약을 받지 않고 충분히 개발하는 것이다.

인성은 도덕과 윤리적 가치가 결합된 용어로, 사람이 사람답게 살아갈 수 있도록 가르치는 것이 인성교육이다. 인성교육은 포괄적이고 겉으로 드러나는 행동이나 언어, 태도뿐 아니라 내면의 감정, 동기, 무의식과 내면적 심리 상태의 교육을 모두 포함하고 있다. 따라서 인성교육은 인간으로서 갖추어야 할 것들을 교육과 사회적 관계에 의하여 변화되는 것이므로 계획적이고 체계적으로 이루어져야 한다.

우리나라의 교육은 홍익인간의 이념 아래 모든 국민으로 하여금 인격을 도야하고 민주적 생활 능력과 민주시민으로서 필요한 자질을 갖추게 하여 인간다운 삶을 영위하게 하고 민주국가의 발전과 인류공영의 이상을 실현하는 데 이바지하게 함을 목적으로 한다. 긍정적이고 조화로운 인격을 갖추기 위해 교육하고, 주체적이고 개성 있는 삶을 영위하기 위하여 창의적이고 미래지향적인 인간으로 성장하는 데 필요한 토대를 마련하는 교육이 바로 인성교육이라고 하겠다.

3) 유·아동의 인성교육

정보화 사회, 글로벌 사회, 다양화 사회에서 인성교육의 중요성은 날로 강조되어가고 있다. 이런 현실 속에 유·아동을 위한 교육의 장에서 인성교육을 실시하는 데 어려움이 있다. 인성교육을 정의하는 것이 추상적이고 다양하여 유·아동 교육을 담당하고 있는 교사가 임의로 교육을 하기에는 인성교육을 위한 토대가 부족하다. 또한 교사들이 인성교육을 실시하기 위한 덕목들에 관한 지침이 확립되어 있지 않아 교사가 개인적으로 생각하는 덕목과 인성교육의 실제에는 괴리가 있을 수 있고 또한 프로그램을 개발하여 실시하기에는 다소 어려움이 있다.

유·아동기는 다양한 인성을 가진 유·아동들이 신체적·정신적으로 조화를 이루며 건강한 인격체로 성장하는 데 결정적 시기라고 할 수 있다. 유·아동의 발달단계에 적합한 심리적 특성을 이해하고 적합한 인성교육을 적용함으로써 이후의 발달단계에서 주어지는 발달과업을 건강하게 수행해 나갈 수 있을 것이다. 그러나 고도의 산업화와 핵가족화 그리고 입시 위주의 교육으로 인한 지식의 강조는 유·아동이 정서적, 도덕적 경험을 하는 데 위협요인이 되고 있다. 이혼율의 증가, 부모-자녀 간의 상호작용 기회 감소, 주거 이동의 증가로 인한 유·아동의 정서적 스트레스는 유·아동의 우울증, 부적응, 불안증 등의 현상으로 나타나고 있다.

유·아동들은 도덕적 앎, 도덕적 감정, 도덕적 행동이 어우러질 때 그 결과로 좋은 인성을 갖게 된다. 이러한 좋은 인성을 발달시키기 위한 의도적이고 행동지향적인 노력을 인성교육이라 한다(Lickona, 1991). 유·아동기의 인성교육을 통해 유·아동은 긍정적인 자아감을 형성하고 남을 배려하며 서로가 다름을 인정할 수 있는 소양을 함양함으로써 더불어 즐겁게 삶을 영위할 수 있는 품성의 기초를 형성하게 된다(교육과학기술부, 2010). 인간은 어린아이로 태어나 청년기, 성인기, 노년기를 거치는 과정 중에 발달하고 재구성되면서 변화하나 유·아동기에 인성의 기초를 형성한다. 따라서 유·아동의 인성교육은 전인적 성장과 지(知)·정(情)·의(意)의 조화로운 발달을 위한 필수과정이다.

2. 유·아동 인성교육의 필요성

최근 들어 교육현장에서 유·아동 및 학생들을 위한 인성교육 문제가 심각하게 대두되었다. '교육(敎育)'이나 '보육(保育)'이라는 말이 '가르치고 기른다'는 말이고 '돌보고 기른다'는 의미를 갖는다는 점을 생각할 때, 굳이 별도로 인성교육을 한다는 것을 강조할 필요가 없을 수도 있다.

'세 살 버릇 여든까지 간다'는 우리 속담이 있다. 그리고 프로이트(S. Freud)는 사람의 성격이 생후 5년 내지 6년 이내에 결정된다고 주장하였다. 이는 개개인의 인생 초기 경험인 초등학교 입학하기 전까지, 즉 가정에서 가족과 함께 생활하며 주로 부모로부터 가정교육을 받는 시기에 해당되는 시기가 얼마나 그의 성격 형성에 지대한 영향을 미치는지를 잘 지적하고 있는 말이다.

유·아동기는 기본생활 습관이 형성되는 매우 중요한 시기이다. 한번 습관이 형성되면

고친다는 것이 쉽지 않기 때문에 유·아동기의 인성교육은 건강한 성인으로 성장하기 위한 초석이 된다. 개인의 인격형성에 영향을 미치는 기본적인 세 가지는 가정과 유아교육기관(학교) 그리고 사회이다. 그중에 가장 영향이 큰 것은 가정으로 가정교육에서의 인성교육의 중요성은 아무리 강조해도 지나치지 않다. 내 자녀를 잘 키우기 위해서는 내 자녀만을 위하는 소극적인 관점에서 유아교육기관(학교)과 사회를 위해 노력을 기울이는 거시적 관점으로 방향을 전환하여 결국 내 자녀가 건강한 시민으로 성장하도록 도와야 한다. 그래야 귀한 내 자식이 피해자 또는 가해자가 되지 않을 것이다.

페스탈로치는 어머니를 '하늘이 내린 위대한 교사'라고 하였다. 그러나 현대사회가 핵가족화와 함께 여성의 사회진출이 늘어나면서 전통적으로 가정에서 해왔던 많은 부분의 가정교육을 유아교육기관이나 학교에 의존하고 있는 게 현실이다. 유아교육기관이나 학교가 가정교육을 대신하고 있다고 해도 과언이 아닌 상태에서 유·아동을 위한 교육기관에서의 인성교육의 비중은 날로 더해가는 것이다. 따라서 유아교육기관이나 학교는 가정에서 미처 가르칠 수 없는 집단생활 방법, 타인과 상호작용하는 방법, 그리고 집단 속에서 자아를 찾아가며 개성화가 일어날 수 있도록 경험하는 장으로서의 역할을 하게 된다. 이뿐만 아니라 가정교육의 일정 부분까지도 부담해야 한다는 책임감을 가질 수밖에 없다.

한 자녀 혹은 두 자녀 가정이 일반화되는 상황에서 내 자식을 잘 키우고자 하는 열망으로 인하여 유·아동들은 점점 더 경쟁사회에서 순위다툼을 하도록 강요당하고 있고, 인지적인 지식 위주의 교육이 편중된 교육현실로 내몰리고 있다. 그런 가운데 사회의 급격한 변화의 물결은 그들을 가정과 또래로부터 소외시키고, 성적 등의 여러 가지 형태로부터 소외시키고 있다. 또한 매체의 발달로 인하여 조기부터 인터넷에 노출되는 상황은 인간관계를 형성하는 데 있어서 심각한 오류를 범할 가능성을 예견하게 되므로 인성교육의 중요성은 더욱더 강조되고 있다. 이러한 문제점을 해결하고 예방하기 위하여 수시로 입시형태를 바꾸고 있으나 여전히 지식을 강조하는 풍토를 개선하는 데는 어려움이 드러나고 있다. 학교폭력, 집단따돌림, 인터넷중독 등의 문제를 해결하는 데는 특별한 묘안이 있거나 확실한 예방장치가 있는 것은 아니다. 이런 문제를 해결하기 위해서는 바람직한 인성교육을 실시하는 것이 가장 근원적인 처방이 될 것이다(우종옥, 2010).

유·아동기는 기본적인 인성이 형성되는 시기이다. 이때 형성된 인성은 중·고등학교와 대학으로 이어지며 건전한 민주시민으로 사회생활을 하는 데 중요한 역할을 하게 된다. 유·아동기 인성교육의 부재는 유·아동은 물론이거니와 중·고등학생과 대학생들을 물질만능주의, 개인주의, 이기주의로 몰아가고 있어 원만한 인간관계는 물론 남과 더불어 살아가는 미풍양식이 상실되어 가고 있다. 이와 같은 문제를 해결하기 위해선 인성교육의 필요성이 강조되고 도덕적 해이와 휴머니티 위기를 극복하기 위한 인성교육이 요구되고 있는 것이다. 유·아동은 물론이거니와 중·고등학교와 대학생들의 도덕성은 위기에 처해 있으며, 청소년 비행이라는 말이 무색하게 그 연령이 점차 낮아지고 있다. 가정과 학교를 떠나는 청소년이 증가하면서 심각한 각종 청소년 범죄가 증가하여 사회문제가 되고 있고, 성적이나 또래로부터의 왕따현상, 학교폭력은 최악의 경우 자기 스스로 삶을 포기하는 사태에 이르게 되는 것이다.

고도의 산업화 과정이 인간에게 순기능을 강화한다는 점도 있으나 역기능도 많이 나타나고 있으며 역기능의 대표적 영역이 환경파괴와 인간성 상실이다. '사람됨'을 회복하기 위한 가장 핵심적인 과제가 바로 인성교육이다. 인성교육의 필요성은 첫째, 과학기술의 발달과 인간성 발달의 균형이 깨지고 있기 때문에, 둘째, 물질 위주의 사상이 도도히 흐르고 있기 때문에, 셋째, 관능적 향락을 즐기는 사회가 되고 있기 때문에, 넷째, 인간 소외현상이 나타나고 있기 때문에 부각되고 있다(김종서, 2010).

인성교육의 필요성에 대하여 Licona는 "한 인간을 도덕이 아닌 머리로만 교육하는 것은 사회에 대하여 하나의 위험인물을 교육하는 것과 다를 바 없다"고 했다. 즉, 인성의 부재나 실패는 위험한 인간, 위험한 공동체를 형성하는 지름길인 것이다(우영효, 2010).

인성교육의 필요성을 우영효(2010)는 발달심리학적 측면, 개인적 측면, 사회국가적 측면에서 설명하고 있다.

- 발달심리학적 측면에서 인성은 어린 시절에 어떤 경험을 했느냐에 따라 달라지고 개인의 삶의 방향과 도덕적 행동의 수준을 결정한다고 하였다. 따라서 유·아동기에는 보다 바람직한 도덕적 경험을 할 수 있도록 실천 위주의 인성교육이 필요하다.
- 개인적 측면에서 인간은 자기 스스로를 존중하고 타인을 존중할 때 행복감과 소속감을 느낄 수 있다. 어린 시절부터 유아들에게 타인의 입장을 고려하고 예절과 질서를 지키며 서로 더불어 살아가는 존재라는 것을 가르쳐 주어야 한다. 유·아동들은 자기감정을 조절하고 타인의 감정을 이해하여 원만한 대인관계를 유지해 나가는 경험하도록 해야 한다.
- 사회국가적 측면에서 지식의 폭발적 증가와 국경 없는 시대에 살아가야 하는 유·아동들은 더욱더 바른 인성의 소유자여야 한다. 세계화와 개방화가 될수록 우리 고유

의 어른에 대한 예절과 공경정신은 우리 공동체 의식을 높여줌으로써 국가경쟁력의 중요한 요소가 될 것이다.

인성교육의 필요성에 대하여 안영진(2010)은 발달심리적 측면, 개인적 측면, 사회적 측면, 민족·국가적 측면의 네 가지로 제시하였다.

- 발달심리적 측면에서 발달은 환경과 개체의 상호작용에 의하여 이루어진다. 특히 청소년들이 성장과정에서 경험하는 것들은 그것이 쌓이고 쌓여서 습관이 되고 성격이 된다. 즉, 인성은 어떤 경험을 하느냐에 따라 크게 변화되고, 그 사람의 삶의 방향과 도덕적 행위의 질적 수준도 이에 따라 결정된다. 그러므로 보다 나은 경험을 할 수 있는 의도적 실천 위주의 인성교육은 중요한 과제이다.
- 개인적 측면에서 사람은 누구나 인간으로서의 존엄과 가치를 가지며, 행복을 추구할 권리를 가지고 있다. 그러나 인간은 다른 사람들이 나를 존중하고 인정해줄 때 최대의 행복을 느끼게 마련이다. 따라서 다른 사람을 존중하고 다른 사람에게 폐가 되지 않도록 예절과 질서를 지키고 서로 도우며 더불어 행복을 찾도록 하는 교육은 개인의 행복을 가꿔주는 기본이 된다.
- 사회적 측면에서 그동안의 급속한 경제발전의 역기능으로 가치관의 혼란과 사회병리 현상이 가속화되고 있다. 즉, 전통적인 가치의 상실, 도덕성의 상실 등은 점점 심해지고 있으며, 이는 우리 사회를 병들게 하는 원인이 되고 있다. 아울러 이와 같은 사회현상이 그대로 청소년들에게 노출되어 앞으로의 사회혼란도 걱정될 수밖에 없다. 그러므로 풍요롭고 사랑이 넘치는 사회를 만들기 위하여 인성교육은 강화되어야 한다.
- 민족·국가적 측면에서 선진국일수록 자기 나라의 역사를 소중히 여기고, 자기 나라에 태어난 것을 자랑으로 여기고, 자기 나라의 문화를 계승·발전시키려고 힘쓰고 있다. 그러나 오늘의 사회는 세계화·개방화의 물결 속에서 외래문화를 무분별하게 수용하여 우리의 주체성을 상실하지 않을까 염려되기도 한다. 따라서 우리의 전통문화를 계승·발전시키고 공동체 의식을 높이며 교육과 민족의 뿌리를 튼튼히 하는 것이며, 이는 곧 국가발전의 원동력이 된다. 그러므로 실천 위주의 인성교육은 민족과 국가의 발전을 위하여 강화되어야 한다.

안영진(2010)은 인성교육을 강화해야 하는 이유를 개인적 측면, 환경적 측면, 사회국가적 측면에서 설명하고 있다.

- 개인적 측면에서 자기감정을 조절하고 타인의 감정을 이해하여 원만한 대인관계를 유지해 나가는 경험들을 유·아동 수준에서 경험하도록 한다.
- 환경적 측면에서는 인성은 어린 시절에 어떤 경험을 했느냐에 따라 달라지고, 개인의 삶의 방향과 도덕적 수준을 결정하게 되므로 유·아동기 때에 보다 바람직한 도덕적 경험을 할 수 있도록 실천 위주의 인성교육이 필요하다.
- 사회국가적 측면에서는 지식의 폭발적 증가와 국경 없는 시대에 살아가야 하는 유·아동들은 더욱더 바른 인성의 소유자가 되어야 한다. 세계화와 개방화가 될수록 어른에 대한 예절을 지키고 공경하는 우리 고유의 정신은 우리의 공동체 의식을 높여줄 것이다, 따라서 유·아동 시기의 인성교육을 강화하는 것은 국가경쟁력의 중요한 요소가 된다.

한편 김윤환(1997)은 인성교육을 강화해야 하는 이유를 발달심리적 측면, 개인적 측면, 사회적 측면, 시대적 측면, 민족·국가적 측면의 다섯 가지로 이야기하고 있다.

첫째, 발달심리적 측면으로 인성은 어떤 경험을 하느냐에 따라 크게 변화되고, 그 사람의 삶의 방향과 도덕적 행위의 질적 수준도 이에 따라 결정된다.

둘째, 개인적 측면으로 다른 사람을 존중하고 다른 사람에게 폐가 되지 않도록 예절과 질서를 지키고, 서로 도우며 더불어 행복을 찾도록 하는 인성교육은 개인에게 행복을 가져다주는 기본이 된다.

셋째, 사회적 측면으로 전통적인 가치의 상실, 이기주의, 황금만능주의, 공동체의식의 상실, 도덕성의 상실 등이 심해지고 있으며, 이는 우리 사회를 병들게 하는 원인이 되고 있기도 하다. 풍요롭고 사랑이 넘치는 사회를 만들기 위하여 인성교육은 강화되어야 한다.

넷째, 시대적 측면으로 각종 정보의 폭발적인 증가로 인한 급격한 변화와 발전의 시대를 맞이하게 됨에 따라 이러한 환경에 바르게 적응하면서 개인과 국가의 발전을 위해 노력할 수 있는 사람, 즉, 바른 인성과 뛰어난 창의력과 튼튼한 신체를 가진 사람을 기르기 위한 것이다.

다섯째, 민족·국가적 측면으로 우리의 전통문화를 계승·발전시키고 공동체 의식을 높이는 교육과 민족의 동질성을 높이는 교육이 필요한데 국가발전의 원동력이 되는 교육이 바로 인성교육이다.

여러 학자들의 연구를 살펴본 결과 유·아동기 인성교육의 필요성은 발달심리학적 측면, 개인적 측면, 사회국가적 측면, 국제적 측면에서 고려되고 강조되어야 한다.

① 발달심리학적 측면에서 살펴보면 인성은 엄마의 배 속에 잉태되는 순간부터 영·유아가 성장하는 발달단계에서 다양하게 경험하는 환경과의 상호작용에 의해 형성된다. '배 속에서 열 달 교육이 태어나서 십 년보다 낫다'는 우리 속담에서처럼 우리는 태아를 하나의 생명체인 인격체로 존귀하게 여기면서 태교를 하였다. 예쁘고 좋은 음식으로 가려서 먹고, 편안한 상태를 유지하려고 하면서 가능하면 행복한 생각을 하면서 태아에게 이야기하였다. 외부세계와 상호작용하면서 경험의 축적이 이루어지는 이때부터 인성은 형성되기 시작한다. 자아가 발달하는 유·아동기부터 올바르게 도덕적 기준을 형성할 수 있는 환경을 제공하기 위하여 실천 위주의 인성교육이 필요하다.

② 개인적 측면에서 살펴보면 아무리 사회가 발전하고 현대화된다고 하여도 유·아동은 하나의 인격체로 성장할 수 있어야 한다. 인성교육은 개인이 주체성을 갖게 해주는 것으로 인간 중시, 개성 존중, 긍정적인 사고방식, 미래지향성, 적극성 함양, 자율성 배양, 배려심 고취 등으로 이야기할 수 있다. 자기 자신을 소중하게 여기고 존중하면서 타인의 입장을 고려하고 다른 사람의 감정을 이해하는 경험을 하는 것이 필요하다. 다른 사람들과 적절한 인간관계를 형성할 수 있도록 어린 시절부터 예의를 지키고, 규칙을 준수하며 질서를 지키는 경험을 하도록 한다. 가족에 소속되고 또래집단에 소속되어 대인관계를 형성하는 경험은 더불어 살아가는 사회에서 개개인이 자기다움을 확인하는 아주 소중한 경험이 된다.

③ 사회·국가적 측면에서 살펴보면 인성이 형성되는 세 가지 축의 하나가 가정과 교육기관 그리고 사회이다. 사회와 국가는 유·아동들이 우리의 문화적 정서에 맞는 고유의 정신적 가치를 소중하게 여기고 자부심을 갖고 살아갈 수 있도록 하여야 한다. 사회생활에 필요한 성실, 정직, 정의, 사랑, 우정, 양보, 배려, 공공의 선(善), 리더십, 책임감 등의 덕목을 익히고 경험하여 사소한 어려움이나 갈등을 해결하는 지혜를 경험할 필요가 있다. 다양한 체험활동을 통하여 우리의 고유한 풍습과 문화를 경험함으로써 올바른 국가관을 형성하는 기초를 마련한다. 그것이 국가 경쟁력의 원동력이 된다.

④ 국제적 측면에서 살펴보면 국제사회는 인격적인 지도자를 환영한다. 과학의 급격한 발달로 전 세계의 경계가 무의미하여 한 국가의 위기는 세계적인 위기로 발전하는 양상을 띠게 되었다. 따라서 비윤리적인 지도자나 국가는 이제 세계적인 시반을 감

수해야 하는 상황에 직면하고 있다. 환경오염이 한 나라만의 문제로 끝나는 것이 아니고 전쟁과 테러가 인류를 위협하는 글로벌 세계에 살고 있다. 글로벌 세계에 걸맞은 사람으로 성장하기 위하여 유·아동기부터 건전한 민주시민으로 성장하는 것은 물론 세계시민으로 성장하기 위한 인격을 갖출 필요가 있다. 자기 자신의 이익보다 사회와 국가와 세계를 위한 최고의 선(善)을 지향하는 가치관이 형성될 수 있도록 하여야 한다.

3. 유·아동 인성교육의 방향 및 목적

1) 유·아동 인성교육의 방향

지식기반 사회, 정보화 사회, 다원화 사회로 일컬어지고 있는 21세기에 필요한 인성교육의 방향은 어떠해야 하는가를 생각해야 한다. 인성교육은 유아기부터 평생교육의 장으로 이어지는 특성을 갖고 있으며 내용과 방법 면에서 다양성과 포괄성을 유지할 수 있는 방향성을 갖는다. 인성교육을 인성지도 또는 성격지도의 의미로서 생활지도의 한 영역(서울대학교 교육연구소, 1994)으로 보고 신뢰와 존중, 책임감, 공정성, 보살핌, 시민의식 등의 덕목을 유아교육현장 및 학교교육을 통해 적극적으로 해야 한다(Lickona, 1993).

21세기의 인성교육이 시대적 변화에 적응하고, 개개인의 바람직한 삶과 인류 복지사회 구현의 이상을 실현하기 위해서는 인간이 갖추어야 할 덕목을 무수히 나열할 수 있겠지만 그 무엇보다도 인간의 존엄성 신장, 정서적 안정, 개성의 창달, 공동체 의식 함양에 가장 큰 관심을 가지고 힘을 쏟아야 한다(우종옥, 2010). 인간존엄성이 무너지면 인간윤리의 모든 것이 물거품처럼 사라질 것이기 때문에 사회의 모든 구조와 운영은 인간존엄성을 신장시키는 방향으로 이루어져야 한다. 정서적으로 안정된 사람이 일의 성취도도 높고 창의력도 잘 발휘한다. 국민의 정서적 안정은 국가경제의 안정보다 더 중요하기 때문에 가치 있는 삶을 살기 위해서 정서적 안정은 반드시 필요한 요소이다. 스스로 자기 일에 열중하는 사람은 그 일을 통하여 만족감과 성취감을 얻고, 자기의 존재 가치를 긍정하기 때문에 모든 것을 잘하는 만능의 인간을 기르기보다 자기가 좋아하는 그 어떤 것 하나에 열중하여 자아를 실현하게 하는 것이 중요하다. 경쟁에 있어서도 협력에 의하여 새로운 에너지 효과를 창출하는 것이 경쟁력을 향상시키는 좋은 방법이다. 그리고 '사회해체', '통제불능' 등으로 지적되는 미래사회의 불안을 해소할 수 있는 가장 좋은 방법이 인간에 대한 사랑과 상호 간의 신뢰를 바탕으로 하는 공동체 의식 함양이다. 세계화 시대에는 이러한 사랑과 신뢰를 바탕으로 세계의 누구와도 협력할 줄 아는 사람이 되어야 하기 때문이다.

인성이 개인의 특성과 환경과 개별적인 경험들이 총체적으로 작용되어 형성되는 것이므로, 인성교육도 개인의 특성에 따라 거기에 맞는 지도를 하도록 다양하게 방법을 모색해야 한다. 인성교육의 원리는 좋아하는 것을 좋아하게, 과정을 충실하게, 생활에서 실천하게 하는 점에 바탕을 두고 있다. 또한 유・아동의 발달수준에 맞도록 학습목표를 정하고, 유・아동이 즐겁게 활동할 수 있도록 한다. 유・아동 인성교육의 효과를 거두기 위한 자료개발의 방향(권이종, 2010)은 다음을 고려한다.

첫째, 인성교육은 사고・태도・가치 등의 인지 변화와 애증・좋고 나쁨 등의 정서 변화가 다 같이 긍정적 방향으로 이루어질 수 있도록 자료가 개발되어야 한다.

둘째, 인성교육은 유・아동의 동기유발과 변화를 자극하고, 그로 인한 긍정적 결과가 이루어질 수 있도록 하며 유・아동들이 스스로 그 필요성을 느낄 수 있도록 내용을 마련하여야 한다.

셋째, 인성교육은 금과옥조 같은 성현의 말씀이나 규범을 내면화하는 데 그쳐서는 아무런 의미가 없다. 그런 말들을 실제로 실천을 통하여 체험하는 활동을 하도록 프로그램이 구성되어야 한다.

넷째, 각종 수련회를 통한 극기훈련, 예절실이나 생활관을 통한 기본예절 지도, 또는 사회의 시설 방문, 견학, 강연회 등의 체험 중심의 인성교육이 강화되도록 하여야 한다. 가정에서 부모와 함께 할 수 있는 체험내용의 개발, 가족봉사활동, 가족신문 만들기, 부모님 안마해 드리기, 효 일기쓰기, 효행의 날 행사 등은 가족공동체 의식의 고양을 가져오기 때문에 인성교육에 도움을 줄 수 있다.

인성교육의 일반적인 지도방향(권이종, 2010)을 기준으로 하여 유・아동의 인성교육 방향을 살펴보면 다음과 같다

첫째, 유・아동의 발달수준에 맞도록 체계화하여 각 영역별로 실시하고, 전 영역에 포함하여 실시한다.

둘째, 이론 중심의 도덕, 윤리교육에서 벗어나 대화, 토론, 독서활동, 상담 등을 통하여 내면화하도록 한다.

셋째, 유・아동의 교육기관 내・외의 모든 교사들이 유・아동과 좋은 인간관계를 토대로 지속적으로 지도하며 유・아동의 자발적 농기부여를 위해 노력한다.

넷째, 세계화 시대에 알맞은 정보, 평화애호, 인류애 등에 관한 내용을 강화시킨다.

다섯째, 민주시민의 의식 함양을 위하여 협동정신, 봉사정신, 책임의식, 질서의식 등을 중점지도한다.

여섯째, 일상생활 속에서 생활화되어야 할 도덕적 행위를 선정하여 유·아동의 기본 생활습관을 형성시켜 주어야 한다.

일곱째, 이론 중심의 인성교육에서 실천 위주의 인성교육으로 전환해야 한다.

여덟째, 유·아동의 교육기관과 가정, 사회가 연계하여 상호관계를 유지하고 학부모 교육을 통하여 인성교육의 기능을 강화한다.

인성교육 강화 방안에 따른 유·아동 인성교육의 방향에 대하여 우영효(2010)는 다음과 같이 제시하고 있다.

① 인성교육은 모든 유·아동을 대상으로 해야 한다.

② 인성교육은 전인교육을 기초로 해야 한다.

③ 인성교육은 모든 영역에서 이루어져야 한다.

④ 인성교육은 유·아동 자신을 존중해야 한다.

⑤ 인성교육은 가정과 연계해야 한다.

⑥ 인성교육은 민주주의 원리원칙을 내면화시켜야 한다.

유·아동의 수준에서 다루어지는 교육내용과 방법들이 개발·실천될 것을 요구하며 가장 많은 공감을 얻은 덕목들로 인성교육에서 다루어지는 주요 덕목과 사례들을 살펴보면 정직, 근면성, 신뢰감, 배려, 감성(우정과 사랑), 자율성, 책임감, 예의, 협동의 9가지이다. 이를 바탕으로 유·아동의 인성교육을 실천할 때 다음의 사항들이 고려될 것을 기대한다(홍순정, 2011).

① 배워야 할 가치를 어린이와 청소년에게 교육하는 데 학교와 지역사회가 함께 노력하는 것이다.

② 가정에서부터 시작한다.

③ 어린이들이 성인과 또래들이 중심 가치를 행동할 때 이를 보고 모방할 때 일어난다.

④ 지역사회와 학교에서 계속되어야 한다.

⑤ 어린이들이 학교 환경과 교육과정과 프로그램을 통해 덕목들을 알 때 일어난다.

⑥ 어린이들이 덕목에 대해 배우고 명료화하고 숙고하고, 사고하고, 결정하고, 실천하는 기회를 가질 때 일어난다.

⑦ 덕목은 실천하도록 지도될 때 향상된다.

⑧ 프로그램과 활동이 목적, 기대 등에 부응했는지 참가자들이 평가할 때 수정·보완된다.

⑨ 학생과 성인들이 덕목을 시범 보이고 본보기가 될 때 검증된다.

⑩ 방법, 프로그램 개발과 운영, 초등 중심 연구, 극적인 변화를 기대해서는 안 된다.

인성교육을 위한 노력들은 궁극적으로 유·아동의 교육기관에서의 활동에 보다 관심을 가질 필요가 있다. 교사는 인성을 지도하는 교육자이다. 인성교육자로서 교사는 민주사회에서 중시되는 중심 가치들을 전해야 하는 책임이 있으므로, 가능한 한 지역사회에서 많은 성인 등에 의해 예시된 지식을 바탕으로 유·아동의 교육기관과 지역사회가 부모들을 도와서 인성발달의 과정과 방향을 함께 가지고 유·아동들을 지도하여야 한다.

2) 유·아동 인성교육의 목적

인성이라는 것이 개개인의 사고방식을 통한 행동으로 환경과 상호작용하면서 나타나는 고유한 적응방식이다. 따라서 인성교육은 비형식적이고 개인적이면서도 공동체와 더불어 이루어지는 교육, 체험을 통한 교육으로 이루어진다는 특성을 갖게 된다. 인성교육은 지식교육과 더불어 교육의 양대 축을 이루는 것으로서 어느 시대의 교육이나 중요시하여 왔다. 인성교육은 시대에 따라 강조하는 내용이 달랐다. 봉건시대에는 절대적 도덕성을 추구하였고, 일부 지도자층을 위한 교육이 이루어지는 시대에는 지도자적 자질 함양에 초점이 맞추어졌으나 현대에 들어서며 민주시민 의식의 함양을 주요 목표로 삼았다(우종욱, 2010).

유·아동들이 심리적으로 건강하고 건전한 시민으로 성장하도록 돕기 위한 인성교육의 방향과 목표는 지·덕·체의 조화로운 발달이 이루어진 전인적 인간의 육성이라고 하겠다. 인성교육의 목적을 이상노(1982)는 인성의 제반 특성을 조화롭게 발달시키고, 원활한 인간관계를 가질 수 있게 도와주기 위하여 사회성, 지도성 그리고 추종성 등을 신장시키는 것이라고 하였다. 건설적이고 발전적인 가치관 형성을 돕고 욕구불만의 해소와 좌절에 대한 내성을 배양하여 정신건강의 강화를 돕는다. 개성을 신장시키고 적성에 맞는 활동을 통하여 자기실현의 욕구를 충족하도록 돕는다. 긍정적인 자아개념을 봉하여 항상 능동적이고 적극적이며 충족하는 자세를 가지게 한다는 데 두고 있다.

유·아동이 바람직한 인성을 갖도록 하기 위하여 강진령(2010)은 다음과 같이 인성교육의 목표를 유추하고 나아갈 방향을 정립하였다.

- 유·아동의 자기이해 도모: 자기 자신을 올바르게 이해하는 사람은 자신에게 가장 합리적이고 현실적인 행동을 선택하고 실행할 수 있다.
- 유·아동 자신의 존중과 수용: 자신의 가치와 장점을 인식하면서 동시에 자신의 부족함도 인식하는 것이다.
- 자기통제 능력 함양: 바람직한 인성의 소유자는 자신의 본능적 충동이나 감정을 사회적으로 용납되는 생산적이고 창조적인 방식으로 승화시켜 표현할 줄 안다.

인성교육의 목적은 우리 공동체 안에서 인간다운 인간, 인간다움의 향기를 가진 인간을 길러내는데 있다(우영효, 2010). 지금까지 인간다운 인간은 결국 부드럽고 따스한 감성을 지니고 부끄러워하며, 고마워하고, 너그러운 성품의 바탕 위에서 마음 안의 세계이든 마음 밖의 사실이든 하나하나 차분히 따져서 진리에 이르고자 하며 가능한 한 아름다운 생각과 말 그리고 행위를 하고, 나아가 전체 속에 자기가 있고 자기 속에 전체가 있음을 확연히 보고 깨닫는 그런 사람이다. 인성교육의 목적은 그런 사람을 보다 많이 존재하게 하는 데 있다고 하였다.

인성교육의 목적을 어떻게 설정해야 하는지 살펴보면 다음과 같다.

- 자기 자신에 대한 올바른 이해 : 자아정체감을 형성하고 고유한 개성을 발견하기 위하여 정확한 자기 이해가 이루어지도록 한다.
- 잠재력의 개발 : 자기 안에 있는 무한한 잠재력을 개발할 수 있는 다양한 교육적 경험을 제공한다.
- 자율적인 문제해결 능력의 신장 : 인생은 끊임없이 새로운 문제가 발생하고 해결하면서 살아가는 과정이므로 유·아동들에게 자신의 문제를 스스로 해결할 수 있는 능력을 길러준다.
- 전인적 발달의 도모 : 유·아동들이 지적, 정의적, 신체적, 도덕적, 사회적 측면에서 균형을 이룬 발달이 이루어지도록 몸과 마음의 건강을 증진시킬 수 있는 경험을 제공한다.
- 건전한 민주시민의 육성 : 현대의 민주사회에서 요구되는 인간적 자질로서 책임감이 있고 협동적인 시민으로서의 자질을 길러주도록 한다(홍경자, 2010).

교육과학기술부(2010)는 유·아동 인성교육의 목적이 오늘날 사회에서 요구하는 바람직한 인간상을 함양하는 것이라고 하였다. 유·아동기의 인성교육을 통해 유·아동은 긍정적인 자아감을 형성하고 남을 배려하면서 서로가 다름을 인정할 수 있는 소양을 함양함으로써 더불어 즐겁게 삶을 영위할 수 있는 품성의 기초를 형성하게 된다. 인성교육을 통해 유·아동들은 자신에 대해 이해함은 물론 타인에 대해 배려하고 존중하면서 더불어 살아가기 위한 능력을 배양하도록 한다.

유·아동 인성교육의 목적을 설정해보면,
① 긍정적으로 자신을 이해하고, 잠재된 강점을 개발하여 자신만의 개성을 키워 나간다.
② 매일 매순간 직면하는 자신의 문제를 자율적이고 창의적으로 해결하는 능력을 키운다.
③ 경험을 통하여 지(知), 정(情), 의(意) 그리고 체(體)가 조화롭게 발달할 수 있도록 한다.
④ 남을 배려하고 다양성을 수용하며 존중함으로써 공동체 안에서 인간관계를 형성할 수 있도록 한다.
⑤ 리더십을 함양하여 책임감 있는 민주시민으로서의 자질을 갖추도록 한다.

4. 유·아동 인성교육의 내용 및 방법

1) 유·아동 인성교육의 내용

어릴 때부터 배워 가야 할 덕목들로 많은 덕목과 가치들이 언급되어 왔다(홍순정 외, 2011). 이들 내용들 중 기본적인 것을 중심으로 간략히 살펴보면,
① 열린 마음(open-mind) : 세계 여러 나라의 문화와 인종의 차이를 편견 없이 수용하고, 가치를 존중하며, 공정하게 대하는 태도. 내 것을 고집하지 않고 남의 말을 들어 주고 그의 마음을 받아 주는 것.
② 관용(tolerance) : 사람 간의 차이를 받아들이는 태도. 즉, 다른 사람에게서 볼 수 있는 다른 점을 인정하는 것.
③ 자아존중감(self-respect) : 자신이 생각하는 최고의 사람이 될 수 있도록 노력하는 것이며, 자신의 신체와 정신을 돌보는, 스스로의 가치를 믿는 것.
④ 책임감(responsibility) : 사신의 약속을 시키기 위해 열심히 노력하고 스스로 하겠다고

말한 것을 이행하는 것.

⑤ 평온(peacefulness) : 타인에게 친절하게 대하고 협동하며, 대화로 문제를 해결하고 일
상에서 좋은 점을 발견하는 것.

⑥ 정직(honesty) : 거짓말하거나 속이지 않으며, 바른 행동을 하며 진실해지는 것.

⑦ 우정(friendliness) : 항상 웃고, 다른 사람들에게 반갑게 인사하며 다정하고 친절하게
도움이 되는 행동을 하는 것.

⑧ 배려(caring) : 친절하고 다른 사람들을 중요하게 여기고, 도와주려고 노력하며, 그들
의 안부를 물어 보고 친구의 욕구를 생각해 주는 것.

⑨ 공손함(politeness) : 다른 사람에게 친절하게 대하고 존중하는 것을 뜻하며, 그들의 감
정과 욕구를 생각하고 있다는 것을 보여 주며, 다른 사람들에 대한 관심을 표현하는 것.

⑩ 사려 깊음(consideration) : 진실되고 이해심 있는 마음으로 친절하게 다른 사람의 권
리를 존중하고 도와주며, 다른 사람들의 욕구와 감정을 생각해 주는 것을 의미하는
것이라고 하였다.

민주시민의식 등과 같은 사회적으로 요구되는 가치들, 개인행동과 감정의 관리, 관계의
기술 등과 같은 능력들을 바탕으로 인성교육에서 다루는 내용들이 추출될 수 있다. 품성
교육과 인성교육 내용 영역은 아래의 그림과 같이 나타낼 수 있다.

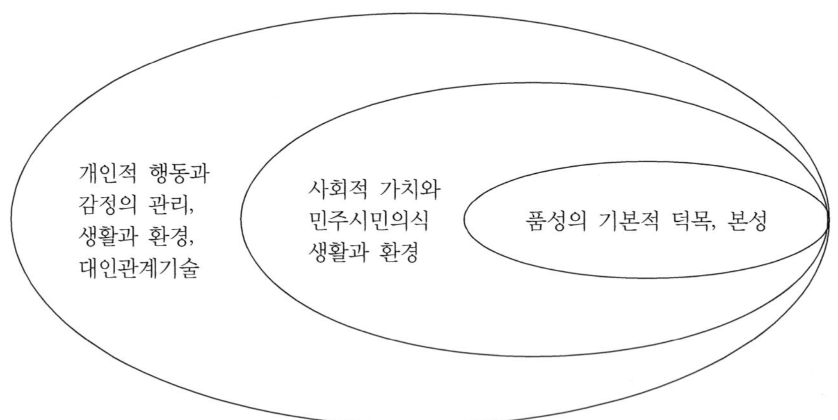

〈그림 1-1〉 품성교육과 인성교육 내용영역(홍순정 외, 2011 인용)

아스펜 선언의 6가지 주요 인성덕목

1. 신뢰: 성실, 정직, 약속이행, 충성
2. 존중: 예의, 자율, 품위, 다양성, 황금률
3. 책임 감: 의무, 책무, 탁월의 추구
4. 공정성: 열린 마음, 일관성, 공평
5. 돌봄: 친절, 동정, 공감
6. 시민의식: 준법성, 상식, 환경보호

출처: 이병석 외, 2010. p.55.

이원영 외(1992)는 유·아동 인성교육의 내용을 청결, 물질만능 배제, 근면, 질서, 예절, 인내, 타인존중, 협동, 양보, 긍정적 사고, 타인 신뢰, 주체의식, 공중도덕 준수, 정직, 생명 존중, 책임감, 전통윤리 존중을 포함하고 있다.

남궁달화(2010)는 인성교육의 내용을 마음의 발달을 위한 정서교육을 하는 것, 자아실현을 위한 가치교육을 하는 것, 더불어 살아가기 위한 도덕교육을 하는 것으로 제시하였다.

첫째, 정서교육은 우리 사회가 인성교육에서 지(知)에 대한 것보다는 정(情)과 의(意)에 대한 기대가 더 요구되고 있음을 수용하는 차원에서 知의 교육은 괄호를 쳐놓고 情과 意 중심의 정서교육으로 접근한다. 그러나 결코 知의 교육을 배제하는 것을 의미하지는 않는다.

둘째, 가치교육은 결국 인간됨을 교육하는 것으로 비교적 지속적인 신념으로 우리에게 '좋은(善, good) 삶'을 안내하고 제시해주는 기능을 한다. 개인적 차원의 가치인 나를 실제로 나타내고 이루는 '자아실현'과 사회적 차원의 가치인 '도덕적 삶'을 가르치는 것이다. 가치는 개인의 경험적 산물이며, 경험은 삶의 과정이다. 가치교육의 과제 내지 목표로 유·아동이 가치를 스스로 형성할 수 있도록 도와주고, 가치문제를 합리적으로 해결할 수 있는 가치판단력을 기를 수 있도록 도와주며, 가치관 또는 가치체계를 수립할 수 있도록 도와주어야 한다.

셋째, 도덕교육은 옳고 선한 길을 따라 인간답게 살아갈 수 있는 인간됨의 교육을 하는 것이다. 유·아동에게 도덕이 무엇인가를 일러주어, 그들이 생활 속에서 도덕적 문제 사태에 처하게 되면, 도덕적 원리를 준거로 도덕적 사고와 판단을 하여 도덕적 행동을 할 수 있도록 교사가 그들을 도와주는 과정 내지는 그 일이다. 그리고 도덕교육의 과제로 아동들에게 도덕이 무엇인가를 일러주어야 하고, 도덕적 문제 사태를 마련하여 제시하여야 하며, 도덕적 문제를 도덕적 사고를 통해 판단하는 능력을 길러주는 것과 함께 도덕적 판단을 행동으로 실천할 수 있는 감정과 동기를 계발시켜 주어야 한다고 하였다.

홍명희(2012)는 유아인성교육의 내용으로 타인 인식 능력을 돕는 경청과 순종, 활동 수행능력을 돕는 책임감과 배려, 문제 해결 능력을 돕는 긍정적 태도와 희망, 정서 인지 능력을 돕는 기쁨과 감사를 제시하고 있다.

인성교육의 내용은 어떤 인간을 길러낼 것인가에 대한 숙고로부터 도출되며, 한 사회에서 소중히 여겨온 전통적인 가치와 현 시대를 잘 살아가기 위한 민주적인 가치들로 구성될 수 있다. 인성교육의 내용은 시대와 학자에 따라 다양하게 구성되어진다(교육과학기술부, 2010). 구체적으로 살펴보면 <표 1-1>과 같다.

<표 1-1> 선행연구에서 나타난 유아 인성교육의 내용

Lickona (1991)	Berkowitz & Grych (2000)	허경철, 조난심 (1994)	홍순정 외 (2011)	김영옥, 장명림, 유희정 (2010)	교육과학기술부 (2011)	남궁달화 (2011)
•존중 •책임감 •양심 •자존감 •겸손 •감정이입 •선에 대한 사랑 •자기통제	•자기통제 •감정이입 •사회적응 •자존감 •사회적 기술 •순종 •양심 •도덕적 추론 •정직 •이타심	•기본생활 습관 •자아확립 •효도와 경애 •공동체 의식	•열린 마음 •관용 •자아존중감 •책임감 •평온 •정직 •우정 •배려 •공손함 •사려 깊음	•문제해결력 •의사소통 •자아개념 •사회적 관계 •타인 배려 •도덕적 기초 •사회적 지식 •정서 인식 •정서 표현 •정서 조절 •감정이입	•배려 •존중 •협력 •나눔 •질서 •효	•정서교육 •가치교육 •도덕교육

※ 출처: 유치원기본과정 내실화를 위한 인성교육 프로그램(2011)을 기초로 저자 재편성.

최민수(2011)는 유아교육 현장에서의 영유아 인성교육 방안모색을 위한 연구에서 인성교육의 내용 범주를 기본생활습관, 사회정서적 덕목, 윤리도덕적 덕목으로 구분하고 있다.

안영진(2010)은 인성교육을 위한 주요 실천 내용을 크게 타인 인식능력, 정서 인식능력, 문제해결능력으로 나누었으며 하위범주로 세분화하여 실천할 수 있도록 하였다. 타인 인식능력의 하위범주로는 이해심과 배려(Understanding & Consideration), 존중(Respect), 공정과 관용(Fairness & Tolerance)을 제시하였다. 정서 인식능력의 하위범주로는 사랑(Love), 친절(Kindness), 평화(Pesce)를 제시하였고 문제 해결능력의 하위범주로는 자신감(Self-Confidence),

성실과 믿음(Sincerity & Trust), 책임과 안내(Responsibility & Patience), 정직(Honesty), 용기 (Courage)를 세부 실천 덕목으로 제시하고 있다.

「유치원기본과정 내실화를 위한 인성교육 프로그램(2011)」에서는 존중, 배려, 질서, 효, 나눔, 협력의 여섯 가지 덕목으로 제시하였다. 그러나 교육과학기술부(2010)는 인간관계 덕목으로는 정직, 약속, 용서, 배려, 책임 그리고 소유를 중심 덕목으로 하고 있다.

위의 내용을 종합해보면 일반적으로 학자들은 책임, 존중, 정직, 자존감, 배려, 양심, 선에 대한 사랑, 정서인식 등을 인성교육의 하위요소로 제시하고 있다.

2) 유·아동 인성교육의 방법

유·아동이 어렸을 때 어떤 경험을 하든 큰 차이는 없지만 이런 경험들이 습관화되어서 성장한 후에는 큰 차이를 나타내게 된다. 유·아동의 인성교육에서 중요한 것은 유·아동의 인지수준에 맞는 실천적 인성교육 방법이다. 인성교육 방법이 인지적 측면에서는 유·아동의 논리적 사고 수준에 맞고, 정의적 측면에서는 유·아동의 자발적인 동기가 뒷받침될 때는 더욱 효과적일 것이다. 효과적인 유·아동 인성교육 활동이 되기 위해서는 유·아동의 인지발달 수준에 적합한 교육활동을 제시하면서, 유·아동이 정의적으로 보다 많이 더 깊게 느낄 수 있는 경험(moral feeling)의 제공을 통해, 자발적으로 실천할 수 있도록 안내한다(이병석 외, 2010).

인성교육을 계획적이고 체계적으로 하기 위하여 인성교육의 지도원리와 방법을 알아야 할 필요가 있다. 그래야 인성교육이 그 방향을 설정하여 목표에 도달하게 하고 이론과 실천의 기본 틀에 따른 방법으로 진행할 수 있다.

(1) 인성교육의 기본원리

① 통합적 접근의 원리 : 인성교육은 교육의 모든 영역에서 이루어져야 하며 각 영역 간의 일관성 있는 지도가 요청된다. 전체적인 관점에서 검토하고 조정해야 한다.

② 가정, 유·아동 교육기관 및 학교, 사회공동체 협력의 원리 : 가정, 유·아동 교육기관 및 학교, 사회공동체는 유·아동을 위한 인성교육에 공동 책임이 있다. 유·아동 생활의 장 모든 영역에서 상호 협력적인 관계를 형성하여, 체계적이고 계획적으로 자연스럽게 인성교육을 실시해야 한다.

③ 지속성의 원리 : 인성교육은 장기적으로 계획되고 체계화된 교육을 통해서만 이루어질 수 있다. 마음과 행동을 일정한 수준까지 향상시키고 유지하도록 변화시키기 위해서는 일회적이거나 단기간으로는 이룰 수 없다.

④ 관계성의 원리 : 인성교육을 실시할 때는 교사와 유·아동, 교사와 학부모, 유·아동과 학부모, 유·아동과 유·아동 간의 관계와 같은 교육관계가 중요하다. 그중에서 우선 교사와 유·아동 간의 바람직한 관계를 고려하여야 한다. 교사와 유·아동 간의 사랑과 따뜻한 배려, 교사와 학부모 간의 신뢰와 협조, 유·아동과 유·아동의 신뢰와 배려, 유·아동과 학부모 간의 친밀감 등의 관계가 조화롭게 형성될 때, 인성교육의 효과가 높아진다.

⑤ 자율성의 원리 : 지시나 명령에 의한 것이 아니라 유·아동들이 스스로 규칙을 정하고 그것을 실천할 기회를 제공해야 한다. 유·아동 스스로 책임지고 일상 속에 당면한 문제를 선택하여 실천하며, 그 결과를 스스로 반성적 고찰할 수 있는 기회를 갖는다. 또는 토의·토론을 통하여 '가장 합리적인' 결과를 도출해내도록 한다. 이런 자율적인 기회를 경험하는 가운데 유·아동들의 도덕적 사고력과 판단력이 향상되며 스스로 만들어 가는 도덕생활이 가능하게 된다.

⑥ 체험의 원리 : 유·아동 교육기관 및 학교뿐 아니라 가정, 지역사회 등에서 가능한 한 유·아동들이 직접 인성덕목과 관련된 행동을 실천할 수 있는 기회를 풍부하게 제공해주어야 한다. 유·아동들이 실천하며 느끼고 체험하고 활동하면서 스스로 가치를 찾을 수 있도록 한다(조난심 외, 2003).

(2) 배려와 도덕교육에서 중시되는 요소

① 본보기가 되는 성인들이 배려의 관점을 가지고 있을 것

② 반성적 사고

③ 개방적 대화 : 도덕교육에서 대화는 매우 중요하다. 정보를 제공하며 더 깊은 사고와 숙고 속에서의 관계를 지원하다. 의사소통을 촉진한다.

④ 실천 : 함께 활동하며 다른 사람의 필요를 이해하게 된다. 배려 능력을 기르기 위해서는 배려와 베풂의 활동을 해보는 것이 중요하다(지역사회 봉사나 활동과 각자의 실천에 대해 이야기해 보는 활동 등).

⑤ 확신 : 확신은 내적 기초를 단단히 해준다. 이것은 비판이나 종교교육에서 볼 수 있

는 권위-복종, 규제 등의 행위와는 다른 것이다(홍순정 외, 2011).

(3) 인성교육을 위한 모형

① 덕목전수 모형에 의한 방법으로 본보기, 학습시키기, 실천하기 방법을 제시하였다.

② 가치생성 모형에 의한 방법으로 가치명료화 모형, 가치갈등 모형, 집단 탐구 모형, 타인고려 모형, 사회적 행동 모형, 정의로운 공동체 모형 방법을 제시하였는데 이들 모형의 공통점은 유·아동의 주도적인 참여를 통해서 각자의 안목이나 입장을 세우는 데 있다. 가치생성의 모형은 토론 중심의 인성교육으로, 특히 어린이들이 도덕적으로 판단해야 할 구체적인 상황을 정확하게 인식하게 하여 폭넓은 도덕적 안목을 기르게 하는 것이다.

③ 통합모형은 덕목전수 모형과 가치생성모형을 절충하여 인성교육의 효과를 높이는 방법이다(우영호, 2010).

(4) 인성교육 방법의 삼요소

① 교사와 유·아동의 신뢰관계

② 교사와 유·아동의 대화

③ 교사의 시범

그리고 집단상담을 인성교육을 위한 획기적인 방법으로 제시하였다. 자기성장을 위한 집단 상담은 자기 이해와 수용 및 잠재력 개발을 통한 자기 성장이라는 목표를 달성할 수 있도록 진행된다. 집단상담의 세부 목표로는 자기긍정(self-affirmation), 자기결정(self-determination), 자기동기(self-motivation), 공감적 이해와 증진(empathic understanding)이다(강진령, 2010).

(5) 인성교육의 내용범주

유아교육 현장에서의 인성교육의 내용범주는 크게 기본생활 습관, 사회정서적 덕목, 윤리도덕적 덕목으로 구분하였다. 유·아동 인성교육의 접근방법의 예로 역할놀이를 통한 인성교육, 문학적 접근을 통한 인성교육, 자연체험을 통한 인성교육, 토론식 문제해결 방법을 통한 인성교육, 게임을 통한 인성교육, 문화예술 체험활동을 통한 인성교육, 텃밭 가꾸기 바깥놀이를 통한 인성교육, 전래놀이를 통한 인성교육, 숲 체험, 꽃을 통한 인성교육, 명상, 요가를 통한 인성교육, 생활주제에 따른 활동별 접근 인성교육, 부모교육을 통한 가정과의 연계, 영상매체를 통한 인성교육을 제시하고 있다(최민수, 2011).

(6) 유치원 교육과정(2007)

유치원 교육과정에서의 인성교육 관련 내용은 건강생활 영역, 사회생활 영역에 많이 포함되어 있다. 이를 살펴보면 청결, 식습관, 예절, 질서, 절약, 공공규칙 지키기, 자아개념, 자기존중감, 협력, 배려, 타인존중, 효도, 예절, 준법, 애국심, 타문화 존중 등의 덕목을 포함하고 있다.

(7) 표준보육과정(2007)

표준보육과정에서의 인성교육 내용을 볼 때 기본생활 영역에서는 자기조절, 청결, 식습관, 공공규칙 지키기, 배려, 예절, 질서, 절약 등과 같은 기본생활 습관에 관련된 요소가 많고, 또한 사회관계 영역에서는 자아개념, 자기존중, 자율성, 자신감, 자기조절, 화목, 우정, 공동체 의식, 애국심, 타문화 존중과 같은 내용의 덕목을 교육하고 있다.

(8) 교육과학기술부(2011)

초등학교 1, 2학년 교육과정에서의 인성교육 내용(교육과학기술부, 2007)은 광의적 접근방법으로 모든 교과와 연계하여 인성교육이 이루어지도록 하며, 협의적 접근으로 바른생활 교과서에 포함시켜 교육하고 있다.

유·아동 인성교육 교수학습 방법은 유·아동이 활동의 주체가 되도록 하며, 활동이 구체적이고 다양하며 통합적이고 유·아동들이 스스로 자발적인 동기를 갖도록 구성되어야 한다. 이를 위한 구체적인 방법으로 토의, 협동학습, 현장학습, 역할놀이, 도서 활용, 스토리텔링, 도서 및 세대 간 지혜나눔 전문가 활용 등이 있다.

(9) AICE의 인격교육 커리큘럼

유치원에서 6학년까지의 학생들을 위해 고안된 AICE의 인격교육 커리큘럼은 키트(책, 필름, 이야기요지경, OHP, 교사용 지침서를 담고 있는)로 보내진다. 교육과정의 저자들은 인격교육을 위한 별도의 시간을 권장한다(유치원의 경우 매일 5분에서 10분, 고학년은 더 많은 시간). 교사들은 토론, 이야기, 역할놀이, 프로젝트, 사례연구 등의 다양한 교육학적 기법을 활용하고 학생들은 학교생활 가운데 인격교육 덕목들을 실천한다(박장호, 1997).

(10) 외국 학자의 인성교육 방법

Thomas Lickona(1991)는 존중과 책임감을 강조하면서 이와 함께, 정직, 열정, 공정, 용기, 자기조절, 도움, 관용, 협동, 자존감, 민주적 가치들을 논의하고 있다. Heartwood Institute에서 개발된 프로그램은 7개의 덕목인 존중, 신의, 정직, 사랑, 정의, 용기, 희망을 중시한다. 베넷(William Bennett, 1993)은 열정, 책임감, 정직, 우정, 노동, 용기, 자기조절, 인내심, 신의, 신념을 중시한다. 품성교육 동반자 그룹(CEP)은 11개의 원칙을 제시하는데, 좋은 품성의 기초를 형성하는 중요한 핵심 윤리적 가치로서, 자신과 타인을 위한 존중, 책임감, 공정성, 정직, 배려를 중시한다. Giraffe Heroes Program(Grahem, 1999)은 열정과 너그러움을 강조한다(홍순정 외, 2011).

(11) 유아인성교육의 방법 5단계

유아인성교육의 방법을 개념 이해 단계 탐색 단계, 내면화 단계, 확장 단계, 다지기 단계로 제시하였다. 유·아동 인성교육 방법은 유·아동이 활동의 주체가 되어 구체적이고 다양한 경험을 할 수 있도록 한다. 협의의 의미로는 기본생활 습관이나 사회관계 영역에서 다루도록 하지만 광의의 방법으로 모든 활동영역에 녹아들어 활동할 수 있도록 한다. 이는 유아교육기관(학교) 내에서의 활동을 주로 하는 협의의 체험활동과 내·외부 모두에서 가정과 지역사회의 모든 자원을 활용하고 연계하여 경험하도록 하는 광의의 체험활동 방법을 모색할 필요가 있다(홍명희, 2012).

5. 유·아동 인성교육을 위한 교사의 역할

유·아동의 인성교육을 실시할 때는 교사가 의도적으로 계획한 활동을 중심으로 인성교육이 실시되지만 계획하지 못했던 비공식적인 잠재교육과정을 통해서도 인성교육이 수행되고 있다는 점을 생각해두어야 한다. 유·아동의 인성교육을 위한 교사의 역할을 살펴본다.

1) 교육과학기술부(2011)

유·아동 인성교육을 위한 교사의 역할은 민주적이고 도덕적인 분위기의 교실 운영,

올바른 인성의 역할 모델, 가정과의 연계교육 실시 등이 있다.

(1) 민주적이고 도덕적인 분위기의 교실 운영

교실에서 필요한 규칙을 교사가 일방적으로 정하고 유·아동들이 지키도록 하는 것보다 유·아동들과 함께 필요한 규칙을 정해보는 것이 도덕적인 교실을 운영하는 한 가지 방법이 될 수 있다. 이때 '~하지 않기보다는 ~하기'라는 긍정적인 표현을 사용하여 규칙을 정하는 것이 긍정적인 사고를 형성하는 데 도움이 된다.

(2) 올바른 인성의 역할 모델

인성교육에서 교사의 역할은 특히 중요하다. 교사는 존중의 덕목을 가르치려 하지 말고 교사 스스로가 유·아동을 존중하는 모습을 보여줌으로써 자연스럽게 유·아동들이 보고 배울 수 있도록 해야 한다. 유·아동들은 민주적이며 도덕적인 분위기 속에서 생활 자체를 통해 중요한 인성 덕목을 습관적으로 내면화할 수 있게 된다.

(3) 가정과의 연계교육을 실시

최초의 교사는 유·아동들의 부모이며 인성교육을 실천하는 일차적인 장소가 가정임을 인식하고 가정과 연계하는 방법을 적극적으로 찾아야 한다. 가정 내에서 인성교육을 실천할 수 있도록 안내하고, 부모교육을 통해 인성교육의 중요성과 구체적인 방법을 공유해야 한다.

2) '탐구 공동체' 활동에서 교사의 기본적인 자질

① 고전이나 신문 등의 다양한 자료를 교사가 수집하고 분석하고 평가하면서 교과수업 또는 탐구활동과 관련지어 연구하는 열성이 있어야 한다.

② 교사는 토론을 이끌어 갈 수 있는 기량을 갖추고 있어야 한다.

③ 교사는 모든 학생에 대하여 애정(Affection)과 관심(Interest)과 존중(Respect)의 태도(AIR)를 가져야 한다. 모든 학생들에 대하여 공평한(Fair) 애정과 관심을 기울이고 그들을 공평하게 존중해주는 공평한 배려의 태도(FAIR)를 유지해야 한다. 즉, 교사는 자료를 적절히 분석하고 평가할 수 있는 능력을 갖추고, 토론을 효율적으로 진행할

수 있는 기법을 터득해야 할 뿐만 아니라, 학생들을 공평하게 배려하는 태도를 지녀야만 탐구공동체가 움직일 수 있다(조성민, 2010).

교사가 학교 현장에서 유·아동 인성교육 지도방법의 방향에 관하여 다음과 같이 제시하고 있다.

① 교사는 관심과 애정을 가지고 유·아동들과 따뜻한 인간적 만남 속에서 그들을 지도할 수 있다. 수업시간 외에도 일대일로 만나는 짧은 대화와 놀이, 편지 주고받기 등의 상호작용을 통하여 진솔한 유대관계를 맺고 감화력을 발휘할 수 있다.

② 사회기관의 방문과 자원봉사, 현장견학 학습을 통하여 세상에 대한 안목을 길러주고 자기의 잠재력과 우수기능을 개발하게 한다.

③ 또래들과의 관계를 형성하며 여가를 선용하고 스트레스와 갈등을 관리하는 법을 체득한다.

④ 집단상담과 놀이치료, 게임 등을 통하여 적응과 대인관계의 기술과 자기관리의 기술 등을 가르쳐줄 수 있다. 도덕성 지도와 품성지도는 요가, 기도와 같은 수행과 강의나 토론을 통하여도 이루어질 수 있다. 명상이나 자기이해의 기회가 주어지는 것도 좋다.

⑤ 유·아동들의 적응과 인성발달을 적극적이고 체계적으로 돕기 위해서는 인성교육과 관련된 프로그램이나 이론적 접근이 지속적으로 일관성 있게 반복적으로 제공되도록 한다(홍경자, 2004).

3) 유·아동 인성교육 지도방법의 방향

교사가 학교 현장에서 유·아동 인성교육 지도방법의 방향에 관하여 다음과 같이 제시하고 있다.

① 교사는 관심과 애정을 가지고 유·아동들과 따뜻한 인간적 만남 속에서 그들을 지도할 수 있다. 수업시간 외에도 일대일로 만나는 짧은 대화와 놀이, 편지 주고받기 등의 상호작용을 통하여 진솔한 유대관계를 맺고 감화력을 발휘할 수 있다.

② 사회기관의 방문과 자원봉사, 현장견학 학습을 통하여 세상에 대한 안목을 길러주고 자기의 잠재력과 우수기능을 개발하게 한다.

③ 또래들과의 관계를 형성하며 여가를 선용하고 스트레스와 갈등을 관리하는 법을 체

득한다.

④ 집단상담과 놀이치료, 게임 등을 통하여 적응과 대인관계의 기술과 자기관리의 기술 등을 가르쳐줄 수 있다. 도덕성 지도와 품성지도는 요가, 기도와 같은 수행과 강의나 토론을 통하여도 이루어질 수 있다. 명상이나 자기이해의 기회가 주어지는 것도 좋다.

⑤ 유·아동들의 적응과 인성발달을 적극적이고 체계적으로 돕기 위해서는 인성교육과 관련된 프로그램이나 이론적 접근이 지속적으로 일관성 있게 반복적으로 제공되도록 한다(홍경자, 2004).

4) 인성교육의 방법에 따른 교사의 역할

정서교육, 가치교육, 도덕교육을 바탕으로 하는 인성교육의 방법에 따른 교사의 역할을 각각 제시하였다.

첫째, 정서교육의 합리적 접근을 위하여 교사는 두 가지 역할이 요구된다.

① 교사는 정서 상태에서 '이런 것'도 느낄 수 있고, '저런 것'도 느낄 수 있는 '다른 사람으로'의 역할을 할 수 있어야 한다.

② 교사는 정확한 해석을 위해 그의 의식적인 지능을 관리할 수 있어야 한다. 무엇보다 교사가 다른 사람으로의 역할을 할 수 있을 때 유·아동에게 정서의 인지능력뿐 아니라 정서 상태에 대한 지각, 사고, 결정 등 다른 요소들도 길러줄 수 있는 기회를 제공할 수 있다.

둘째, 가치교육을 위하여 유·아동에게 가치를 계발하고 판단하여 가치관을 수립할 수 있도록 도와주어야 한다. 유·아동이 과업성취를 통해서 절정을 경험하고, 그 속에서 존재가치를 지각하여 삶의 의미와 보람을 발견할 수 있도록 도와주는 것이다.

셋째, 유·아동들이 더불어 살아갈 수 있도록 도와주어야 한다(안영진, 2010).

5) 교사의 시범

인성교육의 3요소 중의 하나로 교사의 시범을 꼽고 있다. 교육의 질은 교사의 질을 넘어설 수 없다고 한다. 인성교육을 위해 교사가 갖추어야 할 중요한 덕목 두 가지는 교사의 학생 개개인에 대한 깊은 사랑과 신뢰가 선행되어야 하고, 올바른 인성교육을 실천하기 위한 교사의 부단한 자기연마가 요구된다.

유·아동들의 인성교육 함양을 위한 교사의 역할을 살펴보면,

첫째, 무엇보다 교사 자신이 모범적으로 행동하며 시범을 보이는 것이다. 교사의 시범에서 전제되는 것이 말과 행동이 일치되도록 하는 것이다. 아이들이 모른다고 하는 것은 교사의 착각일 수 있다.

둘째, 인성에 대한 개념을 정확히 이해하고 관련된 프로그램을 진행하거나 상담활동을 할 수 있도록 충분히 준비하는 자세를 갖는다.

셋째, 교실 내의 모든 유·아동들을 공평하게 인격적 존중하는 태도를 갖는다.

넷째, 교사가 주도적이기보다 유·아동들이 주체가 되는 자율성이 보장되도록 한다.

다섯째, 가정과 연계할 수 있는 방안을 모색하여 적극적으로 부모를 참여시키도록 한다.

여섯째, 지역사회와 연계할 수 있는 방법을 찾아본다. 지역사회의 유명인사와 함께 할 수 있도록 함은 물론이거니와 지역사회의 명소를 견학하며 현장학습이 이루어지도록 한다. 그리고 생활체험이 될 수 있는 곳과 연계한 체험활동을 진행할 수 있도록 한다(강진령, 2010).

02

창의성교육의 이해

1. 창의성교육의 개념

1) 창의성의 개념

창의성이란 새로운 것을 생각해내는 특성, 창의력이란 새로운 생각을 해내는 능력이라고 사전에 명시되어 있다(민중서림, 2004).

창의(Creativity)는 라틴어의 Creo(만들다)를 어근으로 하는 Creatio라는 말에서 유래되었으며, '무에서, 또는 기존의 자료에서 새로운 것을 발견하고, 새로운 것을 만들고 산출하는 것'을 뜻한다. 창의성(創意性)의 創(비로소 창)은 倉과 刀의 합성어인데, 倉은 곳집(곡식을 저장하는 창고)을 의미하며, 이를 새로 지으려면 나무를 칼(刀)로 다듬어서 새로 지어야 되기 때문에 '새롭게(처음으로) 시작하다'의 의미를 지니게 된다.

창의성과 창의력

창의성(Creative Personality): 창의적 사고과정과 산출물을 이끌어 내는 개인의 인지적 능력뿐만 아니라 개인의 태도 및 성격특성 그리고 환경적 요인을 포괄하는 의미로 사용된다(사회·심리적 접근).
– 개인의 사회·역사·환경·심리적 요인을 강조함(통합적 접근).
창의력(Creative Ability): 창의적 사고과정과 창의적인 산출물을 낳을 수 있는 개인의 인지적 능력을 강조한다(인지적 접근).
– 민감성, 상상력, 유창성, 융통성, 정교성, 독창성 같은 하위요인을 갖는다.
– 모든 창의적 과정과 산출물에 관한 것을 의미한다.

창의성은 인성보다 더 복잡하며 고도의 정신능력을 나타내는 것으로 다양한 정의와 개념으로 인하여 혼란스러울 수 있으나 예술과 과학 분야뿐 아니라 언어, 수학, 공학, 공간, 신체, 음악, 지각, 미술, 인간관계 등 다양한 영역에서 필수적인 요소로 작용하기 때문이라는 긍정적인 시각으로 바라볼 필요가 있다.

창의성 이론에 관한 연구의 시대적 변화를 살펴보면 창의성이라는 것이 시대에 따라 또는 나라와 문화적 배경에 따라서 다르게 정의될 수 있다는 점을 알게 된다. 1950~1960년대에 창의성은 확산적 사고와 동일한 개념으로 받아들였다. 창의성 검사가 주로 확산적 사고력을 측정하는 데 초점을 맞추고 있다. 1970~1980년대에는 과학자들이 문제해결 과정을 분석해본 결과, 확산적 사고와 수렴적 사고가 창의성을 발휘하는 데 모두 필요하다고 주장하였다. 1990년대에 들어와서는 창의성의 하위요소로 영역 지식이 중요함을 인식하게 되었다. 창의성이란 말이 우리 곁에 가까이 온 것은 21세기에 우리 사회가 창의력을 원하고 미래사회가 창의를 필수요소로 원하기 때문이다.

Thurston(1952)은 창의성이라는 개념 안에는 필연적으로 새로움(newness)이라는 개념이 내포되어 있으며, 사적 창의성을 강조한다고 하였다. Romey(1977)는 창의성이란 '아이디어, 사물, 기술, 접근 방법을 새로운 방식으로 결합하는 능력'으로 보았다. Getzels(1969)는 창의성은 '새롭고, 유용한 산출물, 확산적이고 풍부한 사고과정, 고양되고 내재적인 주관적 범주의 세 범주'로 정의될 수 있다고 하였다. Torrance(1977)는 '창의성이란 곤란한 문제를 인식하고 그것을 해결하기 위하여 아이디어를 내고 가설을 세우고 검증하며, 그 결과를 전달하는 과정'이라고 하며 새롭고 독특한 아이디어, 다른 관점, 문제를 새로운 시각으로 보는 것이라고 하였다. 창의성이란 더 깊게 파고 두 번 보고, 실수를 감수하고, 고양이에게 말을 걸어 보고, 깊은 물속에 들어가고, 잠긴 문 밖으로 나오고, 태양에 플러그를 꽂는 것이라고 하였다. '창의적 사고'란 "어려움과 문제를 감지하고 정보에서 틈을 찾아내고 빠진 요소나 잘못된 무엇인가를 찾아내, 이러한 결함에 대해 추측하고 가설을 세워 그 추측과 가설을 평가하고, 검증하며 이것을 재수정하고 재검증하여 마지막으로 그 결과를 알리는 과정"이라고 정의하였다. 즉, 그는 창의적인 사고란 문제를 찾아서 해결하는 능력이라고 하였다. 인지능력을 강조하는 Guilford(1970)는 '지능구조 모델'을 소개하면서 그 모델의 한 부분인 확산적 사고를 창의성의 기본이 되는 사고 유형으로 보고, 창의성이란 '새롭고 신기한 것을 낳는 힘'을 일컫는데, 새로운 사고를 생산해 내는 것으로 모든 사람이 공유하는 것이라고 했다. 그는 인간의 사고를 수렴적 사고와 발산적 사고의 두 양식으로 구분하고 창의적 산물은 특정한 문제에 대한 발산적 사고와 동일한 것으로 간주하고, 요인분석 결과 창의적 사고는 유창성, 융통성, 독창성, 정교성, 민감성, 재정의 및 재구성력으로 보았다. Gallagher(1975)는 창의력 문제를 해결하기 위해 다양한 생각을 해내는 것으로 보고 있다. Lubart(1994)는 창의성을 '무엇인가 새롭고, 문제 상황에 적절한 것을 만들어 낼 수 있는 능력'으로 보았다. Urban(1995)은 창의성이란 '주어진 문제나 감지된 문제로부터 통찰력을 동원하여 새롭고, 신기하고, 독창적인 산출물을 내는 능력'을 의미한다고 하였다. 이와 같은 학자들의 정의를 통해서 창의성은 '문제 상황에서 새롭고 독창적인 산출물을 만들어 내는 능력'을 말하는 것으로 볼 수 있다. 다시 말해서 창의성이란 지금까지 없었던 새로운 것을 만들어 내거나 기발한 것을 생각해내는 능력으로서 창의력, 창조성, 고등 정신능력, 문제해결 능력, 확산적 사고, 수평적 사고 등과 같은 의미로 사용되고 있다.

Csikszentmihalyi(2000)는 독창적이고 가치 있으며 실행될 수 있는 사고과정 또는 산출물이라고 하여 통합적인 입장을 보였다. 창의성은 개인영역(기본지식, 역량, 정보 등)에서 새로운 산출물을 생성한 것이 사회 영역(새로움, 구체성, 유용성 등)에서 인정을 받고 그러한 것들이 모아져서 문화영역을 구성한다는 관점을 통하여 '창의성 체계모형'을 제시하였다. 김재은(1994)은 '새로운 것, 남이 잘 하지 않는 자기만의 생각이나 가치 있는 것을 만들어 내는 능력과 그런 능력을 뒷받침해주는 성격상의 특성이 합쳐진 것'이라고 하였다. 임선하(1993)는 '창의성은 새로움에 이르게 하는 개인의 사고 관련 특성'이라고 새로움을 고려한 창의성의 개념을 제시했다. 전경원(2012)은 '자신과 타인의 행복을 위하여' 사회와 문화에서 가치를 부여할 수 있는 물건이나 아이디어를 만들어 내는 것뿐만 아니라 문제를 해결하기 위해 새로운 의견을 내는 능력 또는 그것을 기초화하는 인격적 특성으로 '창의력과 창의성을 포함한다'고 하였다.

Amabile(1996)은 창의성을 사회심리학적 관점에서 연구하였으며, 창의성이 발현되는 과정에는 사회적, 환경적 요인이 결정정인 역할을 한다고 보았다. 즉, 창의성에 영향을 미치는 내부적인 요인보다는 외적인 요인에 초점을 맞춤으로써 학습이나 사회적 환경이 기여할 수 있는 부분을 강조하였다. 행동이나 산출물이 창의적이기 위해서는 신기함(novelty)과 적절함(appropriateness)이라는 요소를 지녀야 한다고 하였다. 창의적인 것은 모방이나 재연이 아니고 새롭고 독특해야 하며, 또 단순히 새롭고 독특하기만 한 것이 아니라 내용이나 효과 면에서 유용하고 현실적이며 적합해야 한다. 그는 창의성이 발현되는 과정을 '수프 만들기'에 비유하면서 '영역 관련기술'은 수프에 들어가는 기본 음식재료, '창의성 관련기술'은 잘 배합된 양념, '과제동기'는 불에 비유해 창의성 발현을 위해서는 이 세 가지 요소의 배합과 조화가 중요함을 강조하였다.

창의성이란 인간의 잠재력을 설명하기 위한 가설적인 개념으로 구체적인 실체가 없다는 점에서 개념을 정의하기가 어렵다. 그러나 창의성을 '창의적인 사람이 가지고 있는 개인적인 특성'으로 보기도 하고, '새롭고 적절한 창의적 행동이나 산출물'로 보는 등 다양한 관점과 이론이 존재한다(교육과학기술부, 2011).

창의성의 개념을 정리하면 초기에는 창의적인 사람이나 과정, 산출물과 같은 특정한 부분에 초점을 두었지만 최근에는 사람, 과정, 산출물, 사회적 환경과 같은 다양한 맥락을 모두 고려하여 창의성을 개념화하고 있으며, 창의성의 핵심요소로 '새로움'과 '적절성'을 포함시키고 있다. 즉, 창의성이란 창의적인 사람이나 집단이 창의적 과정을 통해 창의적인 산출물을 생성하는데, 그 산출물이 사회적 맥락에서 유용성 기준을 충족시킬 때 창의적 산출물로 인정받을 수 있다고 보고 있다.

창의성이란 새롭고 가치 있는 유용한 것을 만들어내는 능력으로 개인의 인지적 능력, 즉 창의적 능력과 정의적 특성, 즉 창의적 성격이 환경 및 과제와 상호작용을 통하여 발달되고 결정된다는 통합적 관점(Amabile, 1983; Sternberg & Lubart, 1991)을 수용한다. 창의성이란 사고에서 얻은 아이디어가 얼마나 창의적인가에 따라 창의성을 기술하고 있으며, 창의적이기 위해서는 비교적 새롭고 기발하며, 또한 유용하고 적절해야 한다. 또한 아이디어의 질적 수준이 높을수록 더 창의적이다. 결국 창의성이란 지금 것과는 다른 또는 현재에서 새롭게, 가능한 어떤 대안을 발견하는 정신 과정이라 말할 수 있다(임혜숙, 2007).

2) 창의적 사고력

사고는 내적 표상을 다루고 조작하는 활동으로 지식을 도구로 이루어질 수 있다. 가용할 지식을 얼마나 많이 가지고 있으며 또한 이들이 얼마나 유의미하고 쓸모가 있는가에 따라 사고의 질적 수준이 달라진다. 사고력은 사고의 기능전략이라 할 수 있다.

창의적 사고력은 유아가 가지고 있는 다양하고 많은 지식들을 얼마나 독특하고, 참신하며, 유연하고, 유용하게 사고하는가의 문제와, 그것을 하위 사고영역인 언어, 수리, 추리, 지각인지, 공간구성, 기억력 분야에서 어떻게 접목하여 상위인지 사고력으로 발전시킬 수 있으며, 얼마나 창의적으로 표현할 수 있는가에 대한 기능 선략이라고 하겠다(임혜숙, 2007).

문제를 해결하기 위한 사고의 방법에는 두 가지가 있다. 어떤 문제에 대한 한 가지 정답만을 요구하는 수렴적 사고와 한 문제에서 여러 가지 정답을 이끌 수 있는 확산적 사고이다. 확산적 사고는 창의적이고, 상상이 풍부한 사고로, 많은 아이디어와 다양하고 독특한 생각을 산출하도록 유도한다. 창의적 해결하기 위한 방법은 <그림 2-1>과 같다.

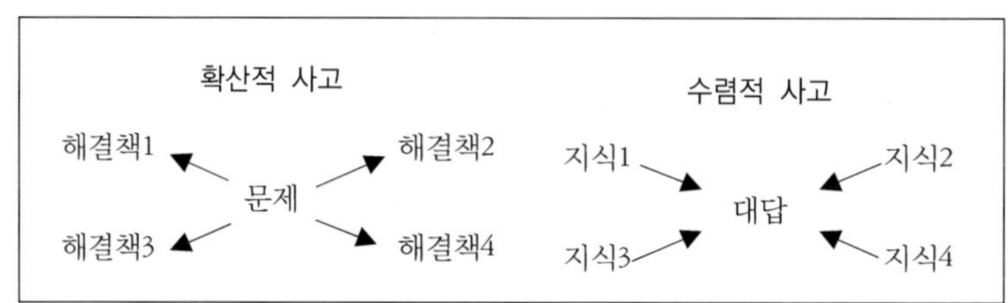

〈그림 2-1〉 창의적 사고력

(1) 확산적 사고력(발산적 사고력)

사고의 확장을 위해서는 확산적 사고(divergent thinking), 상상력·시각화 능력(imagination·visualization)과 유추·은유적 사고(analogical·metaphorical thinking)가 뒷받침되어야 한다. 확산적 사고는 창의적이고, 상상이 풍부한 사고로, 많은 아이디어와 다양하고 독특한 생각을 산출하도록 유도한다. 예를 들어 '빨갛고 먹을 수 있는 것에는 어떤 것들이 있을까?' '원금 3만 원을 어떻게 규모 있게 쓸 것인가?'에 관하여 다양하고 독특한 많은 생각을 나타내도록 한다.

(2) 수렴적 사고력

수렴적인 사고를 위해서는 비판적 사고(critical thinking)와 논리·분석적 사고(logical·analytical thinking) 능력이 필요하다. 비판적 사고(critical thinking)는 편견, 불일치, 견해 등을 인식할 수 있는 능력으로 분석적 사고, 반성적 사고, 문제해결 등을 의미한다. 문제의 가정, 견해, 주장, 정의 및 결론의 적절성에 대한 확인과 정보의 타당성, 적절성에 대한 평가를 한다. 비판적 사고에서는 모든 과정에서 증거를 제대로 사용하는지, 개념을 올바르게 사용하였는지, 방법과 여러 가지 관련 준거를 제대로 적용하였는지, 맥락을 잘 고려하였는지 등의 측면을 고려하여 판단한다. 객관적이고 타당한 근거에 입각한 판단은 비판적 사고의 핵심이라고 할 수 있다. 논리·분석적 사고(logical·analytical thinking)는 부적절한 것에서 적절한 것을 분리해내고 합리적인 결론을 끌어내는 능력을 의미한다. 다양한 아이디어 중에서 현실적으로 실현 가능한 해결책을 결정하거나 결론으로부터 추론하여 평가할 때 중요한 능력이다.

3) 창의적 문제해결력

우리는 살아가면서 언제나 의식적이든 무의식적이든 판단하고 결정하여 행동한다. 최종적인 결정은 개인의 신념에 따른 사고방식에 의하여 이루어진다고 하겠다. 문제를 인식하고 구체적인 목표와 목적을 정한 후 문제를 해결해 나갈 때, 구조화·비구조화된 과정을 통하여 자기만의 방식으로 문제를 해결하게 된다.

Wallas(1926)는 창의적 산출물을 내는 과정을 네 단계로 제시하였다. 준비(Preparation), 부화(incubation), 조명(illumination), 검증(verification)단계인데 부화단계에서는 문제해결책을 가능한 무의식적으로 창출해내는 것을 의미한다.

Dewey(1938)는 문제해결 과정을 문제의 인식, 문제의 형성, 가능한 해결책의 제안, 추론을 통하여 해결책의 시사점 찾아내기 단계로 제시하였다. Isaksen과 Treffinger(1985)는 창의적 문제해결이란 문제 이해, 아이디어 산출, 행동 계획 및 실행의 3단계를 거치면서 수렴적 사고와 확산적 사고가 작용하여 창의적·생산적 사고는 지식기반, 동기, 상위인지적 통제를 기반으로 창의적 사고와 비판적 사고라는 도구를 활용하여 이루어지는 것으로 구조화하였다. 한국교육개발원(2004)은 창의성과 창의적 문제해결력을 동일한 개념으로 취급하고 문제해결과정에서 다양한 요인이 복합적이며 역동적으로 상호작용하여 문제해결에 유용하며 독창적인 산출물 또는 해결책을 만들어내는 것이라고 하였다. 따라서 창의적 산출물을 통해서 창의적 산출물을 중심으로 하여 평가하는 것이 바람직한 것이다.

Osborn(1963; Parnes, 1999)은 '창의적 사고'에 대한 꾸준한 연구 결과, 창의적 사고는 교육이나 훈련에 의해 증진될 수 있는 것이라고 확신하게 되었다. 이런 확신과 관련하여 그는 그 후 많은 연구를 통해 인간은 '자신에게 직면한 삶의 문제'를 해결하기 위해 창의적 사고를 적용하고, 또한 창의적 사고의 증진은 삶의 문제를 해결할 때 효과적이라는 것을 발견하게 되었다. 따라서 그는 인간 삶의 문제를 창의적으로 해결할 수 있는 문제해결 프로그램, 즉 창의적 문제해결 과정 'Creative problem solving process'를 고안하게 되었다.

창의적 문제해결 과정의 활동단계를 저음에 Osborn(1963; Arbesman, 2001)은 7단계에서 시작하였다. 7단계는 오리엔테이션-준비-분석-가설-부화-종합-확인으로 이루어졌다. 1960년대 말 Osborn은 Parnes와 함께 5단계로 조직하였다. 5단계는 자료발견-문제발견-아이디어발견-해결발견-수용발견으로 이루어졌다. 그 후 Parnes와 그의 동료들(Parnes, Noller, &Biondi, 1977)은 창의적 문제해결 과정을 활용할 수 있는 대상 연령을 다양화하거나 수학 교과에 창의적 문제해결과정을 실제 적용하여 효과를 진단하는 등, 창의적 문제해결 과정의 일반화를 위해 노력하였다.

창의적 문제해결 과정 구조에 대한 연구가 활발히 진행되어 1980년대 중반에 Isaksen과 Treffinger(1985)가 창의적 문제해결 과정을 '관심영역발견-자료발견-문제발견-아이디어발견-해결발견-수용발견'의 6단계로 발달시켰다. Isaksen(1991, 1992)과 Treffinger(1995)의 6단계는 3가지 활동 요소로 묶어 재구성하였으며, 이것은 현재 전 세계적으로 널리 사용되는 창의적 문제해결의 단계가 되었다(전경원, 2000). Isaksen과 Treffinger의 창의적 문제해결 과정 3가지 활동 요소와 6가지 활동 단계를 표로 제시하면 <표 2-1>과 같다.

〈표 2-1〉 Isaksen과 Treffinger의 창의적 문제해결 과정(1991, 1995,재인용)

1과정	문제의 이해	1) 관심영역 발견 2) 자료 발견 3) 문제 발견
2과정	아이디어 생성	4) 아이디어 발견
3과정	행위를 위한 계획	5) 해결 발견 6) 수용 발견

창의적 사고와 문제해결 능력은 교육이나 훈련을 통해 증진될 수 있는 것으로서(Nickerson, 1999; Taylor, 1973), 특히 창의적 사고는 우리가 일상생활에서 항상 직면하는 '삶의 문제'를 해결하려고 할 때 가장 많이 발휘한다고 한다. 또한 삶의 문제와 관련한 문제해결 경험이 창의적 사고 증진에 효과적임이 밝혀진 면도 있다(Osborn, 1963; Parnes, 1999, 재인용). 문제해결 능력 역시 자신과 관련한 직접적인 문제해결 경험을 통해 증진된다는 것이다(Treffinger, 2000).

창의적 문제해결과정은 학습자에게 일상생활에서 직면할 수 있는 애매모호하고 복잡한 문제를 부여하여 그것을 해결하기 위해 새롭고, 관습에 얽매이지 않고, 지속적으로 문제해결에 임하며, 문제해결을 위해 유창성, 융통성, 독창성과 같은 발산(창의)적 사고뿐 아니라 실제 해결책으로 끌어낸 아이디어가 활용 가능한지를 살펴보는 수렴(비판)적 사고까지 요하는 고등사고 능력 증진 프로그램이라고 정의된다(Treffinger, 1995). 또한 창의적 문제해결 과정은 유아부터 성인에 이르기까지 모든 연령에서 사용 가능하며, 개인 혹은 집단이 사용할 수 있도록 구성되어 있다. Treffinger(1994, 1995)도 일상생활에서 일어날 수 있는 문제를 가지고 유치원 현장에서 창의적 문제해결과정을 직접 실시하여 각 단계마다 유아들은 문제해결을 위해 어떤 태도를 보이는지를 이론적으로 제시하였다.

유·아동들에 의해 문제가 발견되고 정의되어야 한다. 그러나 전통적인 교수 방법은 유아들 스스로 문제를 발견할 기회를 부여하지 않고, 유아들의 관심과 흥미와는 상관없이 교사에 의해 미리 주어진 문제를 유아들이 소극적 수동적으로 해결하도록 한다(Brooks & Brooks, 1999; Nickerson, 1999). Nickerson(1999)은 교육 현장에서 '유아들 스스로 해결할 문제를 발견하고자 탐구'하는 것은 '무엇을 연구할 것인가?' 하는 연구의 과제에 대해 생각할 기회를 부여하는 것이라 하였으며, Sternberg와 Lubart(1991)는 '문제 발견'이란 '자신의 인지적인 자산을 어디에 투자하는가를 결정하는 것'이라고 강조하였다. 즉, 교육 활동에서 문제의 발견은 학습자들에게 부여된 권한인 것이며, 학습자가 스스로 문제를 발견하는 것은 현재 교육에서 지향하는 학습자 중심, 흥미 중심, 열린교육의 출발점이 되며, 교수 방법을 변화시키는 기초가 된다. 창의적 문제해결 과정을 교육 현장에 적용하기 위해 교사의 사고 전환과 교수방법이 변화되어야 한다. 창의적 문제해결력(Creative problem solving)은 문제를 인식하고 현재 상태에서 목표 상태에 도달하기 위해 진행해 가는 일련의 복잡한 사고 활동이다.

창의적 문제해결의 단계는 공통적으로 문제발견, 자료탐색 및 해결안 생성, 실행 및 평가의 세 가지 과정으로 이루어진다. 문제발견 단계에서는 가능성 있는 잠재된 문제를 찾아내고, 문제를 구조화해 정확히 파악한다. 자료탐색 및 해결안 생성단계에서는 문제해결을 위해 필요한 자료, 정보를 찾아 문제에 대한 다양한 해결안을 생성하고, 이러한 해결안 중에서 적절한 해결책을 결정한다. 실행 및 평가단계에서는 다양한 실행계획을 세우고 타당한 안을 선택해 실행하며, 문제해결의 결과를 분석하고 평가한다.

유·아동들의 문제해결 능력에 대한 개인차를 고려한 교육과 연습을 통해서 창의적 사고와 문제해결 능력은 증진될 수 있다. 유·아동 스스로 문제에 직면해 보면서 새롭고 독창적인 아이디어를 끌어내기 위한 기회를 갖는 것만으로도 창의적 사고와 문제해결 능력은 향상될 수 있다. 그러나 교사가 문제를 해결해 가는 과정에서 해결책이 적절하고, 합리적이고, 활용가치가 있는지에 관하여 질문을 통한 적절한 개입이 있을 경우 유·아동의 창의적 사고와 문제해결 능력은 더욱 증신될 것이나. 유·아동이 깊이 사고하여 스스로 원리를 찾아내기 위해 문제에 대한 몰두와 내적인 자제력을 요구하는 창의적 문제해결 과정 수업의 필요성을 시사하고 있다.

4) 창의성의 구성요소와 구성요인

(1) 창의성의 구성요소

창의성의 구성요소를 길포드(Guilford,1959)는 유창성, 융통성, 정교성, 독창성의 4요소를 말하고 있다. Torrance(1962)는 인지적 측면으로 유창성, 정교성, 독창성, 추상성, 제한에 대한 저항의 5요소를, 정의적 측면으로 용기, 호기심, 사고와 판단에서의 독자성, 자신이 하고 있는 일에 대한 몰두, 직관 이용, 사물을 당연한 것으로 받아들이지 않음, 직관적 태도, 모험심을 제시하고 있다. Sternberg and Lubart(1991)는 지적능력, 지식, 사고유형, 성격특성, 동기로 Sternberg(1999)는 창의적 사고에 영향을 미치는 지적 능력(문제 발견 능력, 문제를 이해하고 정의하는 능력, 문제의 중요도와 해결 전략의 적절성 등을 평가할 수 있는 능력, 문제를 해결할 수 있는 능력), 지식(창의적 산출물이의 질이 높아질 수 있는 풍부한 지식), 사고유형(감각적, 직관적, 순응적, 개혁적, 지엽적 광범위한 유형), 개인의 특성(애매모호함에 대한 참을성, 인내심, 새로운 것에 대한 개방성, 위험 감수의지, 자신이나 결정에 대한 확신), 환경(적절한 물리적, 사회적 환경), 동기유발(내적 동기, 외적 동기)의 6가지 요소를 말하고 있다. Decay and Lennon(1998)은 생물학적 요소, 개인적 성향, 인지적 요소, 미시적 환경, 거시적 환경으로 분류하였다. 전경원은 민감성, 상상력, 유창성, 융통성, 독창성, 정교성으로 구분하였다.

학자들마다 창의성을 구성하는 기본요소를 다르게 보고 있는데 주요학자들의 이론을 좀 더 살펴본다.

① 고전적 4P 요인

창의성의 개념을 정의한 것 중에서 Rhodes(1961)는 64개의 창의력 정의들을 분석한 다음 이들을 네 가지 측면·요소에 따라 범주화하였다. 4P(Process, Product, Person, Press)에 의한 분류이다. 이것을 살펴보면 첫째, 창의적인 과정(The creative Process), 둘째, 창의적인 산출물(The creative Product), 셋째, 창의적인 사람(The creative Person), 그리고 넷째, 창조물이 나올 수 있는 창의적인 환경이나 장소(The creative place or environment)이다. 김영채(2010)

는 창의적인 과정(Process)이란 일을 창의적으로 수행해 가는 과정이며, 수행의 절차라고 하였다. 창의적 산출(Product)은 창의적인 활동을 통해서 나타난 결과물을 말한다. 한 개인의 창의력의 정도를 그 개인의 과정적 특성이나 성격·인성 특성이 어떠하든지 나타난 결과물이 어떠한 것인가에 따라 판단될 수 있음을 의미한다. 창의적인 사람(Person)은 창의적인 산출물을 만들어내는 그 사람의 특성, 이를테면 성격, 동기, 태도, 자세 등으로서 이를 한마디로 압축하면 곧 성격·인성이라고 할 수 있다. 한 개인의 창의력의 크기는 그 개인의 성격·인성에 따라 좌우될 수 있다고 짐작된다. 마지막으로 창의적 환경(Press)은 개인이 어디서 살았으며 어떠한 환경 조건하에서 활동할 수 있는가에 따라 창의적인 사고나 결과가 왕성하거나 소멸될 수 있음을 의미한다. 과거에는 4P의 요소를 구분하여 연구하였지만 이제 4P의 상호작용적인 본질을 강조한다. 즉, 창의적인 사람은 창의적인 환경 속에서 창의적인 과정을 거쳐야 비로소 창의적인 산출물을 만들어낼 수 있다.

② 이동원(2009)

창의성의 구성요소로 E(KAS) 모형을 제시하였다. 즉, 창의성은 지식(Knowledge), 정의(Affection), 사고기능(Thinking Skill), 그리고 환경(Environment)으로 이루어져 있으며, 창의성을 가르치기 위해서는 이 네 가지를 다루어야 한다고 하였다. 여기서 지식은 '영역 구체적(specific domain) 지식과 영역 일반적(general domain) 지식'이고, 정의는 '호기심, 열정과 같은 동기와 자신감, 정직성, 협동심 등과 같은 성격'을 나타내며 사고기능은 '유창성, 융통성, 독창성 등'을 말하며 환경은 '개인을 둘러싸고 있는 학교, 가정, 사회의 심리적, 사회적, 물리적 배경'을 의미한다.

③ 조연순(2009)

창의성 구성요소는 인지적 특성, 정의적 특성, 환경적 특성으로 되어 있다. 인지적 특성은 곧 개인의 지식, 사고과정과 스타일이다. 적당한 지식을 보유하고 그것을 발판으로 삼아 생각하는 방법과 스타일을 작동하여 어떻게 창의적인 것으로 표출하는가 하는 점이다. 정의적 특성은 개인의 동기, 성격 특성에 해당한다. 창의력은 개인의 호기심, 열정과 같은 동기적 요소와 자신감, 협동심, 정직성 등과 같은 성격 특성에 따라 다르게 나타나기 때문에 창의력 교육을 위한 수업과정에서 정의적 특성을 소홀히 할 수 없는 변인으로 작용하게 된다. 이러한 인지적 특성과 정의적 특성을 가르치고 개발하는 것이 창의력 교육의 중심이자 핵심이 된다. 결국 창의력, 창의적 재능이란 개인이 어떻게 사고하고 생각하는가 하는 사고방법이며 전략이고 어떤 동기와 성격적 특성이 작용하는가 하는 것이기 때문이다. 환경적 특성은 수업에서 직접 가르칠 수 있는 대상이 아니지만 창의력을 키우는 데 요구되는 물적, 심적, 사회적 배경 등의 제반 기반과 지원 변인이라고 할 수 있다.

④ 이경화(2002, 2011)

창의성의 발달은 각 개인의 지적능력, 지식, 사고방식, 인성, 동기, 환경 등이 복합적으로 작용하게 된다. 창의적 산출물을 얻기 위해서는 창의적 능력(지능, 사고, 지각)과 창의적 성격(성격, 동기)이 상호작용하면서 각 과제 영역에 따라 다양한 창의성이 나타난다(2002). 흔히 개인차를 유발하는 요소는 지적(인지적) 요소와 성향적 요소로 나누어질 수 있는데, 창의성의 경우에 있어서는 이 두 요소와 아울러 자기의 삶을 한 곳에 집중하는 동기적 요소가 필수적으로 추가된다(2011).

⑤ 문용린(2011)

창의적인 사람은 주어진 문제를 해결하는 인지적 특성과 이러한 인지적 특성과 보완적인 관계를 갖는 성향적인 특성, 그리고 몰입, 열정으로 표현되는 동기적 특성이 적절히 조화되는 사람이라고 보고 있다.

⑥ 한국과학창의재단(2010)

창의적인 사람은 인지적 요소, 성향적 요소, 동기적 요소로 구성된다. 창의적인 사람은 주어진 문제를 창의적으로 해결하는 인지적 특성과, 이러한 인지적 특성과 보완적인 관계를 갖는 성향적인 특성, 그리고 몰입, 열정으로 표현되는 동기 이 세 가지를 적절히 조화하는 사람이라고 할 수 있다. 개인차를 유발하는 요소는 인지적 요소와 성향적 요소로 나누어질 수 있는데, 창의성의 경우에 있어서는 이 두 요소와 아울러 자기의 삶을 한 곳에 집중하는 동기적 요소가 필수적으로 추가된다.

창의성의 인지적 요소, 성향적 요소 그리고 동기적 요소를 살펴보기로 한다.

가. 인지적 요소

인지적 요소는 사고의 확장, 사고의 수렴과 문제해결력으로 나누어 살펴볼 수 있다.

- 사고의 확장 : 창의성에 대한 과학적 연구의 장을 열었다고 인정되는 Guilford의 지능 이론에 따르면 한 주제에 대해서 다양한 사고를 할 수 있는 확산적 사고라는 요소가 창의성과 밀접하게 관련이 있다고 주장한다. 사고의 확장을 위해서는 확산적 사고 (divergent thinking), 상상력·시각화 능력(imagination·visualization)과 유추·은유적 사고(analogical·metaphorical thinking)가 뒷받침되어야 한다.

- 사고의 수렴 : 창의적 문제해결을 위해서는 확산적 사고를 통해서 얻어진 다양한 생각들 중에서 옥석을 가릴 수 있는 수렴적이고 비판적인 사고능력, 즉 사고의 수렴과정이 필요하다. 이러한 수렴적인 사고를 위해서는 논리·분석적 사고(logical·analytical thinking)와 비판적 사고(critical thinking) 능력이 필요하다.

- 문제해결력 : 사고의 확장과 사고의 수렴은 문제를 해결해 나가기 위해 보조적 역할을 하는 지적 특성임에 비해서 직접 문제를 해결해 나가기 위한 방략과 기법에 대한 이해도 매우 중요하다. 이러한 문제해결기법에 대한 이해는 다양한 문제상황에 직면했을 때 응용할 수 있는 능력(초인지능력과 발견법)의 토대가 된다. 문제를 해결하기 위해서는 우선 문제를 발견하는 능력이 무엇보다 중요하다.

  - 문제발견(problem finding) : 새로운 문제를 찾고, 형성하고, 창조하는 것을 일컬으며, 문제표현, 문제인식, 문제확인, 문제형성, 문제제기, 문제정의 등의 용어를 포함하는 단일 차원이 아닌 다양한 행동과 기술의 복합체라 할 수 있다(Runco, 1994). 문제발견은 창의적인 성취나 수행을 하는 데 결정적인 역할을 한다. 많은 창의적 성취나 업적들은 문제해결보다는 창의적인 문제발견의 중요성을 언급한다. 사실 문제에 대한 창의적인 해결안은 먼저 창의적인 문제를 발견하고 어떻게 정의하느냐에 달려 있다(Csikszentmihalyi, 1996).

  - 문제해결(problem solving) : 문제를 인식하고 현재 상태에서 목표에 도달하기 위해 진행해 가는 일련의 복잡한 사고활동이다. 창의적 문제해결의 단계는 공통적으로 '문제발견, 자료탐색 및 해결안 생성, 실행 및 평가'의 세 가지 과정으로 이루어진다.

나. 성향적 요소

창의성을 연구하는 학자들마다 다양한 의견을 내고 있으나, 공통되는 핵심적인 요소를 추출하면 독립성과 개방성이라고 할 수 있다.

- 독립성 : 독립성은 자기주도성과 같은 성향적 특성과 독창성과 같은 인지적 특성으로 구분된다. 창의적 산물이 독창성을 가지고 있어야 한다는 준거는 독립성이 매우 중

요한 정의적 특성이 되어야 하는 근거가 된다. 독립성에는 용기(courage, adventurous, risk - taking), 자율성(autonomy)과 독창성(originality)이 포함된다.

- 개방성 : 개방성은 예술과 과학에서 매우 중요한 출발점이 되는 관찰을 얼마나 잘 수행할 수 있는가를 결정하는 민감성, 다양한 아이디어나 입장을 수용할 수 있는가라는 열린 마음(open-mindedness), 모순되는 특성을 동시에 가지고 있는 복합성, 애매모호함을 견디어 내는 특성으로 나뉜다. 무엇보다도 다양성을 수용하는 태도는 최근 창의성 이론에서 매우 중요한 요인으로 인정된다. 개방성에는 다양성(diversity), 복합적 성격(complex personality), 애매모호함에 대한 참을성(tolerance of ambiguity), 그리고 감수성(sensitivity)이 포함된다.

다. 동기적 요소

창의적인 성취를 위해서는 자기가 하고 있는 활동에 깊게 빠져드는 몰입과 평생 동안 그 주제에 대해서 갖고 있는 호기심과 흥미 등 스스로를 동기화하는 요소가 필요하다. 동기적 요소에는 호기심·흥미와 몰입이 포함된다.

- 호기심·흥미(curiosity·interest) : Dewey나 Torrance가 주장하는 창의성이 높은 사람과 창의성이 낮은 사람을 구별하는 가장 큰 요인으로, 항상 생동감 있게 주변의 사물이나 현상에 대해 의문을 갖고 끊임없이 질문을 제기하는 성향이다. 창의적인 성취를 위해서는 자신의 주변에 대한 범상치 않은 호기심과 흥미는 필수적이다.
- 몰입(flow) : 어떤 일에 시간이 가는 줄 모르고 몰두하게 되는 완벽한 주의집중 상태를 의미한다. 구체적인 목표가 있으며(명확한 목표), 과제의 난이도가 자신의 능력수준에 맞으며(도전과 기술의 조화), 자신이 제대로 하는지 명확하게 판단할 수 있을 때(즉각적인 피드백) 몰입을 경험한다. 오랜 시간 동안의 탐구과정과 지식이 기반이 되어야 하는 창의성은 하고 있는 일에 남다른 열정과 끈기를 갖고, 창조과정 자체를 즐기는 몰입의 과정에서 발현된다(Csikszentmihalyi, 1990·1996).

⑦ Urban(1995)

독일 하노버 대학교의 Urban(1995)은 창의성은 단순히 확산적 사고만을 의미하는 것이 아니라고 강조하면서 창의성 구성요소 모형에 의거하여 인지적 요소와 개인적 성향 및 환경의 세 가지 요소로 소개하였다.

가. 인지적 요소는 확산적 사고력, 일반지식과 사고력, 특정영역지식과 기능으로 분류
   하였다.

나. 개인적 성향을 3개의 항목으로 구분하면 과제집착력, 동기유발, 개방성·모호성에
   대한 참을성으로 분류하는데, 높은 수준의 동기유발, 높은 수준의 과제 집착력, 인
   내심, 지적 욕구, 자기실현화, 독립적 사고와 행위, 자신감, 새로움에 대한 개방성,
   모호함과 복잡성에 대한 선호도 및 도전정신, 감수성 등의 특징을 갖는다.

다. 환경 조건은 개인적 차원, 집단·지역적 차원, 사회적·역사적·지구촌적 차원으로
   구분된다.

창의성의 인지적 요소 및 개인적 성향의 구성요소는 환경 조건에 따라 역동적으로 상
호작용할 때, 창의성이 효율적으로 발휘될 수 있다.

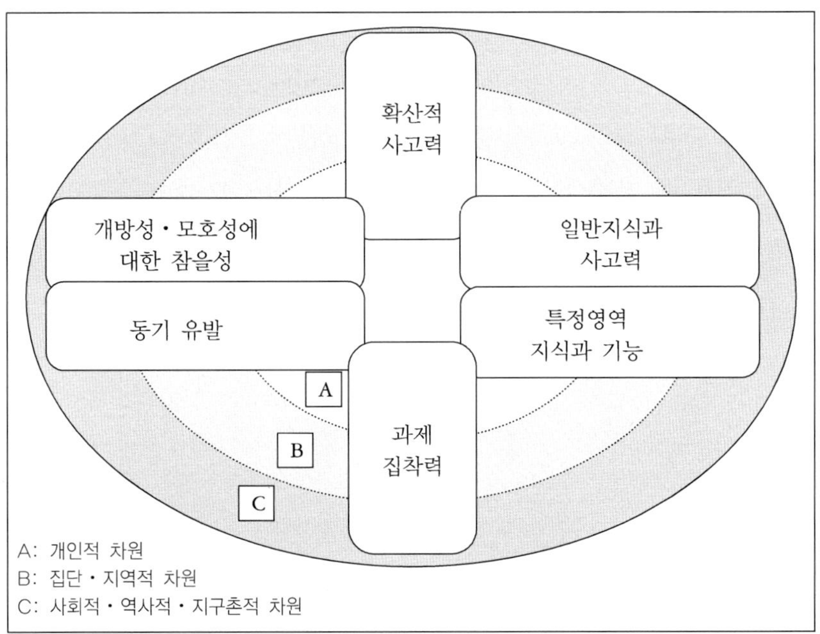

〈그림 2-2〉 Urban의 창의성 요소 모델(하종덕·문정화, 2001)의 내용 재구성

⑧ Amabile(1983, 1989)

사회심리학자 Amabile(1983, 1989)은 세 가지 구성모델(three-component model)을 통해 창
의적인 성취를 결정짓는 요소를 세 가지로 설명하였다.

가. 영역 기술(domain skills)은 특정한 영역에서의 소질, 지식 또는 재주와 같은 깃으로

어느 정도 선천적이라 할 수 있다. 훌륭한 화가가 되기 위해서는 무엇보다도 그림을 잘 그릴 줄 아는 재주가 필요하고, 유명한 발레리나가 되기 위해서는 남보다 춤에 대한 재주나 소질이 있어야 한다. 따라서 어떤 면에서 창의적인지 구체적으로 언급하는 것이 맞다.

나. 창의적 사고 및 행동기술(creative thinking·behavior skills)이다. 특정한 영역의 재주를 보다 훌륭하고 효과적이며 창의적인 성취로 만들기 위해 꼭 필요한 요소이다. 아무리 뛰어난 재주가 있어도 창의적 사고능력, 창의적 행동 스타일 등과 같이 새로운 관점에서 보는 능력, 새로운 문제 해결의 길잡이를 찾는 능력이 없으면 창의적인 성취를 할 수 없다는 것이다.

다. 내적 동기(intrinsic motivation) 유발이다. 어떤 일에 창의적인 산출물을 기대하기 위해서는 그 일이 성취되기를 바라는 강한 요구와 그 일에 흥미, 만족감, 도전감 같은 내적인 동기가 높을 때 실현 가능해진다.

창의적인 산출물이 나오게 하기 위해서는 영역기술(domain skills), 창의적 사고 및 행동기술, 내적 동기(intrinsic motivation)가 요구된다. 이것을 <그림 2-3>처럼 세 가지 요소가 함께 갖추어져 있을 때 창의적 결과물의 산출이 가능하다.

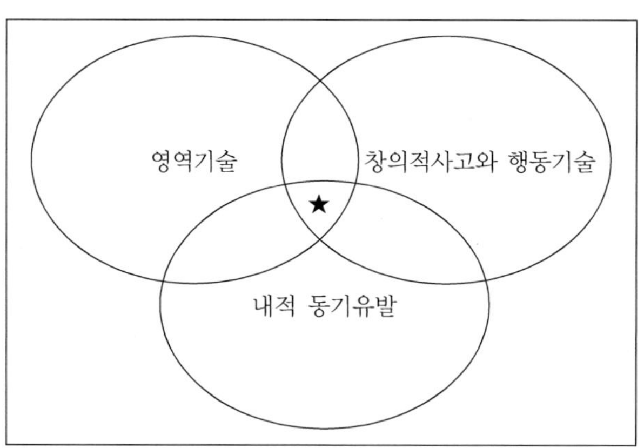

〈그림 2-3〉 Amabile의 창의성의 세 가지 구성모델

⑨ 이종연 외(2005)

창의성에 관한 기존의 연구를 통합하는 관점에서 창의성의 구성요소를 창의적 사고능력과 창의적 성향의 두 가지 영역으로 구분하여 <그림 2-4>와 같이 제시하였다.

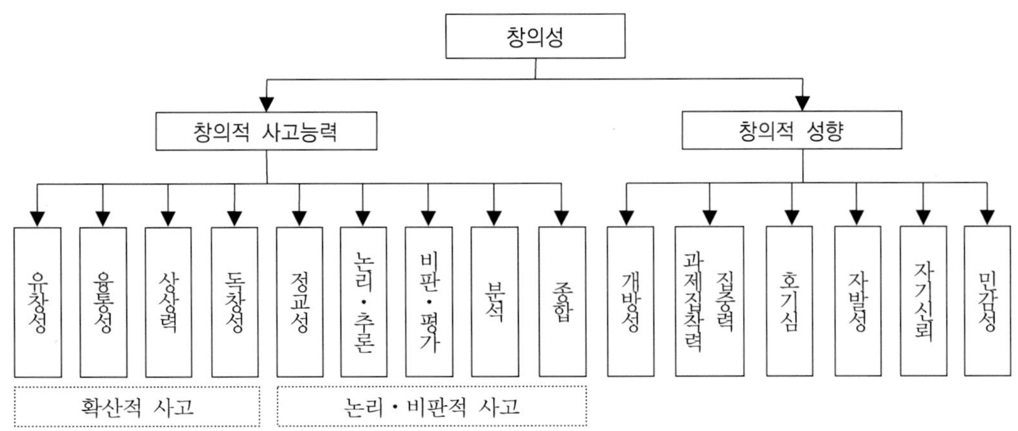

〈그림 2-4〉 창의성의 구성요소(이종연 외, 2005)

창의성은 한두 가지 구성요소에 의해 결정되기보다는 여러 많은 구성요소들의 상호작용에 의해 발휘된다. 이는 전체적·통합적 접근방법으로 설명되며(Cropley, 1997; Urban, 1997), 창의성의 생태적 체계설(ecological system of creativity)과 연결된다(Treffinger, Sortore, and Cross, 1993). 따라서 교육을 통해 창의성을 함양하고자 한다면, 교수·학습방법에서 여러 구성요소들의 상호작용을 신중히 고려해야 한다.

이상의 논의들을 종합해보면 크게 인지적 측면과 정의적 측면으로 구분해볼 수 있다. 인지적 측면으로는 확산적 사고와 활동, 일반적 영역에서의 지식기반, 특수 영역에서의 지식기반, 유창성, 융통성, 독창성, 추상성, 정교성, 재정의, 민감성, 제한에 대한 저항성 등으로 구체화된다. 정의적 측면에서는 애매모호함에 대한 참을성과 개방성, 동기 및 동기화, 과제에 초점 맞추기, 인내심, 새로운 것에 대한 개방성, 위험 감수 의지, 자신이나 결정에 대한 확신 등이 포함된다.

창의성의 구성요소를 정리해보면 창의성은 외부적인 환경으로 개인의 가정환경, 지역사회·국가의 환경, 역사적 환경에 영향을 받으며, 인지적 요인으로 구체적 영역의 전문지식·기술, 고등사고력 요인을 갖추고 있고, 인성적 요인으로 내적 동기유발, 과제집착력, 창의적 성격으로 구성되어 있다고 볼 수 있다.

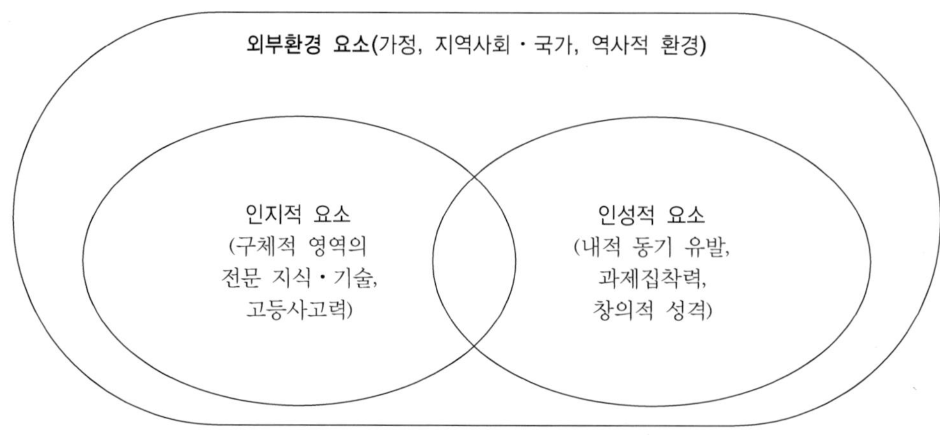

〈그림 2-5〉 창의성의 구성요소

(2) 창의성의 구성요인

① 창의적 사고기능(skill)

창의적 사고요인으로 상상력, 민감성, 유창성, 융통성, 정교성, 독창성을 필요로 하며(임혜숙, 2007), 창의적인 사고에서 요구되는 기능도 전반적인 사고 과정에서 요구되는 그것과 크게 다르지 않다. 창의적 사고를 할 수 있게 해주는 능력적 측면의 기초가 곧 기능이다. 사고에서의 기능은 '~을 할 수 있는 힘'과 '그 힘의 숙달된 상태'를 포함하고 있다. 그러나 여기에서 다루는 창의적 사고기능은 숙달된 상태가 아닌 힘에 한정한다. 이런 힘을 숙달시켜 창의적 사고를 가능하게 하는 노력은 창의성교육의 영역이다. 창의적 사고의 과정에서 개인이 동원하는 사고의 기능은 다음과 같이 몇 가지로 정리될 수 있다.

가. 민감성(sensitivity)

주변의 환경에 대해 민감한 관심을 보이고 이를 통해 새로운 탐색 영역을 넓히는 능력이다. 다른 사람들이 잘 깨닫지 못한 것에 대해 예민하게 느끼고 문제를 생각해 내는 능력이다. 어떤 상황 변화를 빠르게 파악하게 해주는 활동으로서, 통념을 벗어난 상식적이지 않은 것을 금방 알아내거나, 창의적인 변화를 생각하는 자료를 이용해 교육한다.

· 당연한 듯한 현상에서도 문제를 찾아내기
· 주변의 변화를 꼼꼼히 파악하기
· 주변에서 일반적이지 않은 것 찾기

· 애매한 상황 속에 숨어 있는 사물 찾기

· 친밀한 것을 이상한 것으로 생각해 보기

· 이상한 것을 친밀한 것으로 생각해 보기(친숙하지 않은 것을 친밀한 것으로 생각해
  보기)

〈관련활동을 위한 교사의 발문〉

"하늘은 왜 푸르지?"
"사람의 피는 왜 빨갛지?"
"비행기는 어떻게 날아다닐까?"
"사람은 왜 날지 못할까?"
"새로운 애완동물과 친해지는 방법은 어떤 것이 있을까?"
"만약 친구가 새로 이사 왔을 때 어떻게 하면 사이좋게 지낼 수 있을 까?"

나. 상상력(imagination)

과거의 경험을 기초로 앞으로의 행동을 생각해 내는 표상능력으로 경험 세계의 범위를
벗어나 자기만의 생각을 해내는 능력이다. 현실로는 존재하지 않는 것이나 현실적 존재와
는 전혀 다른 것을 마음속에 떠올리는 일을 의미한다. 목적에 있지 않은 것을 머리에 떠
오르게 하고, 그리는 것으로서 상상력을 통해 상상적 상황과 상상적 요소를 포함하는 놀
이를 창출하게 된다. 따라서 상상력은 놀이를 촉진시켜서 유아의 인지, 사회, 정서, 감성,
생활, 신체적 발달을 이루게 된다. 특히 창의성 발달과 깊은 관계가 있기에 창의적인 교육
에서 상상력 활동을 해야 한다.

· 시각적 이미지를 과장하여 떠올리기

· 청각적 이미지를 과장하여 떠올리기

· 과거의 생각을 과장하여 떠올리기

· 꿈속의 이야기를 현실적인 것으로 떠올리기

· 현재 있는 것을 없는 것처럼 생각하기

· 현재 없는 것을 있는 것처럼 생각하기

· 현재 존재하는 것을 축소하여 생각하기

· 현재 존재하는 것의 위치를 바꿔 생각하기

· 특정한 대상을 의인화하여 생각하기

· 일반적인 생성(生成) 과정에서 벗어나 생각하기

<관련활동을 위한 교사의 발문>

"공룡이 현재 우리와 함께 산다면?"
"어느 날 갑자기 자동차가 모두 사라진다면?"
"우리가 엄지공주처럼 작아진다면?"
"어제 무슨 꿈을 꾸었지?"
"아침에 꽃에 물을 줄 때 꽃이 나에게 뭐라고 말할까?"

다. 유창성(fluency)

특정한 문제 상황에서 제한된 시간 내에 가능한 한 많은 양의 아이디어를 산출하는 능력이다. 이것은 부분적으로는 기억력을 요하는 사고능력이라고 볼 수 있으며 한 개인이 저장된 정보와 문제를 즉각적으로 연결 지을 때 나타나는 선택적인 회상과정으로도 볼 수 있다. 아이디어 생성이 보다 유창할수록 생성된 아이디어 속에 사용 가능하고 효과적인 아이디어가 포함될 가능성은 커진다. 유창성이 발달하려면 많은 정보를 입력하는 것과 함께 인출하는 연습도 필요하다. 그리고 다른 범주에서 생각해볼 수 있도록 융통성을 갖도록 하는 것도 교육효과를 높이는 방법이다
· 특정한 사물과 관련된 것을 자유롭게 떠올리기
· 대상에 대한 관점을 의도적으로 바꿔서 생각해 보기
· 어떤 대상(언어, 도형)이나 현상들로부터 가능한 한 많은 것을 연상해 보기
· 특정한 문제 상황에서 가능한 해결 방안을 될 수 있는 대로 많이 제시해 보기
· 다른 사람의 의견을 수용하면서 더 나은 생각해보기
· 정답에 대한 고정관념 없이 표현해보기
· 구체물에 대한 유창성에서 추상적인 의미에 대한 것도 상상해보기

<관련활동을 위한 교사의 발문>

"'여름방학' 하면 떠오르는 생각을 모두 말해 보면?"
"빈 과자상자가 있어요. 여러분은 이 빈 과자상자를 어떻게 사용할 건가요?"
"'탈 것' 하면 떠오르는 생각을 모두 말해 보면?"
"'사랑' 하면 떠오르는 것들을 모두 말해 보면?"
"'눈이 오면 하고 싶은 것' 하면 떠오르는 생각을 모두 말해 보면?"

"만약 우유를 마시다가 엎질렀을 때는 어떻게 할 수 있을까?"
"'칼이 없는데 사과를 나눠 먹을 수 있는 방법'을 모두 말해 보면?"

라. 융통성(flexibility)

고정적인 사고방식이나 시각 자체를 변환시켜 다양한 해결책을 찾아 다양한 아이디어를 산출하게 하는 활동을 의미한다. 어떤 주제를 깊게 공평하게 그리고 보다 완전하게 다룰 수 있기 위해서는 그 주제를 여러 가지의 시각(입장, 견해)에서 볼 수 있어야 한다. 융통성은 유창한 사고뿐 아니라 독창적인 사고의 관건이 된다. 특정한 문제 상황에서 낸 아이디어의 수가 많다고 해도 종류가 다양하지 못하면 융통성이 없다고 할 수 있다. 서로 다른 아이디어를 내게 하는 자료를 이용해 교육한다.

- 대상에 대한 시점을 변화시켜 숨겨진 면을 파악하기
- 특정한 것을 생각하면서 다른 것을 함께 떠올리기
- 서로 관계가 없는 듯한 사물이나 현상들 간의 관련성을 찾아 결합하기
- 사물이나 현상의 속성별로 생각하기
- 어떤 대상이나 현상들을 상징화하여 표현하기
- 결과로부터 거꾸로 생각하기
- 발상 자체를 전환시켜 사고하기(발상의 전환)
- 기존과는 다른 수단으로 표현하기

〈관련활동을 위한 교사의 발문〉

"사자와 임금의 공통점은 무엇일까요?"—서로 관련이 없는 그림(낱말)카드를 나누어 준 후 비슷한 것 혹은 다른 것끼리 짝 지워 보도록 한다.
(크기와 모양이 다른 종이를 나누어 준 후) "자를 사용하지 않고 둘레의 길이가 큰 순서대로 나열해 보세요."
"반찬을 담는 것 외에 접시를 어떤 용도로 사용할 수 있을 까요?"
"이 음악을 듣고 느낌을 그림으로 표현해 보세요. 몸으로 표현한다면 어떻게 할 수 있을까요?"
"○○의 기분을 일기예보를 활용해서 표현해 보세요. 어떻게 할 수 있을까요?"
"그림물감이 굳어져서 사용하기 어려워졌어요. 왜 그렇게 됐을까? 그러면 어떻게 사용하면 좋을까요?"

마. 독창성(originality)

기존의 것에서 탈피하여 참신하고 독특한 아이디어를 산출하는 능력을 말한다. 아이디어의 양보다는 질적인 측면을 말하는 것으로 독특하고 비상한 아이디어를 만드는 능력이다. 즉, 다른 사람을 본뜨거나 되풀이하는 것이 아니고 전혀 새로운 것, 자기만의 것을 생각해내고 만들어 내는 것을 말한다. 사고에서의 독창성이 요구되는 이유는 단기적으로는 보다 더 효율적인 문제해결을 할 수 있게 하고 장기적으로는 인간의 삶을 더욱 의미 있게 하며 질적으로 고양시켜 주기 때문이다. 기발하게 생각하고 보편적인 것보다는 전혀 다른 아이디어를 산출하게 하는 활동자료를 이용해 교육한다.

- 다른 사람과 같지 않은 생각하기
- 기존의 생각이나 사물의 가치를 부정하고 생각하기
- 기존의 생각을 새로운 상황에 적용하여 생각해 보기
- "만약 ~라면"과 같이 가상의 상황에서 자유롭게 표현하며 다른 사람과 나의 생각이 다름을 비교해보기

〈관련활동을 위한 교사의 발문〉

"제기차기를 할 때 발로 차는 것 말고 독창적인 놀이방법을 이야기해볼까?"
"너만의 퍼즐을 만들어 본다면 어떻게 하겠니?"
"만약 ○○가 '콩쥐'라면 깨진 항아리에 어떻게 물을 담을 수 있을지 너만의 생각을 말해 보겠니?"
"지난주 또는 올해 들어서 ○○가 처음으로 발견한 일(또는 생각)이 무엇이지 말해 보겠니?"
"만약 ○○가 피터팬이라면 후크 선장에게 어떻게 해야 사이좋게 지낼 수 있는지 너만의 방법을 말해볼까?"

바. 정교성(elaboration)

사고의 깊이 개념으로 다듬어지지 않은 기존의 아이디어를 보다 구체화시켜서 자세하고 정밀하고 치밀한 것으로 발전시키는 사고능력이다. 유·아동들의 창의적 교육에서는 상상 활동을 많이 하기 때문에 터무니없는 아이디어가 주를 이루기 쉽다. 독창적인 사고의 나중 단계에서는 다양한 측면에서 이미 산출된 많은 양의 아이디어를 최종적인 산출의 형태에 비추어 평가하고 정교하게 다듬는 사고가 필요하다. 산출된 아이디어의 실현가능성이나 현실과 관련된 기준에 더해 구체화시키고, 다듬는 활동을 통해 교육한다.

· 어떤 일을 하면서 혼잣말하기

· 주변의 사물을 분류하고 결합해 보기

· 은연중에 떠오르는 거친 수준의 생각을 구체화하기

· 생각이나 아이디어의 형성 과정을 상세하게 나타내기

· 아이디어를 그것의 실제적 가치를 고려하여 발전시키기

<관련활동을 위한 교사의 발문>

"○○가 이선(또는 불완전 도형)을 보고 떠오르는 것을 자세히 그려 보겠니?"
"동시 외운 것을 암송할 때 느낌을 생각하면서 해보겠니?"
"○○가 생일초대 카드를 만들 때 어떻게 하겠니?"
"○○가 가위로 그림사과를 오릴 때 더 빨리 정확하게 오려 보겠니?"
"친구가 집에 갈 때 ○○와 함께 가지 않는다고 하면 어떤 느낌일지 표정을 자세히 이야기해보겠니?"

사. 유추성(analogy)

특정한 대상을 기존의 것과 연결하여 생각하는 사고능력이다. 사물이나 현상, 생각을 정신적으로 조작하고 연결하여 생각하고 새롭게 사고하는 능력이다.

· 특정한 대상을 보면서 형태가 유사한 것을 함께 떠올리기

· 특정한 대상을 접할 때 원리가 유사한 것을 함께 떠올리기

· 특정한 대상을 접할 때 상대적 대상을 함께 떠올리기

· 특정한 대상을 접할 때 상대적 대상의 주변 대상을 함께 떠올리기

· 특정한 대상의 전체를 보고 한 부분을 떠올리기

· 특정한 대상의 부분을 보고 모습을 떠올리기

· 특정한 대상을 보고 속성을 떠올리기

· 주어진 상황에서 규칙이나 원리 찾아내기

· 별개로 존재하는 사물들에 일관성을 부여하기

· 원인과 결과를 추리하기

· 예측하기

〈관련활동을 위한 교사의 발문〉

"색종이를 반으로 접어서 가운데를 오려내고 펼치면 어떤 모양이 되는지 모양을 예측해 보겠니?"

"○○가 빨간색 물감 두 방울과 노란색 물감 한 방울을 합쳤을 때의 색이 어떻게 되는지 예측해 보겠니?" 그런 다음에 "이번에는 ○○가 빨간색 물감 두 방울과 노란색 물감 두 방울을 합쳤을 때의 색이 어떻게 되는지 예측해 보겠니? 이 결과의 차이가 무엇인지 이야기해볼 수 있겠니?"

② 창의적 사고성향(disposition)

창의적 사고를 할 수 있는 힘을 가졌다고 해서 실제로 창의적 사고를 잘 한다는 보장은 없다. 예를 들어 창의적으로 사고하는 것에 두려움을 느끼거나 귀찮아한다거나 정신적으로 지쳐 있다거나 하는 경우에는 창의적 사고라는 행동이 나오지 않을 가능성이 크다. 바로 이런 점에서 창의적 사고의 상황에서 성향이 중요하게 고려되어야 하는 것이다. 창의적 사고의 성향은 창의적 사고 기능이 작용하는 과정에서 개인에게 요구되는 정의적 또는 태도적 특성이다. 창의적 사고의 성향은 호기심, 탐구심, 자신감, 자발성, 정직성, 변화에 대한 개방성, 독자성, 집중성으로 설명할 수 있다.

가. 호기심

항상 생동감 있게 주변의 사물에 대해 의문을 갖고 끊임없는 질문을 제기하는 성향이다.

〈관련 활동〉

- 주변의 사물이나 사태에 대해서 '왜 그럴까?' 또는 '무슨 일일까?' 하는 질문을 의식적으로 제기하기
- 어떤 사물이나 현상의 이면(裏面)에 대해서도 궁금증 갖기
- '새로운 것' 즐기기

나. 탐구심

의문을 갖게 되는 대상에 대해 끊임없이 탐구하는 태도이다.

〈관련활동〉

- 최선을 다하여 문제를 해결해보기
- 마음껏 상상하고 생각과 느낌을 표현하며 문제 해결하는 기회를 경험하기
- 끊임없이 풍부하고 다양한 관심거리들 찾아내기
- 문제와 관련된 정보를 가능한 한 많이 수집하기

다. 자신감

자기가 관심을 가지고 있는 영역에서 접하는 문제 상황에서 갖는 자기 신뢰감이다.

〈관련활동〉

- 자신의 관심거리를 자신의 문제로 받아들이기
- 어떤 것이라도 잘 해낼 수 있다고 마음먹기
- 주변의 평가에 연연하지 않고 자신의 의견을 자유롭게 표현하기
- 옳고 그른 것에 대한 가치를 분명하게 하고 스스로 정한 가치에 대해 모범을 보이기

라. 자발성

문제 상황에 적극적으로 대처하고, 타인의 요구나 강요에 의하지 않고 자신의 내적 동기에 의해 필요한 아이디어를 산출하려는 성향이나 태도이다. 자발성이 있을 때 자기 주변의 상황을 자기의 것으로 받아들이게 되며 문제해결의 의지를 갖게 된다.

〈관련활동〉

- 주위 문제를 자신의 문제로 받아들이기
- 하기 싫은 것 먼저 하기
- 칭찬이나 상과 같은 외적인 보상 없이 스스로 문제를 계획하고 해결하기
- 생활 속에서 적극적인 태도 갖기

마. 정직성

자신이 관찰한 것과 생각한 것을 그대로 정직하게 받아들이고 꾸밈없이 표현하는 태도이다.

<관련활동>
- 공정한 태도로 관찰하고 결과를 있는 그대로 수용하기
- 부정적 평가를 받은 아이디어라도 자기의 것이라는 점을 인정하기
- 어떠한 상황에서도 책임감 있고 도덕적으로 행동하기
- 자신이 관찰하고 경험한 것을 사실 그대로 받아들이고 표현하기, 닭의 울음소리를 들리는 그대로 표현하기

바. 변화에 대한 개방성

이 세상은 변화하고 있음을 받아들이고, 내 자신이 이 변화의 선두에 있어야 한다는 믿음을 갖는 자발적 태도를 말한다.

<관련활동>
- 기존 생활습관을 새롭게 변화시키기
- 혁신적인 생각을 받아들임으로써 생길 수 있는 불편함이나 두려움으로부터 벗어나기
- 이 세상은 새로운 모습으로 변화해야 한다는 생각 가지기

사. 독자성

자신의 아이디어에 대한 가치를 인정하고 다른 사람들의 즉흥적이며 잡다한 평가에 구애받지 않으려는 성향이나 태도를 말한다. 자신이 심사숙고해 생각해낸 아이디어의 잠재적 가치를 인정하고 이를 발전시키려는 태도가 계속될 때 창의성은 계속 발전될 수 있다(외부와의 싸움).

<관련활동>
- 부정적 평가를 받은 아이디어라도 계속 발전시키기
- 아이디어 산출과정에서 의식적으로 다른 사람의 아이디어와 다른 것 내놓기
- 문제 상황에서 사회의 일반적인 통념을 의식적으로 벗어나서 생각하기

아. 집중성

특정한 주제나 상황에 주의 집중하고, 문제를 해결하기 위해 가능한(적극성) 한 다양한

정보를 수집하며 문제가 해결될 때까지 끈질기게 물고 늘어지는 태도를 말한다(자기와의 싸움).

〈관련활동〉

· 충동을 자제하는 연습하기

· 주의 집중하여 사물 대하기

· 어렵고 지루한 문제나 해결에 실패한 문제라도 그 결과를 계속 추적하기

· 주어진 문제를 자기에게 의미 있는 것으로 받아들이기

내적 동기와 외적 동기 테스트(Amabile)

· 나는 이 활동이 하고 싶어서 이 활동을 하자고 부모님에게 조른다.(내)
· 내가 이 활동을 할 때에는 부모님이나 선생님이 칭찬을 해 줄 것이라고 생각한다.(외)
· 나는 이 활동을 할 때 내가 정말 원하는 것을 배우고 있다고 느낀다.(내)
· 나는 여러 가지 일 중에서 하나를 선택하라고 하면 나는 주로 이 활동을 선택한다.(내)
· 내가 이 활동을 얼마나 잘하는지를 부모님이나 선생님이 알아주기를 원한다.(외)
· 내가 이 활동을 하는 이유는 정말로 이것에 대한 호기심이 많기 때문이다.(내)
· 나는 미래에 이 활동을 통해 돈을 많이 벌고 싶다.(외)
· 내가 이 활동을 할 때 다른 사람들이 봐 주기를 원한다.(외)
· 나는 이 활동에 새로운 도전을 하면 할수록 더 재미를 느낀다.(내)
· 내가 이 활동을 하는 이유는 부모님이나 선생님이 나에게 그 분야에 소질이 있다고 이야기하기 때문이다.(외)
· 나는 내가 했던 활동을 다시 보는 것을 좋아한다.(내)
· 내가 이 활동을 하는 이유는 거의 부모님이나 선생님이 내가 이 활동을 하기를 원하기 때문이다.(외)
· 나는 이 활동을 할 때 스스로 상황을 파악하기를 좋아한다.(내)
· 내가 이 활동을 할 때 나는 이 활동이 끝난 후 다른 사람들이 어떻게 평가할지에 대해 생각한다.(외)
· 이 활동은 나에게 있어서는 일이라기보다는 즐거운 놀이로 여겨진다.(내)
· 나는 가끔 이 활동을 하고 있는 동안 모든 것을 잊어버린다.(내)
· 만약 내가 하고 있는 일을 다른 사람이 알지 못한다면 아무 소용이 없다고 생각한다.(외)
· 내가 이 활동을 잘 한다고 생각할 때 기분이 좋아진다.(내)
· 나는 대부분 이 활동을 정말로 좋아한다는 느낌 없이 그냥 하곤 한다.(외)
· 나는 이 활동을 할 때, 어떻게 할 것인지를 스스로 정한다.(내)
· 나는 이 활동을 할 때, 다른 사람이 어떻게 하라고 나에게 안내해 주면 더 좋다.(외)
· 나는 이 활동을 더 이상 못하게 되면 정말 실망할 것이다.(내)
· 나는 다른 사람들이 내가 그 활동을 잘 한다고 나에게 말해주기 때문에 이 활동을 한다.(외)
· 나는 이 활동을 하는 것이 무척 재미가 있다.(내)
· 나는 이 활동이 쉽게 느껴질 때 그것을 가장 좋아한다.(외)
· 나는 이 활동을 하면 시간 가는 줄을 모를 때가 많다.(내)
· 다른 친구들보다 이 활동을 더 잘한다고 생각하면 이 활동이 더 하고 싶다.(외)

이 테스트는 내적 동기 항목 16개와 외적 동기 항목 16개로 구성되었다. 여기서 '이 활동'은 실제로 유·아동이 주로 하는 실제 활동(예를 들면 피아노, 글짓기, 태권도, 그림그리기 등)의 이름을 말한다. 각 항목마다 '예', '아니오'로 대답한다. 모든 대답이 끝났을 때 내적 동기 항목에 '예'가 더 많으면 그 활동이 내적 동기에 의해 하는 활동이고 외적 동기 항목에 '예'가 더 많으면 그 활동이 외적 동기에 의해 활동하는 것으로 볼 수 있다(문정화·하종덕, 2001).

2. 창의성교육의 필요성

1) 창의성교육의 이해

창의성을 가르칠 수 있는가? 또는 창의성은 교육을 시킨다고 창의성이 높아질까? 이와 같이 창의성교육에 대해 많은 사람들이 의혹을 품는다. 창의성의 교육은 사물과 현상에 대해 의문을 갖도록 자극하고, 그 의문을 과학자들이 처음 지식을 창출할 때와 같은 방법으로 탐구하게 하는 습관과 능력을 길러 줌으로써 가능하게 된다. 즉, 유·아동의 사고를 차단하는 교사 중심의 주입식 수업을 지양하고 유·아동이 스스로 문제를 발견하고 탐구할 수 있는 기회를 충분히 부여할 때 탐구능력은 길러질 수 있다.

창의성교육이란 학습자로 하여금 자신의 창의적 재능과 잠재력을 최대화하도록 도와주는 것이다. 모든 사람은 정도의 차이가 있지만 창의적 재능이나 잠재력을 지니고 태어난다. 그러나 성장과정에서 자신의 사고과정이나 스타일의 양식에 의해서 혹은 후천적 환경 조건에 의해서 개인의 창의적 재능을 최대한 발휘하며 살아가는 사람이 있는가 하면 최소한의 잠재력도 사장시켜 버리면서 살아가는 사람도 있게 된다. 물론 개인마다 타고난 창의적 능력이나 창의성에 대한 성향, 태도는 엄청나게 차이가 있다고 할 수 있다. 이는 사실 인간의 정신적·신체적 특성이 개인마다 각각 다른 것과 마찬가지다. 현실적으로 어떤 훌륭한 창의성 훈련으로 평범한 사람을 세종대왕, 에디슨, 스티븐 스필버그와 같은 인류 역사상 뛰어난 창의적 인물로 만들 수는 없다. 그들은 태어날 때부터 높은 지적 능력, 창의적 능력, 탁월한 추진력 그리고 강한 비전과 운명의식과 같은 특별한 것들로 뭉쳐져 있었다. 그들의 강한 열정은 자신들이 택한 영역에서 위대하고 심오한 지식과 경험을 얻을 수 있게 했다.

과거와 같이 사회 변화가 느리거나 거의 정체되어 있었던 시대에서는 창의적 재능을 개발하거나 확대하는 교육을 받지 않더라도 살아가는 데는 별로 문제가 되지 않을 수 있었다. 천자문 한 권으로 평생 지식인 행세를 하며 사는 데 불편함이 없었는가 하면 독창적이고 창의적인 지식이 실제 삶에서 그렇게 요구되지도 않았다고 볼 수 있다. 창의적으로 혹은 자기주도적으로 살아간다는 것이 어쩌면 사회적으로 인정을 받거나 그러한 재능이 파워 혹은 실력으로 존경받기보다는 오히려 이단적인 인물이나 사회에 해로운 존재로 취급받는 경우가 더 많았음을 역사에서 얼마든지 볼 수 있었다.

이러함에도 불구하고 전통적인 사회에서조차 결국 개인과 사회를 변화시키고 역사를 발전시킨 주체는 창의적인 재능을 발휘하며 문제를 찾고 아이디어를 구하고 문제를 해결하여 새로운 창의적 산출을 얻어낸 인재들이었음을 또한 역사에서 어렵지 않게 확인할 수 있다. 전통사회에서조차 창의적인 재능을 발휘하는 사람이 사회와 역사와 인류문명을 위해 큰 역할을 할 수 있었는데, 변화가 극심하고 정보화, 세계화 시대로 나아가는 미래사회에서는 사회, 역사의 발전은 물론이고 개인 자신의 삶 자체를 위해서라도 창의력이 필수조건임을 부인할 수 없다. 왜냐하면 변화가 광속도인 미래사회에서는 존재하는 모든 것들은 믿을 수가 없게 되고 따라서 자기 스스로 지식과 상품을 창출하여 세상을 설득할 수 있을 때에만 비로소 삶의 질을 다짐할 수 있기 때문이다. 그러므로 학교교육에서는 물론이고 개인의 일상생활에서조차 창의력은 가르치고 배워야 할 교육내용의 영순위가 아닐 수 없는 것이다(이동원, 2010).

Osborn은 그가 설립한 재단명을 창의교육재단(Creative Education Foundation)이라고 하였으니 아마도 창의성은 교육에 의해 변화되는 것으로 보았던 것이다. 모든 사람들은 자신의 창의적 능력이나 창의적인 생산성, 창의적인 생활을 보다 높은 수준으로 끌어올릴 수 있다는 것 또한 분명한 사실이다. 창의성이 교육과 훈련으로 향상시킬 수 있다는 주장은 흥미와 노력만 기울이면 누구든 타고난 창의력을 더 훌륭하고 효율적으로 활용할 수 있다는 것이다.

창의성교육 효과는 다른 것들과 마찬가지로 유아기에 가장 크다고 할 수 있다. Andrew

는 3세에서 4.5세 사이에, Burton은 4세에서 4.5세 사이에 창의적 상상력이 최고조로 나타나지만, 이렇게 급속히 발달되었던 유아들의 창의성도 경직된 학교제도, 교육과정 운영, 사회·문화 및 인적 영향들 때문에 5세 무렵을 지나면서부터 감퇴하기 시작한다고 우려를 나타내었다. Torrance는 유아기에 있어서 창의적 행동은 마치 숨 쉬는 행동처럼 자연스럽게 나타나기 때문에 창의성 계발의 최적기라고 하였으며, 성장한 후에도 창의성을 유지하려면 유아기에 창의성 계발을 보다 잘 해주어야 한다고 하며, 유아기 창의성 계발의 중요성을 강조하고 있다(임혜숙, 2007).

2) 유·아동 창의성교육의 필요성

창의성은 인간이 선천적 기질로 타고나는 것도 있지만, 가정과 교육기관 그리고 시대별 사회적 배경과의 상호작용에 의하여 증진될 수도 있고 저해될 수도 있다. 인간은 무한한 가능성을 가지고 태어난다. 이런 잠재된 능력이 교육에 의하여 계발이 가능하다는 것은 여러 학자들에 의하여 이미 증명되었다(장휘숙, 1981; Osborn, 1963: Torrance, 1962).

아이들은 늘 새롭게 살고 있다. 호기심 가득한 눈으로 세상을 바라보며 끊임없이 새로운 시도를 해나간다. 두뇌 폭풍기인 이 시기에는 두뇌만 발달하는 것이 아니라 모든 능력이 성장하고 성숙해진다. 기본적으로 적절한 환경만 주어진다면 그들의 지칠 줄 모르는 도전의식과 무한한 에너지는 새로운 세상을 향하여 전진해 가도록 한다. 유·아동기는 본질적으로 창의적 존재이며 성인에 비해 사고양식이 유연하고 개방적이며 상상력이 풍부하다. 따라서 이 시기에는 논리적 사고보다는 상상력을 포함하는 창의성 계발과 교육이 필요하다(한국과학창의재단, 2010).

유·아동기는 두뇌발달에 있어서 사고와 언어를 관장하는 전두엽이 발달하는 시기로 창의성을 발달시킬 수 있는 최적기라는 인식은 여러 학자들이 언급하였다. 유·아동이 보고, 듣고, 만지고, 냄새 맡고, 맛보며 경험하는 동안 새롭게 인지하고 지각하여 변별하고 통합하는 과정의 모든 것을 통하여 창의적 사고력이 발달한다. 유·아동의 삶은 창의적 특성의 근원이 되며 일상생활 속에서 문제해결을 위해 탐구하고 즐기는 과정을 겪는 것이 중요하다. 역사학자 토인비는 '창조성은 인간의 가장 중요한 자산이며, 한 사회가 창의적 잠재력 개발에 정당한 기회를 주느냐, 안 주느냐는 곧 그 사회의 삶과 죽음의 문제이다. 국가가 창의성을 발전시키는 데 관심을 기울인다면 역사를 만드는 데 중요한 역할을 할 것이다. 그러나 개인의 창의적인 잠재력을 무시한다면 다른 국가가 우위에 설 것'이라고 창의성교육이 개인의 문제를 넘어 국가경쟁력과 밀접한 관계가 있음을 강조하였다.

유·아동기는 창의성을 교육하기에 가장 적합한 시기로 이해되고 있다. 유·아동기는 창의성이 가장 많이 성장할 수 있는 시기이다. 특히 5세까지가 가장 왕성하게 발달하며, 교육에 의하여 얼마든지 성장 가능성을 갖는 것이다. 심지어는 성인된 후에도 창의적인 환경에 노출되면 창의성이 신장될 수 있다(Torrance, 1962). 그러나 교육은 외부 환경과의 밀접한 관계에 의하여 성장과정과 학습과정이 달라질 수 있고, 그로 인하여 결과를 다르게 만들 수 있다. 창의성이라는 것이 단기간에 변화하는 것이 아니므로 조기부터 시작할 것을 권하고 있다. 유·아동기에 적합한 환경 제공에 대한 중요성을 인식하게 된다.

유·아동들은 학습과 일 및 놀이를 할 때 말하기, 그림 그리기, 노래하기, 춤추기, 만들기와 같은 언어·도형·소리·동작·조작의 다양한 영역에서 자신의 느낌과 생각을 창의적으로 표현한다. 이와 같이 유·아동들의 창의성은 다양한 활동 속에서 표현되는데, 유·아동의 특성에 따라 언어 창의성이 뛰어난 경우도 있고, 그림을 그릴 때 도형 창의성이 두드러지게 표현되기도 한다. 즉, 유·아동들은 언어·도형 등에서 각기 다른 정도의 창의성을 가지고 있으므로 언어 창의성이 부족한 경우라도 도형 창의성이 높을 수도 있고, 또 그 반대일 수도 있다.

창의성은 단기간에 길러질 수 있는 것이 아니라 오랜 시간 동안 적절한 경험과 환경적 지원에 의해 쌓여 길러진다. 물론 성인도 창의적인 환경이 주어지면 창의성이 길러진다고 하지만 유·아동기에 적절하게 창의성교육을 받을 기회를 갖지 못하면 성인이 되어서도 창의성을 발달시키기 어렵다. 창의적 상상력이 가장 풍부한 유아기에 이와 같은 교육적 경험의 제공은 창의적 사고나 문제해결력 증진에 보다 효과적일 수 있다.

유·아동들은 개인적인 특성에 따라 창의성을 표현하는 영역이 다르기 때문에 발달 초기에 속하는 유·아동들의 창의성을 계발시키기 위해서는 이들 특성에 따른 지도가 필요하다. 한편 창의성이 창의적 사고능력과 창의적 성격(성향)의 통합이라는 관점에서 본다면, 유·아동기의 성격발달에 있어서의 특징 또한 고려되어야 한다. 유·아동기에 있어서 성격은 발달의 상관성에 의해 유아의 환경 및 다른 발달영역과 밀접한 관련을 맺으며 발달된다.

유·아동기는 창의성 계발에 있어서 무한한 발전 가능성을 지니고 있는 시기이므로 창의성 계발의 최적기라는 생각이 지배적이다. 따라서 개별 특성에 대한 판별이 조기에 실시되어 적절한 교육적 저지를 받음으로써 개인을 새내로 계발시켜야 한다. 그러나 유·아동 창의성 계발을 위한 각종 프로그램들이 제공되고 있으나 실제 연구영역에 있어서는 초등학생 이상을 대상으로 한 연구들이 집중되어 있고, 검사에 있어서도 유·아동용 창의성 검사는 그리 많지 않은 실정이다.

미래학자 앨빈 토플러(1970)는 미래에는 기술적·사회적 변화의 속도가 점차 가속화됨으로써 개인과 집단의 적응이 더욱 어려워지게 된다고 하였다. 앞으로의 세상은 속도와 공간의 혁명인 '제4의 물결'이라고 하였다. 우리가 살고 있는 21세기는 스마트 시대로 급격하게 변화하고 있다. 스마트 시대에는 이미 국경이 사라지고 전 지구가 한 덩어리가 되는 글로벌 세계에서 단순한 지식의 축적은 의미가 없고, 정보의 바다에서 그것을 어떻게 구성하고 재조직하여 창의적인 소프트웨어를 생산하는가가 중요한 시대이다. 급격하게 변화하는 사회에서 유·아동들이 아직 가치관이 정립되지 않은 상태로 전통적인 가치관과 미래사회에서 요구되는 가치 사이의 간격이 점점 넓어지고 있다. 정답은 더 이상 답이 아니다. 자기가 알고 있는 것과 새롭게 직면한 문제 사이에 나타나는 틈새를 채워가며 창의적으로 사고하는 힘을 요구하게 되는 것이다.

현재의 유·아동이 성인이 될 미래사회는 결국 보편적인 사고를 하는 여러 명보다 창의적인 사고를 하는 한 명의 사람을 필요로 하게 될 것이다. 이러한 사회적 요청뿐만 아니라 창의적인 사고는 개인의 필요가 요구된다. 획일화를 요구하는 전통 사회에서 다양하고 이질적인 사고를 원하는 개인이 있다. 다양한 사고, 참신한 아이디어가 핵심인 창의적인 사고를 하며 창의적 문제해결력을 갖추고 있어야만 미래사회에 적응하며 살아갈 수 있다. 창의적인 생각을 하는 한 명의 사람이 보편적인 생각을 하는 여러 사람의 몫을 모두 수행하는 것을 볼 때 쉽게 이해된다. 나만의 생각, 자유롭고 새로운 생각을 하고자 하는 개인적인 욕구가 있는 것이다. 특히, 창의성 발달의 결정적 시기인 유·아동기에는 창의성을 절실하게 필요로 한다.

3. 유·아동 창의성교육

1) 유·아동의 연령에 따른 창의적 행동특성

유·아동은 발달연령에 따라서 각기 다른 형태의 창의적 행동을 보인다. 따라서 유·아동의 창의성교육은 발달적으로 적합한 교육이 되도록 유의해야 한다. 영아는 나이가 들어

감에 따라 가상놀이에 참여하는 정도가 다르다. 초기에는 탐색하다가 상상놀이가 점점 더 발달하고 행동패턴을 자신에게 적용하고 그것을 다른 사람이나 인형에 적용하고 또한 어떤 행위에 사용하기 위해 물건을 변형시키고, 인형에게 어떤 행동을 하도록 능력을 부여한다. 만 4~5세 유아들은 '색칠하기'에서 붓과 손을 사용하는 새로운 방법으로 다양한 색을 섞어 볼 줄 알고, '단어놀이'에서는 이야기를 하면서 단어의 뜻과 소리를 가지고 놀게된다. '춤추기' 활동에서는 신체적인 동작으로 감정을 표현하고 이를 새로운 형태의 동작으로 표현하게 된다. 초등학교에 들어가면서 음식을 예술의 한 형태로 결합시켜 보기도하고, 사람 사이의 갈등에 새롭고 유용한 해결책을 적용하기도 한다. 정교한 게임을 개발하고 기계 및 전자장치를 재조립, 새로운 방식으로 사용하기, 논리적 방법으로 정보수집하기 등의 고등인지 활동을 한다.

Amabile(1989)은 영·유아의 교육 정도, 경험, 인지적·신체적 발달단계에 따라 그들의 창의성을 보여 주는 영역과 단계가 <표 2-2>와 같이 다르다고 하였다.

<표 2-2> 연령에 따른 영·유아의 창의적 행동

연령	영역	창의적 행동
2~3세	노래하기	들었던 노래를 단순히 반복하는 것이 아니라 멜로디를 만들어 내거나 잘 아는 노래에 재미있는 노랫말을 붙여 부른다.
	그리기	서로 다른 선, 형태, 색을 사용한다.
	블록 짓기	다양한 형태의 건축물을 만든다.
	도구놀이	장난감이나 가재도구 등으로 다양한 소리를 만든다(의인화).
4~5세	색칠하기	붓과 손가락을 사용해서 새로운 방법으로 색을 섞는다.
	단어놀이	혼자 중얼거리면서 단어의 뜻과 소리를 가지고 놀이를 한다.
	춤추기	감정표현 또는 신체적 동작 실험방법으로 춤을 사용한다.
	공상하기	상상의 놀이 친구를 만들어 내거나 가상의 인물과 사건들을 흉내 낸다.
6~7세	요리	성인의 지도하에 음식을 예술의 한 형태로서 서로 결합시켜 본다.
	조각	점토, 모래, 다른 물질들을 사용하여 다양한 형태를 만들어 본다.
	드라마	의상, 노래, 대화를 포함한 놀이를 계획하고 실행한다.
	사회적 관계	사람들 사이의 갈등에 새롭고 유용한 해결책을 적용한다.

8~9세	이야기하기	가상의 인물이나 상황을 가지고 조리 있는 이야기를 지속한다.
	게임	규칙이나 목적을 지닌 정교한 게임을 개발한다.
	옷 입기	특이한 방법으로 의상 스타일과 용품을 조합한다.
10~11세	수	사물을 묘사하는 데 수를 사용하여 놀이를 한다.
	언어	형제 또는 친한 친구끼리 비밀스러운 단어나 언어를 창조한다(쌍둥이에게는 좀 더 일찍 일어날 수 있다).
	시각적 세계	개인적인 의미를 갖는 것들을 가지고 특이한 방법으로 생활 주변의 환경을 장식한다.
12~13세	기계	기계 및 전자장치를 연구하여 이를 재조립하거나 새로운 방식으로 사용한다.
	정보	귀납적·연역적 방법을 사용하고 실험을 통하여 논리적인 방법으로 정보를 수합한다.
	글짓기	산문이나 시를 짓는 데 은유와 직유를 사용하여 생각을 표현한다.

출처: Amabile(1989), *Grouping up Creative*(하종덕·문정화, 2001 재인용).

(1) 0세 - 창의성의 준비시기

창의성의 기본이 되는 민감성을 키워 가는 시기로 시각, 청각, 미각, 후각, 촉각의 오감을 발달시키는 경험을 하는 시기이다. 엄마·아빠의 목소리, 동물소리, 자동차소리 등 생활주변의 소리에 민감하게 반응하며 청각적 민감성이 발달하고, 아는 사람의 얼굴을 지각하고 주변환경을 탐색하면서 시각적 민감성이 발달해 간다. 엄마의 젖이나 이유식 등을 통하여 시각, 후각, 미각, 촉각적 민감성을 증진시킬 수 있다. 엄마와 다른 사람을 냄새로 변별하고, 이유식의 종류에 따라서 색깔과 냄새, 맛, 감촉을 경험할 기회를 갖는다. 신체적 발달도 왕성한 시기로 협응력을 키우는 '짝짝꿍', '곤지곤지', '잼잼', '도리도리' 놀이 등을 음율놀이와 함께 병행하며 창의성을 표현하는 기회를 갖는 것이 앞으로 창의적 사고기능과 창의적 사고성향의 발달을 위한 준비를 하게 된다.

(2) 만 1세 - 창의성의 새싹시기

1세아는 좀 더 잘 움직이고 돌아다닐 수 있게 되면서, 어른들의 일상생활의 태도나 말하는 방법을 가만히 관찰하고 똑같이 흉내를 내는 상상놀이가 시작된다. 호기심이 왕성해서 주위의 일에 대해서나 무엇에 관해서나 흥미를 나타낸다. 1세아에게는 '창의성'이라 할 수 있는 사고능력은 아직 없지만 창의성의 기초가 되는 태도의 싹은 이미 나타난다고 볼 수 있다. 타인의 목소리를 흉내 내고, 동물소리나 생활소리를 흉내 내며, 자신이 엄마가 되어 인형에게 엄마의 모방행동을 하기도 한다. 이런 모방놀이는 가상의 세계를 상상하는 상상력을 발달시킬 수 있다.

1세아의 발달 특징은 혼자서 걷고 이유식을 먹으며 말을 기억하는 능력을 획득하기 시작하는 것이다. 블록을 2~4개 정도 쌓을 수 있고, 크레파스나 색연필을 쥐고 긁적거릴 수 있다. 1세아는 움직임을 통해 새롭게 배우고 문제를 해결해 가는 시기라고 할 수 있다. 걸을 수 있게 된다는 것은 아이에게 있어서 획기적인 일이다. 걸으면서 몸을 자유롭게 이동시킴에 따라 세계는 넓어지고 지금까지의 환경은 크게 변화하게 된다. 그때까지 자신의 눈이 닿는 범위, 귀로 들을 수 있는 범위, 평면적으로밖에 인식할 수 없었던 여러 사실들이 이제 전혀 미지의 새로운 것으로서 재발견됨에 따라 새롭고 풍부한 지식을 갖게 된다. 소극적이고 수동적인 생활로부터 새로운 흥미의 대상을 찾아 능동적으로 생활 속에 뛰어드는 것이다.

1세아는 잠시도 가만히 있지 않는다. 의문을 가지거나 흥미를 느끼게 되면, 언제라도 그 대상이 있는 곳으로 기어가거나 걸어가서 눈으로 확인하고, 손으로 만져서 의문을 풀고, 흥미를 만족시킨다. 그러면서 창의성의 중요한 특성 중의 하나인 호기심을 발달시킨다. 하나의 사물에는 앞면뿐만 아니라 뒷면과 옆면도 있다는 것을 알게 되어, 사물은 보는 위치에 따라 그 모양이 변하지만 결국 같은 것이라는 사실도 배우게 된다. 시행착오적인 경험을 통해서 사물의 현상을 발견하고, 반응방식을 경험하며 문제해결력에 있어서 창의성이 발달할 수 있는 시기이다.

구체적인 사물들의 이름도 알려고 한다. 돌아다니고 움직이며 다양한 경험을 쌓고 시행착오를 거듭하면서, 자신의 행동과 그 결과, 사물과 사물과의 관계에 대한 이해의 폭도 넓혀 간다.

주위 어른들과의 사회적 접촉도 시작된다. 일상생활을 통해 가정 이외의 사람들도 만나고, 가족 이외의 다른 사람들도 알게 된다. 또한 자기와 같은 아이들의 존재도 저절로 알게 된다. 다양한 인간관계 속에서 많은 사실을 배우고, 새로운 환경에 적응해 가는 방법을 체득해 간다.

배변훈련을 하는 시기로 정서가 발달하여 양육자의 말귀를 알아듣고 자기의 감정을 다양하게 표현한다. 단독놀이를 즐기지만 다양한 시도를 해보는 시기로 당혹감, 수치심, 죄책감, 부러움, 자부심 같은 확장된 복합정서를 표출한다. 창의성을 표현하는 다양한 방법을 시도하는 싹을 키우는 단계이다.

이 시기의 가상놀이는 여러 가시 행동을 연속적으로 결합하게 된다. 인형을 목욕시키고, 머리 감기고, 밥 먹이기의 행동을 결합하여 연속놀이를 하는 가상놀이 단계에 있다.

(3) 만 2세 – 혼자 놀면서 사고력이 발달하는 시기

2세아의 경우 창의적으로 사고하는 힘이 말이나 태도, 또는 행동하는 가운데에서 확실하게 나타나지는 않는다. 그러나 도구나 물건의 취급, 사용법의 이해, 궁리해서 이용하는 행위 따위에서 어느 정도 창의성을 표현하고 있음을 알 수 있다. 신체발달이 왕성하여 쌓기놀이로 옆으로 두세 개 늘어놓는다. 소꿉놀이 도구를 잔뜩 늘어놓고 하는 소꿉놀이나 병원놀이, 기차놀이를 아주 좋아한다. 가위를 이용해서 종이나 천을 자른다.

오랜 시간 계속해서 혼자 놀려고 하며 스스로 사고하는 힘과 운동능력이라는 두 가지 능력의 발달이 거듭되면서, 2세아는 자신이 생각한 대로 행동하며 아침부터 저녁까지 계속해서 돌아다닌다. 위험이 없는 한은 자유롭게 해 주는 편이 좋다. 호기심과 지식욕이 커짐에 따라 처음에 본 것이나 들은 것, 변화하는 것 따위를 접하게 되면 손으로 만지고 확인하면서 관찰하고 그것을 기억하려 한다. 이 시기에 아이들의 기억은 구체적인 사물과 사건을 통해서만 이루어지기 때문에 형태가 없는 추상적인 말로 주의를 주어서는 잊어버리기 쉽다. 눈앞에 없는 것이라도 잘 생각해서 알고 있던 말로 연결시켜 설명하는 요령이 필요한 시기이다.

(4) 만 3세 – 놀이를 통한 창의적인 활동 시기

놀이를 하면서 창의적인 활동이 많아지고, 곧잘 놀랄 만한 행동이나 태도, 표현 등이 나타난다. 스스로 아무렇게나 노래를 생각해서 부르며 쌓기놀이로 높이 쌓고, 쓰러질 듯한 스릴을 즐긴다. 의자나 쌓기놀이를 사용해서 자동차 핸들 같은 것을 만들고, 운전을 흉내 내며 창의적인 놀이를 시도한다. 소꿉놀이를 하면서 일어나고, 잠자고, 식사하는 등의 가정적인 활동 등 유연한 사고력이 발휘되는 놀이를 한다. 사람, 동물, 탈것, 자연물 등의 장남감은 상상놀이, 모험 놀이를 도와준다. 호기심과 질문이 많아지고 상상력과 더불어 추리력도 발달한다.

연필이나 크레용 등으로 원을 그리고 풀을 사용해서 붙이면서 서로 다른 선과 형태를 그리고 스케치북에 잔뜩 그림을 그린 후 색칠해 나가는 창의적인 그리기를 하는 모습을 보인다. 노래를 단순하게 반복하며 부르기도 하지만 때때로 자기만의 멜로디로 노래하거나 재밌는 노랫말을 넣어서 노래하기도 한다. 주변의 사물이나 대상을 표현할 때 음성, 동작, 표정, 그림 등을 통하여 적극적으로 재표현하기도 한다.

만 3세아는 제1반항기로 사회성 발달이 덜 된 상태이다. 독립된 인간으로서 말하고 걷고 사귀는 등 첫 번째 '완성기'를 맞이하여 자립의 기초가 형성되는 시기로 중요한 발달 단계라 할 수 있다. 전체적인 운동감각의 향상으로 지능도 현저하게 발달된다. 배운 것을 잘 지키고, 시행착오도 반복해 가면서 경험을 쌓고, 그 지식을 활용해서 자기의 세계를 점점 넓혀 간다. 호기심도 강해져서 보고 듣는 모든 것에 흥미를 나타낸다. "저건 뭐예요?" "어째서?"라고 성가실 정도로 질문을 한다. 질문은 지능발달의 척도라고 할 수 있다. 지능이 높아지는 만큼 질문도 많아진다. 창의적인 활동도 많아지고, 어른을 놀라게 할 정도의 행동도 자주 나타나게 된다. 유연한 사고력이 발휘되고 경험적인 것뿐만 아니라, 듣기만 했던 이야기나 자기가 말한 것과 같은 추상적인 사건도 잊어버리지 않게 된다.

이해하지 못하는 사건이나 현상이 있으면 어른에게 "이게 뭐예요?" 하며 계속해서 질문한다. 대부분은 사물의 이름에 관한 질문이다. 같은 질문을 몇 번이나 반복해 가면서 점차적으로 사물과 그 이름을 연결할 수 있게 된다. 문제해결을 위하여 정신적인 표상을 사용하기 시작한다. 점차 언어의 상징체계가 발달하기 시작하여 시행착오보다는 통찰력에 의해 문제를 해결하게 된다.

점점 자기주장을 하게 되고 자주적으로 행동하려는 경향이 강해진다. 독립심, 자립심의 싹이 자라고 있다는 증거이다. 이때 아이의 마음을 고려하지 않고 무조건적인 금지나 간섭 질책을 하면, "싫어", "안 해" 하며 완고하게 반항한다. 자유롭게 해주면서 교육효과를 증대시킬 수 있는 좋은 시기이다.

자신감에 넘쳐 심신의 능력과 기능을 마음먹은 대로 시도해 보려고 하기 때문에 기회만 닿으면 즉시 행동으로 옮긴다. 그 행동을 특별한 이유 없이 금지시키면 반항적인 태도를 취한다. 따라서 아이가 무엇이든 접촉해 보려고 하면 위험이 없는 한 자유롭게 할 수 있어야 한다. 사물의 차이 변별, 소리 차이 변별, 사물의 차이를 촉각으로 느끼고 식별하기, 음식의 맛 변별하기, 두 가지 이상의 감각으로 사물을 구별하고 이해하는 행동을 하게 된다. '이것'과 '저것', '저기'와 '여기', 삼각형과 사각형, 낮과 밤, 자기 것과 남의 것 등을 구별하게 되고, 많은 것 가운데 하나를 고르는 힘도 길러진다.

"잠이 오면 어떻게 하지?" "더워지면 어떻게 하지?" 하며 어떤 장면을 가정해서 질문해도 바르게 답할 줄 안다. 이때는 유아 자신이 이렇게 했으면 좋겠다는 것이 있으면, 자기가 말을 만들어서 마치 정말 경험해 본 것처럼 이야기한다. '상상의 거짓말'을 즐기는 것도 이 무렵이다. 무엇이든지 혼자 해 보려고 하며, 석극석으로 하루하루 자립해 간다. 지금까지 불가능했던 일을 해내면서 자신감이 생겨나 스스로 자랑스러운 마음으로 점점 더 의욕적이 된다. 여러 가지 지식은 많아졌지만 관련 지식이나 이해도가 얕기 때문에 스스로 통제할 수 없는 감정에 빠지는 경우도 있다.

(5) 만 4세 - 창의적인 활동의 기초가 형성되는 시기

인지능력과 언어능력이 급격히 발달하는 시기이다. 다재다능하고 지적욕구가 왕성해진다는 것이 4세아의 특징이다. 창의성의 기초가 형성되는 중요한 시기로 창의적인 놀이를 매우 즐기고 자신에게 의미 있는 물건들을 산출한다. 잘 움직이고, 떠들고, 난폭한 행동을 하는가 하면, 조용하고 침착한 태도나 말 행동으로 주위사람들을 놀라게 하기도 한다. 무엇이든지 물어 보는 반면, 흥미가 없는 것에 관해서는 전혀 무관심한 경우도 있다. 자신만만하게 자신이 생각하는 것을 이야기하는 것을 좋아하기 때문에 강하게 자기주장을 하기도 한다. 다소 거만하다. 그러나 이때는 공상을 많이 하는 시기이기 때문에 때로는 왕성한 창의력을 가진 예술가의 기초가 되기도 한다. 어른들에게 순응적이지만, 자기가 하고 싶은 대로 하는 자유를 빼앗기는 것은 극단적으로 싫어한다. 독립심이 있다는 증거이다.

현실에 만족할 수 없거나, 힘을 발휘할 수 없으면 상상 속에서라도 욕구불만을 해소해 보려고 한다. 그러나 한편으로 상당히 현실적이기 때문에 구체적인 목적의식을 가지고 행동한다. 솔직하고, 집요하고, 유머러스하면서도 독단적이고 장난치기를 좋아하며 경쟁심이 왕성한 시기라고 할 수 있다.

조형활동의 시대가 열리는 시기이다. 전보다 대근육 활동도 활발해지고, 소근육이 정교하게 발달하여 다양한 조작적인 놀이를 시도하게 된다. 가위, 풀, 셀로판테이프 등을 사용하여 무언가를 만드는 일에 열중한다. 상상놀이의 규모도 점점 커져간다. "어제 하던 걸 계속하자"고 하면서 놀이를 시작한다. 친구끼리 서로 말을 주고받으면서 무엇인가를 만들고 칠판에 그림을 그리면서 논다. 가위로 간단한 모양을 잘라내고 가위와 풀을 사용해서 종이로 간단한 것을 만든다. 모래밭에서 연못이나 강을 만들어 물을 흐르게 하고 나무 조각 등을 늘어놓아 선로를 만들거나 산을 만들고 기차를 달리게 하는 등의 놀이를 하면서 창의적인 조형 활동을 하면서 논다.

신체적인 기술의 발달은 물론 사회적 발달 및 정서적 발달이 이루진다. 손·발과 같이 눈에 보이는 것 이외에도, 보이지는 않지만 마음속에 존재하고 있는 것을 알아차리기 시작한다. 마음은 여러 가지 중요한 역할을 하고 있는 것 같다고 어렴풋이 느끼게 된다. 이 시기는 아직 반항적인 행동이 계속된다. 어른들이 정해 둔 틀에 맞춰 넣으려고 하면 강하게 반발한다. 점차적으로 '개성'이 드러난다. 그러한 가운데 마음속에서는 아직 응석을 부리고 싶기도 하고, 반대로 독립하고 싶기도 하는, 서로 상반된 양가감정이 함께 존재하고 있다. 4세아의 정서가 불안정하다는 것은 이러한 마음속의 갈등이 일어나기 때문인데, 이러한 갈등이 아이를 좀 더 성숙하게 하는 추진력이 되기도 한다. 그리고 4세 말 무렵부터 좀 더 확실하게 개성이 드러나게 된다.

친구를 좋아하게 되고 친구에 대해 관심이 많아지게 되어 역할 놀이가 더욱 발달하기 시작한다. 역할이 훨씬 더 복잡해지고, 극놀이를 하는 활동자료들도 풍부해진다.

(6) 만 5세 – 지적 탐구심이 싹트는 시기

모든 말과 행동에 안정감이 늘고 불안이 줄어들기 때문에 자기만의 뚜렷한 개성이 나타나게 되는 것이 특징이다. 인지, 언어, 사회, 정서발달이 조화롭게 이루어지고 복잡한 놀이를 선택한다.

심신이 조화와 통일을 이룸에 따라 매우 지적으로 보이는 시기이며 가정에서 자기의 위치, 능력의 한계 등을 어렴풋이나마 판단할 수 있게 된다. 서로에 대해 어떻게 평가되는지를 알고 싶어 물어 보기도 한다. 매일매일 점점 더 영리해진다고 느껴진다.

어른에게 협조적이며, 어머니를 매우 좋아하기 때문에 어디서나 어머니를 찾게 된다. 가정 밖에서도 나이가 많고 적음에 관계없이 친구와 사이좋게 그룹놀이를 즐기게 된다. 집 안보다는 집 밖을 더 좋아하여 집에서 떨어진 장소에서도 의연하게 설치고 다닌다. 교제범위도 한층 더 넓어지게 되며 적응력과 인내심도 눈에 띄게 증가된다.

관념의 세계도 넓어진다. '빨간 꽃'과 '아름답다'는 것이 통합되어 '빨갛고 아름다운 꽃'이라는 관념이 생겨난다. 토끼 그림을 보고, "토끼는 상냥하고 귀엽구나" 하고 말을 한다. 토끼는 상냥하다는 추상관념과 상냥한 동물은 귀엽다고 하는 생각을 관련짓는 힘도 길러지게 된다. 다양한 주제에 맞춰 가상놀이를 즐겨하고, 감정을 갖고 역할놀이를 한다.

상상력이 급격히 발달하여 상상의 공포감을 나타내며, 감정형태에 따라 자신의 감정을 정확하게 표현할 수 있다. 언어표현력의 발달로 완전한 문장으로 말을 할 수 있게 되어 타인과의 의사소통이 가능하다.

오른쪽과 왼쪽을 이해할 수 있게 되는 것도 이 무렵이다. 아직 시계나 달력을 읽을 수 없지만, 시간에 관해서 제법 이해하게 된다. 예를 들면, 유치원을 시작하는 시각, TV에서

만화가 시작되는 시각, 잠자리에 드는 시각, 그 시간대 주변에서 일어나는 일에 따라 시간을 알게 되는 것이다. 오후 간식시간은 3시, 자는 시간은 8시, 이런 식으로 이해한다. 이러한 인지능력과 언어발달은 문제해결을 하는 과정에서 원인과 결과를 잘 관련지어 생각할 수 있어서 문제해결을 위한 결과에 대한 원인을 찾아 보려는 노력을 기울이게 된다.

여러 가지를 상상해서 그리며 즐기고, 경험하고 생각한 것을 그림으로 그린다. 혼자서 종이비행기를 접고 종이비행기가 잘 날 수 있도록 접는 방법과 날리는 방법을 궁리한다. 이 시기에는 좀 더 세밀하고 복잡한 놀이 주제를 선택하고, 단순한 장난감으로 세련된 놀이세트를 만들 수 있다. 지적 탐구심이 싹 트는 시기이고, 흥미가 과학적·합리적·현실적·구체적인 방향으로 진전됨에 따라 유연한 상상력이 좀 저하된다. 그러나 조형이나 놀이는 정돈되고 목적의식도 확실해진다.

(7) 만 6세 – 왕성한 창의성의 발달시기

세밀한 조작이 필요한 작업을 할 수 있다. 아름다운 것을 감상하는 능력도 발달하여 남의 작품이나 자신이 제작한 작품을 비판한다. 지식욕도 왕성해서 여러 사건에 관심을 가지게 된다. 기분이 좋을 때에는 아이스러움을 느끼게 하면서, 어른이 믿음직하다고 느낄 수 있을 정도로 성숙해 간다. 개개인의 개성이 한층 더 확실해진다.

6세아는 조화와 통일, 안정감 속에서 행동하는 것만은 아니다. 오히려 혼란의 한가운데에 있다고 하는 편이 좋다. 일상활동은 활발하기보다 분주하다는 인상을 받는다. 정력적으로 이리저리 뛰어다니고, 다소 사납다는 인상도 받게 된다. 자신의 행동을 방해하는 사람이 있으면 누구라도 용서하지 않는다. 욕을 하거나 폭력을 사용하기도 한다. 주위사람들과 계속되는 마찰로 버릇은 나빠지고, 상냥함이나 얌전함, 남에 대한 배려 따위는 자취를 감추어 버리게 된다. 건방지고 자기중심적이며, 기분파라고 할 수 있을 정도이다. 기분이 좋을 때와 나쁠 때의 차가 엄청나게 심하다. 따라서 연상인 아이에게는 배척당하고, 연하의 아이는 겁을 먹어 꺼리게 된다. 이러한 혼란을 겪으면서 6세아는 지적 정서적 사회적으로 소년답게 성장해 간다.

무슨 일을 해도 전력투구를 한다. 기계적인 기억력(숫자나 도형, 의미 없는 철자, 언어 등의 재료를 기계적으로 기억하는 능력)이 급속도로 발달하는 시기이기도 하다. 놀이와 일의 구별이 가능하게 되고 일(공부)을 통한 경험이 좋은 훈련이 되어 그 내용을 이야기할 수 있게 된다.

상상활동은 왕성해지고, 그러한 추상개념을 이해하기 위한 전 단계에 접어드는 시기이다. 일상생활 속의 기본적인 습관을 거의 몸에 익히고, 뭐든지 스스로 함으로써 자립하려고 하기 때문에 의욕적이 된다.

유·아동기의 창의성은 발달단계에 따른 신체적, 인지적, 정서적 발달과 밀접하게 관련되면서 발달하는 특성이 있다. 그리고 가정환경, 부모, 유아교육기관 및 학교의 교육환경과 영·유아 자신의 내적 동기를 유발할 수 있는 창의적 성향 등이 복합적으로 상호작용하면서 발달한다. 교사나 부모는 영·유아가 다양한 활동을 하는 동안 적절한 환경이 제공되도록 지지적인 역할을 수행하고 자율적으로 허용하는 태도와 분위기 조성을 위해 노력해야 한다. 그리고 교실 환경 등의 물리적 환경의 제공과 풍부한 자료를 통하여 무한하게 창의적 상상력의 날개를 펼 수 있는 심리정서적 지원이 복합적으로 제공된다면 유·아동의 창의성 발달은 더욱더 신장될 것이다.

2) 유·아동의 창의성 개발을 위한 놀이방법

일상생활에서 유·아동의 창의성을 개발할 수 있는 방법을 찾아보고 교육환경에서 경험할 기회를 마련해보도록 한다.

(1) 토론과 탐색하기

교사와 유·아동은 함께 주변에 있는 사물과 사건들에 흥미를 가지며 조사하고 탐구하는 자세를 가진다.

(2) 유익한 논쟁하기

상호 의견을 교환하고 토론할 수 있는 기회를 자주 가지는 것이 좋다.

(3) 지나치게 간섭하지 않기

아이들과 함께 놀이하기에서 기억해야 할 것은 지나치게 간섭하지 않는 다는 것이다. 유·아동이 다음 단계에 무엇을 할지 모르고 있을 경우에도 스스로 해결할 수 있도록 기다려 줄 수 있는 여유를 가져야 한다.

(4) 대중문화를 창의적으로 사용하기

텔레비전, 비디오, 라디오와 같은 대중매체들을 효과적으로 활용할 경우 유·아동들의 상상력을 불러일으키고 창의성을 증진시키는 데 도움을 줄 수 있다. 텔레비전의 쇼를 보고 나서 상황과 대화 내용들을 창의적으로 수정하는 경우도 있다.

(5) 창의적 습관 갖기

창의적인 사람들은 그들이 본 것에 대해 질문하는 습관과 새로운 시각으로 바라보기, 새로운 방법 시도해 보기와 같은 습관들을 가지고 있다. 일상생활 가운데 '이것을 다른 방법으로 할 수 있을까?' '또 다른 설명이 있을까?' '이것의 의미는 무엇인가?' 등의 질문을 해 보는 것이 좋다.

(6) 점 잇기

양쪽의 점 2개를 직선, 곡선, 그림 등을 이용하여 연결시키는 것으로 유창성과 융통성, 독창성, 정교성을 키우는데 배양에 도움이 된다.

(7) 도형으로 그림 그리기

주어진 도형을 이용하여 자유롭게 그림을 그린다. 이때 짧은 시간에 많이 그리기 혹은 재미있는 그림그리기 등을 제시하면 더욱 흥미가 있다.

(8) 상상놀이하기

상상놀이(가상 놀이)는 유·아동들의 전반적인 발달을 도와줄 뿐 아니라 창의성을 길러주는 데도 도움이 된다.

(9) 이야기 연결하기

유·아동의 연령 수준에 맞는 이야기를 선택한다. 선택된 이야기의 서두를 제시하고 그다음 부분을 완성하도록 한다. 아니면 주인공의 상황을 역전시키고 그 뒷이야기를 구상해 보도록 한다.

우리 반의 유·아동 중 한 사람이 이야기를 시작하면 다른 사람이 이어받아 재미있는 이야기를 만들어 나간다. 아니면 교사가 먼저 "놀이터에서 한 아이가 놀고 있었는데 갑자기 소나기가 내리기 시작했어요" 하고 이야기를 시작하면 아이는 이것을 받아 "소나기가 내렸지만 미끄럼 타기가 너무 재밌어 계속 놀았어요" 또는 "비가 와서 집으로 막 뛰어 들어갔는데 문이 잠겨 있었어요" 등으로 다양하게 이야기를 꾸며 나갈 수 있다. 이 놀이를 통해서 아이는 이야기를 주고받는 대화능력을 키울 수 있고 언어 발달도 촉진된다. 또한 자유롭게 상상하고 즐거움을 느낄 수 있다.

(10) 그림동화 상상하기

동화를 읽는 새로운 방법이다. 먼저 아이와 함께 그림을 보며 동화책을 읽고, 다음에 아이는 눈을 감고 있고 교사가 동화책을 읽어줘 아이에게 머릿속에서 이야기를 상상하게 한다. 다음에는 책을 덮고 머릿속에 떠오르는 이야기를 교사에게 들려준다. 이런 놀이는 이야기를 듣고 회화적 이미지를 머릿속에 떠올리는 효과가 있다.

(11) 만약에~놀이

"내가 만약에 ~라면", "만약에 ~이 없다면", "만약에 ~이 더욱 커진다면" 등 "만약에" 라는 질문을 던져 상상력과 독창성이 풍부한 답변을 이끌어낸다. 이런 상상력은 사고의 유연성을 갖게 되고, 공간 인식력도 함께 발달시킨다. "만약에 사람에게 여우처럼 꼬리가 달려 있다면?" "만약에 강아지가 되어서 우리 집에 온다면 어떤 일이 하고 싶니?" 하는 질문을 아이에게 해본다. 이때 "잘했다", "좋다"라는 칭찬은 하지 않는다. 칭찬을 받고 싶어서 한 가지 사고의 패턴에 얽매이게 되기 때문이다.

(12) 그림으로 이야기 만들기

만화, 신문, 잡지, 전단지 등에서 그림을 오려내서 연결한 후 상상력을 동원하여 이야기를 꾸며 보도록 한다. 그때 꾸민 이야기라도 원인과 결과, 주장과 근거를 뚜렷이 제시하면서 말을 하도록 유도한다.

(13) 용도 찾기

주변에서 흔히 볼 수 있는 물건을 주제로 제시하여 그 물건이 쓰이는 용도를 포함하여 다양한 용도를 찾아보도록 하는 게임이다. 시간을 제한하여 많은 용도를 제시하는 쪽이 이기는 게임 형식으로 진행할 수도 있다. 이때 용노의 개수는 유창성을 나타내고 성질이 비슷한 것을 묶은 범주 수는 융통성을 나타낸다.

　예: '신문'의 용도를 찾아보세요.

　　'손수건'의 용도를 찾아보세요.

(14) 비유하기

어떤 주어진 단어가 있을 때 그 단어와 전혀 관련이 없어 보이는 비유를 찾아내는데, 그 이유가 설득력이 있다면 엉뚱한 비유일수록 더욱 많은 칭찬을 해주도록 한다. 이 훈련은 언어의 유창성과 융통성을 기르는 데 도움이 되면 연상력도 높여준다.

　예: 인생은 (　　)와 같다. 왜냐하면……

　→ 인생은 (고추)와 같다. 왜냐하면 익어야 제 맛이 나기 때문이다.

　　여자는 (　　)와 같다. 왜냐하면……

　→ 여자는 (장미)와 같다. 왜냐하면 아름다움 속에 가시가 있기 때문이다.

(15) 관련짓기

제시된 두 개의 낱말을 서로 관련지어 다양한 연상을 하도록 한다. 연상의 종류로는 관련 연상, 유사 연상, 반대 연상 등이 있다.

　예: "물-불"을 관련짓기

　→ 소방차, 정수기, 빨래, 산소와 수소, 가뭄, 모내기, 오염 등.

(16) 숨은 그림 찾기

신문이나 잡지에서 오려낸 숨은 그림을 활용한다. 저학년인 경우에는 숨은 그림의 종류를 알려 주고 고학년인 경우에는 개수만 알려준다.

　예: 놀부네 집에 큰일이 났어요. 숨은 그림은 모두 5개(사과, 금붕어, 높은음자리표, 지팡이, 병따개)입니다. 찾아보도록 합니다. 그 후에 그 그림 속에 숨은 그림을 하나 삽입해 보세요.

(17) 다르게 바라보기

주변의 사물을 선택하여 위, 아래, 왼쪽, 오른쪽, 앞, 옆 또는 비스듬히 본 모양을 그려 보도록 한다. 동일한 사물이라도 보는 위치에 따라 다양하게 표현될 수 있다. 예를 들어

'우산'을 펼쳤을 때 다양한 각도에서 바라본 모습을 그려보기. '쓰레받기'를 다양한 각도에서 바라본 모습을 그려보기 활동을 해본다.

(18) 창의성 찾기 여행

다양한 볼거리가 있는 시장, 백화점, 놀이동산, 과학관, 박물관, 미술관 등에서 현장체험 학습으로 실시할 수 있다. 현장에 가기 전 먼저 방문할 곳에 있는 볼거리를 사전 토의하는 것도 하나의 방법이다.

(19) 주변의 동식물 관찰하기

집에 애완용 동물을 키우거나 식물을 재배하면 이것을 주제로 관찰일지를 써 보게 하는 것도 하나의 방법이다. 이때 사실적인 현상을 기술하는 데 그치지 않고 동식물의 관찰을 통해 발견한 점, 또는 느낀 점을 생생하게 표현하도록 유도한다. 식물 같은 경우는 의인화하여 식물의 감정을 표현해 보도록 한다. 정적인 대상보다는 동적인 대상을 주제로 잡는 것이 유·아동들이 생각을 다양하게 표현하는 데 도움이 된다.

(20) 동화책을 활용한 창의성교육

그림책을 통한 창의성교육의 예로서는 유·아동에게 미완성 동화를 들려준 후 나머지 이야기를 완성하도록 하는 동화 활동, 문제 상황을 담고 있는 화보를 보여 준 후 다양한 방법으로 문제를 해결하는 활동 등이 있다. 예를 들면 다음 장면 예측하기, 동화제목 만들기, 주인공에게 편지 쓰기, 단어가지 만들기, 이야기 재구성하기, 그림으로 표현하기, 동극하기 등 다양한 활동을 할 수 있다.

3) 유·아동 창의성교육의 방향

유·아동의 창의성교육을 위한 몇 가지 방향을 제시하면 다음과 같다.

(1) 유·아동 개개인의 독창적인 아이디어 계발에 중점을 둔다

유·아동의 창의적인 표현활동은 전적으로 개개인이 중심이 되어 능동적으로 추구하는 분위기 속에서 이루어져야 한다. 즉, 자기가 수제적으로 인식하고 표현하는 과정에서 인간으로서의 성장이나 내면에 잠재되어 있는 가능성을 높일 수 있다. 이를 위하여 유·아동의 의욕을 고취하고 자신의 특징을 발휘하도록 이끌어 주어야 한다.

(2) 모든 생활 경험을 풍부하게 한다

유·아동의 생활 경험을 풍부하게 하는 것은 자신 있는 표현을 기르는 원동력이 된다. 유·아동이 자신 있는 태도로 제작에 임하기 위해서는 무엇보다도 유·아동 자신이 표현 주제에 대하여 확실한 의식을 가지고 있어야 한다. 그것을 지탱해 주는 것은 곧 주제에 대한 보다 깊은 체험과 강렬한 감동이다. 이는 곧 유·아동의 생활 전반이 학습의 근거 또는 바탕이 될 수 있음을 뜻한다.

(3) 그들의 표현 유형을 이해하여야 한다

유·아동들의 표현에는 그들 나름대로의 아이디어나 화면 구성, 색채 경향, 표현의 방법 등이 다르다. 동일 대상에서도 주관적인 표현, 객관적인 표현 등 현저한 표현의 차이가 나타나므로 충분히 고려하여야 한다. 표현의 유형은 개개인의 성장 발달이나 생활 상태들을 반영한 것으로 개인의 특성을 발견, 이해하면서 문제점을 진단, 극복해 나가도록 하는 것이 중요하다.

(4) 유·아동의 창작 과정을 주의 깊게 지켜보면서 지도한다

개인의 능력 수준에 알맞은 문제 해결의 새로운 방법 모색을 도모하고, 그들의 상상력에 활력을 주며, 탐구력과 조사력을 증진시키는 데 중점을 두어야 한다. 즉, 자신 있는 표현을 한다는 것은 유·아동의 감동이 생활과의 관계 속에서 그들 자신이 지켜보고 느끼고, 생각하며, 고심하여 만들어지는 것이므로 가치가 있는 것이다. 그 결과로서 얻어지는 것이 비록 예술적, 사회적으로는 크게 평가되지 않지만, 그 과정 곳곳에서 인간으로서의 성장이 보이며 창조적인 자세가 드러나게 된다.

(5) 장기간에 걸친 안목이 있어야 한다

유·아동의 창의성은 짧은 시간에 길러질 수 있는 것이 아니라, 장기간에 걸친 지도의 누적 효과에 의하여 발휘될 수 있다. 창의성을 기른 것을 주목적으로 하는 창의성 학습에서는 창작 과정을 중시하는 것은 말할 나위도 없고 창작 과정을 장시간에 걸쳐 반복함으로써 그 효과를 기대하고 있다. 즉, 하나의 과정에서 얻어지는 경험이나 지식을 다음 과정에서 연관시켜 누적해 나가면서 발전시키려는 장기간에 걸친 안목이 있어야 한다. 이는 물론 같은 것을 반복하는 것으로 끝나는 것이 아니라 하나의 소재에서 얻어지는 경험이나 지식을 기초로 하여 다음 경험이나 사고방식을 새롭게 개척하는 의미를 포함한다.

(6) 분위기를 조성한다

분위기 조성은 유·아동과 자연스럽게 친해질 수 있는 능력이고 창의적인 교사에 의해 이루어질 수 있다. 교사는 자아에 대한 긍정적인 사고와 경험 및 수용력이 개방적인 사람이어야 하며, 제반 가능성에 대해 풍부한 인식을 지닌 적임자이어야 한다. 교사의 주된 역할은 유·아동에게 자기표현의 방법을 터득하게 하며, 창의적인 표현의 향상을 도모하고 그들 스스로 생각하게 하는 권리를 주는 일이다.

4. 창의성교육의 내용 및 방법

1) Treffinger의 창의성 학습모형과 지도방법

(1) Treffinger의 창의성 학습모형

창의성 학습모형(Creative Learning Model)은 처음 Treffinger(1979)가 제안하였으며, '개별화된 프로그램 계획 모델(Individualized Programing Planning Model, IPPM)'이라는 프로그램 계획의 기본적인 틀로 확대되었다. Treffinger의 창의성 학습 모형은 조심스럽게 고안된 학습 또는 심화학습 프로그램을 통하여 창의적인 사고와 문제해결력의 체계적이고 점진적인 발달의 필요를 강조하고 있다. 다음과 같이 3단계로 구성되며 단계별 지도방법을 간단히 소개한다. 이 3단계 창의성 학습모형은 렌줄리의 삼부심화학습모형과 매우 유사한 점을 발견할 수 있다.

수준1 기초사고력 습득 및 적용	기초 사고력을 습득하게 한 후 이를 교과내용에 적용하도록 지도한다. 좀 더 복잡한 도전을 성공적으로 수행하기 위한 수단으로 간주. 지도방법: 브레인스토밍, 속성열거법, 아이디어체크리스트, 스캠퍼, 형태학적 분석법, 강제연결법, 유추사고법 등
수준2 체계적 문제해결 과정 이해 적용	창의적인 사고력과 문제해결력을 복합적이고 체계적으로 이해하고 적용할 수 있도록 학습한다. 지도방법: 오디세이 정신, 집단탐구활동, 미래문제해결, 사례연구, 역할놀이 등의 프로그램에서 실제적인 프로그램에 접하게 한다.
수준3 실제적인 도전	실제문제와 도전을 효율적으로 해결하는 데 확신감과 자신감을 계발한다. 지도방법: 실제 문제를 해결하는 데 자신감과 집중력 및 책임감을 발휘하도록 지도한다.

〈그림 2-6〉 창의성 학습모형(Treffinger, 1980)

(2) Treffinger의 창의성 학습 모형에 따른 지도방법

① 1단계 : 창의적 사고력, 비판적 사고력을 아이디어를 창출하고 분석하는 도구로서 연습한다. 창의적 사고력은 다양하고 새로운 독특한 아이디어를 창출하는 데 사용하며, 비판적 사고력은 아이디어를 분석하고 분류하고 비교하여 선택하고 결정하는 데 사용한다. 그런 후에 교과내용에 적용하여 교과내용에 적합한 도구를 능숙하게 적용하고 자신 있게 활용할 있도록 지도한다.

② 2단계 : 창의적 사고력, 비판적 사고력을 체계적으로 적용하도록 지도한다. 창의적 문제해결력을 적용할 수 있다.

③ 3단계 : 실제 문제를 해결하고 실제 적용할 수 있는 해결책을 찾아낸다.

이상의 3단계 창의성 학습모형을 효율적으로 지도하는 교사의 역할을 다음과 같이 제시할 수 있다(Clark, 2002).

· 확산적, 비판적, 평가적 사고력 활동을 빈번히 지도한다.

· 암기 위주 학습활동은 거의 활용하지 않는다.

· 체계적 진단을 통한 평가를 활용한다.

· 즉각적 표현을 고무한다.

· 수용하는 분위기를 조성한다.

· 다양하고 풍부한 자료를 제공하는 학습환경을 제공한다.

· 도전적인 질문을 한다.

· 독창성의 가치를 존중한다.

· 새로운 아이디어를 평가하도록 지도한다.

· 창의적 사고력을 고무하며 체계적 연구방법을 지도한다.

2) Purdue threestage model과 지도방법

(1) 퍼듀 대학교 심화학습모형(Purdue threestage model: Feldhusen & Kolloff, 1978)

퍼듀 대학교 심화학습모형은 주로 자료실·풀아웃 프로그램에서 주로 사용되었다. 이 모형의 목적은 긍정적인 자아개념의 계발 및 유지, 기초적인 사고력 기술 신장, 인지전략 및 독립적인 학습발달에 두고 6~12명의 소집단 학생이 3종류의 활동을 수행한다. 이 모형의 활동은 정규 학과목의 교육과정에 보충적인 창의심화학습에 도움을 준다(Feldhusen & Kolloff, 1978).

〈표 2-3〉 퍼듀 대학교 심화학습모형(Feldhusen & Kolloff, 1978)

1단계	· 기초적인 발산적·수렴적 사고력 및 상상력을 지도하고 강화한다. · 정의적인 반응 계발-정의적인 것이 안 될 때는 힘들다. · 교사가 주도. · 짧은 시간(15~30분) 활동-다양한 테마와 활동 예: 유창성, 융통성, 독창성, 정교성, 논리적·비판적인 사고력, 가치의 명료화, 자신에 대한 이해
2단계	· 고등사고 전략과 일·학습의 생산적인 기술 계발 · 학생이 교사보다 많이 주도 예: 창의적인 문제해결력, 연구방법, 독서기술, 시간관리, 면접방법, 탐구방법, 글짓기
3단계	· 연구와 창의적인 생산에서의 독립성 계발 · 학생이 주로 주도, 교사는 안내 역할 예: 실험연구, 보고서 작성, 공식적인 발표, 연장된 시네틱스 프로젝트, 창의 활동

출처: 전경원(2000). 창의학.

(2) 퍼듀 대학교 심화학습모형에 따른 지도방법

① 기초적인 발산적 사고력과 수렴적 사고력 및 상상력을 지도하고 강화하며 유창성, 융통성, 독창성, 정교성 등의 기능을 계발시키는 데 중점을 두고 있다. 교사가 주도하며 단기적인 활동이다.

② 창의적인 문제해결력 신장에 필요한 전략과 기술습득에 중점을 둔다. 어느 정도 학생이 주도하나 교사가 지도자 역할을 한다. 1~3, 4시간 또는 며칠~몇 주일에 걸쳐 수행할 수도 있다.

③ 학생들이 좀 더 폭넓고 실제적인 프로젝트에서 자기지도력을 계발하기 위해 독립적인 개인학습에 중점을 둔다. 자신이 선택한 주제의 연구결과를 발표할 산출물을 준비한다. 그러기 위하여 내적인 동기 유발이 있어야 한다. 학생은 스스로 연구와 탐구계획을 세우고 행동하며 교사는 안내역할을 한다. 일주일에 2~6시간을 보낸다.

3) 창의성교육을 위한 중점 내용요소

(1) 영역기술, 영역지식, 특정영역의 재능을 찾아 키워 준다

창의성의 발휘를 위해서는 어떤 영역이든지 그 영역에서 필요로 하는 바탕이 되는 지식이 있어야 한다. 그 지식을 바탕으로 꾸준히 노력을 기울일 때 창의적인 산출이 살린다. 피카소가 자신만의 독특한 화법을 개발하기 전까지 청년시절에 그도 역시 사진처럼 정밀하게 묘사된 그림을 그렸다. 피아니스트의 훌륭한 연주의 감각도 반복적인 연습에서 나오게 된 것이고 과학자의 발명품도 과학의 기본원리를 터득한 후에 가능한 것이다. 사고의 도구인 지식은 양의 많고 적음을 강조하기 보다는 창의적인 지식교육을 강조한다. 교육과정의 교과목이나 다양한 분야의 기본지식의 학습을 중시한다. 특정 교과나 해당 영역의 전문적인 지식을 학습하고 연습하며 기본원리를 터득하도록 한다. 교사들의 역할은 바로 아이들마다 타고난 소질이나 재능이 무엇인지, 어떤 영역에서 뛰어난지를 찾아주고 그 재능을 꽃피울 수 있도록 돕는 일이다.

실제적인 경험이나 과학 실험에서 실수나 실패의 경험 등 다양한 세계에 접하는 것보다 더 좋은 창의성의 기반은 없을 것이다. 그러나 많은 양과 높은 수준의 독서를 통해 일반상식과 다양한 지식, 사고전략, 문제해결 전략을 터득하는 간접 경험은 창의성을 발휘하는 데 기초가 된다.

(2) 사고기술을 충분히 익힌다

유·아동들에게 창의성을 지도하는 바람직한 방법은 민감성, 상상력, 유창성, 융통성, 독창성, 정교성 등의 창의적 사고 기능을 기를 수 있는 다양한 프로그램을 제공해주고, 창의적 활동에 직접 참여하도록 하는 것이다. 문제를 창의적으로 해결하기 위해서는 문제를 새로이 형성하고, 새로이 정의하고, 새로운 해결책 또는 대안을 찾아보는 확산적 사고력 증진을 위한 사고기술을 익힌다. 아이디어를 많이, 다양하고 독특하게 생성해내기 위한 확산적 사고력 지도방법으로는 브레인스토밍, 체크리스트, SCAMPER, 속성열거법, 형태학적 분석법, 강제결합법, 결점열거법, 희망열거법, 시네틱스 등이 있다. 그리고 확산적 사고력에서 생성해 낸 여러 아이디어를 분류하고 평가하여 가장 유망해 보이는 것을 선택해 낼 때 사용하는 수렴적 사고력을 증진시키는 기회를 통하여 익숙하도록 한다. 이 방법은 생성된 여러 아이디어 가운데서 가장 그럴듯한 해결대안을 모색하고 선택하여 실제로 실현할 수 있는 해결책을 만들기 위해 사용한다. 평소에 의문을 갖고 탐색하는 행동, 문제를 찾아내는 행동, 문제해결을 위한 사고 등을 격려해주고 긍정적으로 반응해 주도록 한다.

(3) 내적·외적 동기를 증진시킨다

창의성의 발휘를 수프 요리에 비유한 Amabile은 내적인 동기 유발이 솥 아래의 불과 같으며 불이 뜨거우면 뜨거울수록 수프가 더 잘 요리될 것이라고 한다. 즉 의욕이나 관심, 호기심으로 가득 차서 일을 할 때 더 창의적일 수 있다. 교사는 그들 스스로 호기심, 흥미, 즐거움, 개인적인 도전 의식을 자유롭게 표현함으로써 내적 동기 유발을 일으킬 수 있다. 그 밖에 자극을 받을 수 있는 현장방문으로 실제 경험을 통해 동기 유발을 시킬 수도 있다.

(4) 창의적 성향을 증진시킨다

창의적 인성(자발성, 정직성, 개방성, 독자성, 협동성)을 함양한다.

① 자발성 기르기 : 문제 상황에 스스로 적극적으로 반응하고 무엇인가를 해결해 나가려고 노력하는 성향(예, 수학문제를 풀 때 스스로 해결해 나가려고 노력하는 태도)

② 정직성 기르기 : 자신이 관찰하고 경험한 것을 사실 그대로 받아들이고 표현하려는 성향(예, 시냇물 소리를 듣고 들리는 그대로 표현하는 태도)

③ 개방성 기르기 : 타인의 관점을 받아들이고 있는 사실 그대로 수용하는 성향(예, 토론할 때 다른 사람의 생각이나 의견을 적극적으로 받아들이는 태도)

④ 독자성 기르기 : 타인의 평가에 상관없이 자신의 의지대로 아이디어를 내거나 산출물을 만들어 내는 성향(예, 위대한 발명가들은 그 시대 사람들이 인정하지 않더라도 꾸준히 연구했음)

⑤ 협동성 기르기: 타인과 협동하여 아이디어를 내거나 산출물을 만들어 내는 성향(예, 팀워크를 살려 창의적 발명품을 만들어 낸 노벨 물리학자)

(5) 창의적 환경을 조성한다

최근에는 유·아동들이 수동적인 존재이기보다 적극적으로 세계를 탐구하고 사고를 표상하며 타인과 의사소통할 수 있는 능력을 가진 것으로 보고 있다. 이러한 관점들은 창의성교육에도 적용될 수 있다.

억압적인 분위기는 독창적인 아이디어 생산에 저해가 된다. 창의적인 생각이나 활동은 정서적으로 안정된 분위기에서 가능하다. 교사는 정서적으로 불안해질 수 있는 요소들을 제거해주고, 유·아동들 자신의 흥미, 경험, 생각들을 자유롭게 표현할 수 있는 편안한 분위기를 만들어 주어야 한다. 평소에 유·아동들의 말을 주의 깊게 들어주고, 긴밀하고 따뜻한 시간을 많이 가질 때 유·아동들은 자유롭게 생각하고 상상하면서 창의적인 발상이 가능해진다.

유·아동은 이미 완성되어 있는 환경보다는 탐색과 변형이 가능한 자연 그대로인 매력적이고 신선한 환경에서 창의적으로 사고하고 표현할 수 있으며 또한 창의적 성향이 길러질 수 있다. 창의성이 발현되는 과정으로 먼저 외부 환경에 대한 충분한 탐색이 이루어져야 한다. 이러한 외부 세계에 대한 새로운 자극을 탐색한 후 또 다른 방법으로 사고하고 이를 이용하여 새로운 것을 창안해 낼 수 있기 때문이다. 창의적 환경을 구성할 때 고려해야 할 점은 유·아동들로 하여금 생활 사태나 주변 환경에 대한 민감한 관심을 보여 문제들을 발견하고 탐색하며 확산적인 해결방안을 찾을 수 있도록 하기 위해서는 살아 있는 생물, 조작과 변형이 가능한 물체, 심미감을 느낄 수 있는 형태, 색깔, 스타일의 사물들과 공간적 배열 등 민감성을 일깨울 수 있는 환경이 되도록 환경을 구성한다. 자료를 범주화하여 정리하고 상상놀이를 충분히 할 수 있는 공간구성과 변형 가능한 자료가 풍부히 구비되어 있어야 한다. 유·아동이 자신의 뜻대로 변형해 볼 수 있는 여지를 더 가질 수 있는 완성도가 낮은 비구조적 장난감은 충분한 기회와 시간, 자유가 허용되어 놀이에 몰입하는 상태를 경험하게 한다. 그리고 가정과 교육기관에서 창의적 환경이 자연스럽게 연계되며 주어지도록 하는 것이 필요하다.

① 물리적 환경 조성 : 창의성을 자극할 수 있도록 개인을 둘러싼 외부 환경 체제를 만들어 나간다(예 : 창의력코너 설치, 유아교육기관 및 학교, 교실 환경게시판, 시설,

놀이기구, 장난감 등).

② 사회적 환경 조성 : 창의성을 자극하고 지지해 줄 수 있는 사회 체제 만들기(예 : 교사, 학부모, 또래집단, 기타 다른 인물 등의 창의성 마인드 제고).

③ 심리적 환경 조성 : 창의성을 자극하고 동기를 유발할 수 있는 심리 체제를 만든다. 유·아동들은 그들이 활동하는 공간 안에 시각적 물체(벽에 걸린 그림, 자신들의 작품, 교재 교구 등)에 의해 동기화될 수 있으며 창의성을 추구하도록 한다. 그리고 유·아동들은 새로운 자료보다도 같은 자료를 되풀이하여 사용할 때 오히려 흥미로워하고 자료를 능숙하게 다루어 창의적인 자료를 만들어 낸다는 점을 주목한다(예 : 안정감, 성취감, 자신감, 적극성 등을 갖기).

4) 창의성교육을 위한 물리적 환경구성 및 학습자료·교구의 준비 기준

(1) 창의성교육을 위한 물리적 환경구성

물리적, 사회적, 심리적 환경의 조성을 기본으로 하며 특히 창의성교육에서 아이의 흥미 유발과 교육 효과를 높이기 위한 물리적 환경 구성과 사회적 상호작용이 일어날 수 있는 환경에 대하여 살펴본다.

물리적 환경을 구성할 때 가장 중요한 것은 첫째, 물리적 공간을 최대로 이용하여 아이가 자유롭게 이동할 수 있도록 하는 것이다. 교구장, 의자 등은 이동 가능한 것으로 비치하여 고정된 가구를 최소한으로 줄인다. 또한 탁자나 의자보다는 바닥을 이용하고, 융통성이 부족한 큰 책상, 바닥에 고정된 책상, 걸상 등은 피한다. 주로 작은 탁자의 수를 조절하여 원하는 크기로 만들거나 탁자 대신 합판이나 작고 긴 의자 등을 다용도 가구로 사용한다. 만약 활동 공간이 영역별로 구분되어 있다면, 한 영역에서 다른 영역으로의 통로를 분명하게 만들어 아이가 자유롭게 이동할 수 있도록 한다. 그 결과 아이는 자기가 원하는 영역에 갈 때 다른 영역의 아이를 방해하지 않고 갈 수 있을 뿐 아니라 어떤 영역의 교구를 다른 영역에서도 마음껏 활용할 수 있게 된다. 이와 같이 창의성교육의 교육환경은 매우 동적이다. 항상 활동을 유발할 수 있는 환경이 우선되며, 아이가 마음대로 물감을 흘릴 수도 있고 교실 이쪽부터 저쪽까지 테이프를 붙일 수도 있다. 깔끔하고 예쁜 환경은 아이의 자유로운 활동에 부담을 주기 쉽다. 따라서 심리적으로 제한받지 않는 환경을 제공하여 아이에게 활동의 자유로움을 보장한다.

둘째, 사회적 상호작용이 일어날 수 있는 환경을 조성한다. 이는 이론의 정립자인 아이가 다른 아이들의 다양한 사고와 시각을 수용하여 자신의 시각과 타인의 것을 조화시키는 것이 중요하기 때문이다. 사회적 상호작용을 조장하기 위하여 작은 탁자를 이용하여 집단 간의 상호작용이 빈번하게 일어날 수 있도록 물리적, 심리적 거리를 줄이고 있다. 또한 제공되는 교구의 수를 적당하게 조절함으로써 교구를 더욱 효과적으로 사용하기 위하여 상호작용하도록 하고 있다. 또한 여럿이서 함께 할 수 있는 활동을 준비하여 상호작용을 조장하고 있다.

(2) 창의성교육방법에 따른 학습 자료와 교구의 준비 기준

창의성교육은 교육방법에 따라 학습 자료와 교구를 준비할 때에는 다음과 같은 점을 기준으로 한다.

첫째, 불투명한 물체보다는 투명한 물체를 사용한다. 어린 아이들은 눈에 보이지 않는 현상에 대해서는 이해하기 어렵고, 투명한 물체만이 그 안에서 움직이는 물체의 이동을 보여 주어 표상을 가능하게 하기 때문이다. 가장 자주 사용되는 교구는 다양한 크기의 투명한 플라스틱 튜브, 판, 관, 용기, 상자 등이다. 예를 들어, 물에 뜨는 것과 가라앉는 성질을 이용한 활동에 사용하는 수조는 물 위에서뿐 아니라 측면에서도 관찰할 수 있도록 투명해야 한다. 또한 관을 연결하여 공이 구르는 길을 만드는 활동에서 공의 움직임을 볼 수 있도록 하기 위해서는 투명한 관이어야 한다.

둘째, 아이의 탐색 활동과 실험을 촉진하기 위해서는 크기, 무게, 부피, 질감이 다양한 자료를 준비해 놓아야 한다. 아이가 여러 가지 변인을 조작해 봄으로써 자신이 세운 가설을 검증하여 이론을 정립하는 기회를 제공하기 위해서다. 예를 들어, 공을 굴려서 페트병을 쓰러뜨리는 활동을 할 때 다양한 크기의 공을 제공하여 공의 무게와 쓰러진 페트병의 개수 간의 관계를 이해하게 한다. 또한 이때 바닥 면을 매끄럽게 할 때와 거칠게 할 때 구르는 힘이 다름을 실험할 수 있다.

셋째, 아이의 표상(representation)을 돕기 위한 자료를 준비한다. 예를 들어 공은 너무 빨리 굴리기 때문에 아이가 공이 굴러간 길을 표상하기 어렵다. 공에 물감을 묻히면 공이 지나간 자취를 남길 수 있게 되어 공의 움직임을 쉽게 표상할 수 있다. 또는 공중에 공을 던지는 활동에서 공에 리본테이프를 달면 공의 움직임을 파악하기 쉽다.

이러한 세 가지 기준에 따라 선정된 자료 외에도, 프로그램에서는 일상생활에서 교구로 사용되기 어려운 두부, 두루마리 화장지, 물, 모래, 흙 등도 흔히 사용된다. 이러한 자료들은 창의성 발달의 기초가 되는 물체에 대한 민감성을 키워 줄 뿐만 아니라 아이들의 정서적 욕구도 충족시켜 줄 수 있다. 또한 도르래나 지렛대 등도 아이의 탐색과 실험을 자극하는 매력적인 교구다.

이러한 교구들이 필요할 때 시중에서 판매하는 교구를 구입하기보다는 상품화되지 않은 일상생활의 자료들을 변형, 개조하여 사용하는 경우가 많다. 예를 들어 다양한 크기의 관이 필요한 활동에서 상업화된 제품을 사용하기보다는 키친타월이나 두루마리 화장지의 심대들을 모아 두었다가 교구로 활용한다. 1.5리터짜리 페트병도 흔히 활용되는 폐품 중하나다. 과일 보호용 망, 스티로폼에서부터 실패, 녹차통에 이르기까지 프로그램에 사용되지 않는 폐품이 없을 정도로 일상생활의 모든 것이 활용될 수 있다.

기성 제품을 사용하기보다 폐품을 적극 활용하는 이유는 단순히 비용이나 환경보호 때문만은 아니다. 주변 사물을 원래의 용도와 다른 용도로 사용하는 것 그 자체가 창의성이기 때문이다.

교사들이 창의적으로 개발한 것이기 때문에 프로그램의 내용에 딱 들어맞는 모양과 크기의 제품을 구하는 데는 한계가 있으므로 교사들이 교구를 제작, 준비하기 위해 많은 시간을 투자한다. 교사들이 프로그램에 적절한 교구를 고안하는 과정 자체가 교사들의 창의성을 촉구할 수 있다. 교사가 먼저 창의적이지 않고는 아이의 창의성을 길러줄 수 없다.

5) 창의적인 태도를 기르기 위한 방법

창의적인 문제해결력을 기를 수 있는 프로그램은 어떠해야 할 것인가? 유·아동에게 자아발견과 독립적 사고를 위한 도전과 가능성을 제공하는 교육프로그램 속에서 그들의 잠재력을 실현할 수 있도록 해야 한다. 그리고 유·아동들을 교육하는 데 있어서 가장 중요한 것은 매일의 생활 속에서 창의적인 태도를 형성시켜 가도록 주의를 기울이는 것이다. 그러면 몇 가지 창의적인 태도 기르기 방법을 제시해 본다.

(1) 독특한 개성

이것은 각 아이의 능력과 특성을 찾아 발견하고 북돋아 주는 것이다. "너는 유별나게 왜 그러니?" "다른 애들은 모두 그렇게 하는데 너는 왜 그 모양이니?" "이 학습시는 모두

가 다 하는 것이니 너도 해야지"라는 식으로 아이에게 강요한다면, 이는 아이의 독특한 특성을 계발시키기보다는 하나의 보통 사람밖에 되지 않는 결과를 초래할 것이다. 어떻게 해야 우리 아이는 다른 아이들과 다른 독특한 사람으로 키울 수 있는가를 생각해야 한다. 개인적이고 독특한 아이로의 성장과정에서 아이들은 자신감과 자립심을 키우게 되고, 그럼으로써 새로운 문제에 접근하기 두려워하지 않으며, 자아실현을 위해 노력하게 된다. 따라서 창의성교육은 아이들로 하여금 더 뚜렷한 개성을 갖도록 도와야 하고, 더 나아가 다른 사람과 구별되는 특성을 가지고 있다는 사실을 격려해 주어야 한다.

(2) 놀이를 통한 학습

아이들로 하여금 개념과 아이디어와 재료를 갖고 놀 뿐 아니라 과감히 새롭고, 색다른 방법으로 그것들을 분석하고 결합시키도록 격려해야 한다. 놀이를 통한 학습은 어떤 문제에 부딪쳐도 그 문제의 해결에 관하여 지나치게 심각해지지 않으면서 자기가 생각해낸 여러 대안을 마음껏 실험해 볼 수 있다. 또 자기의 실수를 통해서 무엇인가를 배우고 과감히 새로운 것을 시작할 수 있는 자신감을 갖고 문제에 접할 수 있는 기초가 된다. 이것은 창의적인 삶으로 접근하는 기초가 마련되는 것이다. 또한 유·아동들은 특히 놀이를 통해서 그들의 상상력, 직관력, 자발성, 유머감각, 감정 등의 잠재력을 활성화시킨다.

(3) 미지의 세계에 대한 사고

학습의 출발점은 아이의 현재 세계에서 시작되어야 한다. 그렇게 하면 아이에게 안정감을 주게 되므로 익숙한 현재의 세계에서 알려지지 않은 미지의 미래 세계로 확산되어 가는 학습과정에 아이가 적극적으로 참여하도록 격려함으로써 창의적인 사고의 여지가 증대되는 것이다.

(4) 과정을 중시

아이에게 어떤 과제를 제시하고 해결책은 아이들 간의 상호작용 속에서 찾아내도록 한다. 그리고 그 과정에서 해결책의 여러 측면을 서로 엄밀하게 비판적으로 점검해 본 후, 더 나은 대안이 있을 수 없다고 판단되었을 때 비로소 그 해결책을 제시하는 것이다. 이같은 과정 속에서 아이들은 자기의 능력과 지식을 사용할 수 있고 상상력을 발휘할 수 있게 된다.

(5) 질문을 통해 지식을 깨닫도록

기본 개념만을 가르쳐 주고 그에 관련된 질문을 한 후 답을 제공하지 않는 것이 창의성 계발을 위한 주요 교육 방법이다. 질문은 아이의 호기심과 지식에 대한 잠재적 욕구를 불러일으킬 수 있으며, 아이의 사고를 활성화시킬 수 있다. 아이는 알고 있는 것을 질문하는 것이 아니라 상상하여 질문하는 경우가 많다. 학습과정에서 너무 성급히 해답을 요구하게 된다. 학습은 경험과 지식을 바탕으로 상상력을 방해하게 되며 단순한 정보 축적만을 하게 된다. 학습은 경험과 지식을 바탕으로 상상력을 활발히 사용함으로써 새로운 가설을 이끌어 내는 과정이어야 한다. 창의적인 질문은 아이의 미래에 있을 실질적인 정보로 접근해 가는 유용한 방법인 것이다.

(6) 경험을 하도록

창의성이 풍부하려면 여러 분야의 경험들을 상호 관련짓도록 지도하고 편협하고 분류된 사고를 피하도록 노력해야 한다. 여러 분야의 경험을 균형 있게 제공할 수 있도록 교육 과정을 구성해야 한다. 가능한 아이의 학습분야을 한 분야로 전문화시키는 것은 피하고, 다양한 경험을 골고루 제공하도록 해야 한다. 그리고 전문화는 어느 한 분야에 대한 특성이 분명히 드러날 때에 해도 늦지 않는다. 왜냐하면 조기에 전문화를 강조하면 어떠한 경우에서든 지식과 경험이 폭넓지 못하고 편협되기 때문이다. 실제로 편협된 지식과 사고로는 해결할 수 없는 문제가 너무 많다. 여러 분야가 상호 관련된 사고나 경험일수록 보다 창의적인 문제해결을 할 수 있다.

(7) 문제 중심으로

모든 학문은 서로 밀접한 관련을 맺고 있으며 중복되는 부분도 많이 있다. 하나의 현상에 대해 수학, 물리학, 경제학 등으로 분류하는 어른들과는 달리, 아이들은 하나의 현상에 대해서 어느 한쪽의 영역으로만 제한하지 않고 광범위한 분야에 대해 의문을 갖는다. 이것은 '내용 중심' 학습과 '문제 중심' 학습 간의 차이다. 아이들은 내용 중심의 학습방법을 싫어한다. 문제 중심으로 하면, 관심 있는 것은 무엇이든지 질문할 수 있기 때문이다. 또한 문제 중심으로 여러 가지 해결방법을 탐색하고 시도하는 과정에서는 무수히 많은 정보를 얻고 스스로 해결해 보고자 하는 자율적인 학습태도를 갖게 된다.

(8) 고정관념을 탈피

학습방법이나 교재의 사용에 대한 오랜 습관이나 고정관념에서 벗어나 새로운 방향에서 생각해보도록 한다. 예를 들어, 교육은 항상 교육기관에서 교사에 의해서만 이루어져야 된다고 생각하는데, 이것은 고정관념이다. 어떤 학습은 교육기관 밖에서 그 분야의 전문가나 부모 또는 아이 자신이 교사가 되어 학습을 진행할 수도 있다. 또 그림은 항상 종이에 그려야 된다는 생각에서 벗어나 화장지, 헝겊, 타일, 플라스틱병 같은 데에도 할 수 있도록 하거나, 책상과 의자를 치워놓고 바닥에 앉아서 편한 자세로 공부할 수도 있다는 생각과 경험을 하도록 한다.

6) 창의성교육의 수준별 접근방법

창의성교육의 수준별 접근방법으로 김영채(2007)는 기초적 수준, 발달적 수준 및 전문적 수준의 세 가지로 제시하였다. 현장 교사들을 포함한 많은 사람들은 사고력 교육, 창의력 교육이 필요하고 매력적이라는 데는 동의하면서도 복잡하고 어렵다고 한다. '사고' 관련의 개념뿐만 아니라 기법이나 절차가 간단하고 쉬운 것만은 아니다. 대부분의 교육에서와 마찬가지로 사고력 수업도 기초적이고 쉬운 데서 시작하여 복합적이고 실제적인 수준에까지 점차적으로, 그리고 나선형적으로 발전한다.

(1) 기초적 수준

창의적 사고력 교육을 처음 시작하거나, 초보적인 훈련 재료를 제작할 때 주로 사용하며 창의력, 창의적 사고를 협의로 정의하여 접근한다. 이렇게 정의한 창의력(협의의)은 생성적(생산적, 발산적, 확산적) 사고와 같은 것이며, 아이디어를 많이(유창성), 다양하게(융통성), 독특하게(독창성) 그리고 자세하게(정교성) 생성해 내는 사고이다. 창의적인 사고를 자극할 수 있는 방법에는 '발표, 신체적·예술적 연출, 역할 연기, 과제해결 여건이나 언어적 분위기를 조성하는 것' 등이 있다. 그러나 가장 쉽게, 가장 빈번하게 사용되는 것은 '질문'이다. 어떤 질문을 어떻게 하느냐가 중요해진다. '열린 질문'이 중요해지는 이유도 이 지점에서 찾을 수 있다. 창의적인 아이디어를 요구하는 측면에는 '무엇에' 대한 것(더 잘 알기 위한 질문들을 '호기심'을 가지고 많이 묻는 것)을 비롯하여 이유('왜'), 결과(예측, 함의), 개선, 용도 및 상상(가상)해 보는 것 등이 포함된다.

(2) 발달적 수준

생성적(발산적) 사고의 방법을 익히고 과제의 요구에 따라 쉽게 적용할 수 있게 되면 이제 발달적 수준을 도입한다. 창의력, 창의적 사고를 생성적 사고(협의의 창의적 사고, 창의력)와 비판적 사고의 두 개의 기본축으로 이루어져 있다고 보고 광의로 정의하여 접근한다. 다시 말하면 창의력이란 '새롭고 유용한' 아이디어를 생성해내는 정신과정이라 정의한다.

생성적(창의적, 발산적) 사고의 사고 도구에는 브레인스토밍과 브레인라이팅 기법, SCAMPER, 추상화 사다리기법(ladder of abstraction), 그리고 수렴적(비판적) 사고의 사고 도구에는 히트와 하이라이팅(highlighting) 기법, 평가행렬법(evaluation matrix), ALU(또는 PMI)를 포함시킬 수 있다.

(3) 문제해결적 수준

발달적 수준이 성공적으로 교육되면 이제 문제해결적 수준으로 나아간다. 이 수준의 교육은 '사고력'과 '창의력'이 완전한 하나로 통합되며 창의적 사고를 '창의적 문제해결'로 정의하여 접근한다. 다시 말하면 창의적 사고를 '창의적인 문제해결의 과정과 절차'로 정의하며, 문제해결의 각 단계가 창의적일 것을 요구한다. 창의적인 문제해결의 과정에는 문제 장면(글, 텍스트)을 깊게 이해하고, 적절하고 중요한 문제를 발견하고, 그 문제에 대한 창의적인 해결대안을 많이 생성해내고, 이들 가운데서 최선의 것을 선택하며, 그리고 선택된 최선의 해결대안(아이디어)을 현실에 실현할 수 있는 행위계획을 개발하는 것 등이 포함된다.

7) 창의성교육을 위한 발문

창의성교육을 위한 발문에 관하여 김영채(2010)는 오늘날 우리에게 요구되는 수업은 탐구적이고 사고력 중심의 창의적 문제해결적인 수업이라고 하였다. 발문은 교사가 학생에게 할 수 있을 뿐만 아니라 반대로 학생이 교사에게 할 수도 있으며, 또한 자기 스스로를 향하여 질문을 할 수도 있다. 마지막으로, 발문은 응답(대답)과의 관계 속에서 이해해야 한다. 어떤 내용의 질문을 어떤 방식으로 제기하는가도 중요하지만 그러한 질문에 대하여 어떻게 대답하며 어떻게 매개하고 촉진하는가도 중요하다. 교사는 유·아동들의 탐구와 문제해결적 사고를 자극할 수 있는 적절한 질문을 많이 할 수 있어야 한다. 유·아동들이 학습의 과정에 관여하여 의미를 구성하고, 그리고 질문해 가면서 비판하고 대안을 탐색하는 기회가 주어져야 한다.

어떠한 발문을 하느냐에 따라 어떤 내용에 주목하고 어떤 사고의 과정을 경험하느냐가 결정된다. 따라서 적절하고 중요한 바른 질문이 어떤 것인지를 알고 요령 있게 효과적으로 제시할 수 있어야 한다. 적절하고 중요한 바른 질문은 호기심과 사랑에서 출발해야 하며, 고차적 사고과정에 집중해야 하며, 효과적이어야 하며, 그리고 발산적인 열린 질문과 좁히고 선택하는 닫힌 질문이 균형 있게 교행적으로 이루어져야 한다.

질문법에 관한 연구의 대부분은 교사나 성인들이 수렴적이고 하나의 답을 생각하도록 유도하는 방법을 사용한다는 것을 밝혀주고 있다(신수영, 1990; 윤혜진, 1993). 이러한 연구들을 통해 지시적인 질문이나 사실회상 수준의 발문은 아무런 언어적 상호작용이 없는 것보다 오히려 유아의 창의성 계발에 역효과를 가져올 수 있다는 것을 알 수 있다. 질문 유형에 따른 유아의 창의성을 살펴본 연구들은 발문유형이 개방적·발산적일수록 유아들의 창의성이 증진된다는 결과들을 보여 주고 있다(Cliatt, Shaw., & Sherwood, 1980).

창의성을 계발하기 위한 교육에서 가장 기본적인 방법은 유아와 상호작용 가운데 적절한 질문(발문)을 활용하는 것이다. 질문은 오랫동안 중요한 교수전략으로 간주되어 왔다. 질문법이란 유아에게 질문을 함으로써 유아의 사고를 구체화하고 나아가 사고를 확장시키는 기능을 하는 방법을 말한다. 질문을 통하여 유아들의 잠재능력을 표현하고 언어발달 자극은 물론 사고를 촉진하기 위해서 다양한 질문을 사용해왔다(전경원, 2002). 유아들의 사고를 자극하고 확장하기 위해서는 폐쇄적 질문보다 개방적 질문이 바람직하다고 볼 수 있다. 폐쇄적 질문은 인지, 기억, 수렴으로 나뉘어지며 주로 지식습득 여부를 확인하기 위해 사용되며 성인 중심의 수업에서 많이 사용된다. 개방적 질문은 창의력 계발을 위해서 예측, 계획, 발산, 문제해결과 같은 방법을 사용한다.

유·아동들의 창의적 사고의 향상은 교사의 발문에서 비롯된다. 교사가 어떻게 발문하느냐에 따라 유아들은 그 발문에 답하기 위하여 사고하기 때문이다. 그러므로 교사는 발문할 때 다음과 같은 방식으로 발문해야 한다.

첫째, 유아들이 생각해 볼 수 있도록 충분한 시간(적어도 5~15초)을 준다.

둘째, 어떠한 내용의 대답이라도 긍정적인 반응을 보이고 잠정적으로 수용하고 받아들여야 한다.

셋째, 너무 빨리 많은 질문은 하지 않으며 초점이 있어야 한다.

넷째, 유아 자신이 질문할 수 있는 기회를 제공해 주며 토론의 기회를 마련해 준다.

다섯째, 발문을 하고 난 뒤에 유아들의 반응에 적극적으로 경청해 준다.

(1) 깊은 이해를 위한 발문

읽은 글이나 듣는 말을 깊게 이해한다는 것은 저자가 커뮤니케이션하고 있는 주장(결론, 중심 아이디어, 핵심내용)과 그것을 뒷받침하고 있는 증거(이유, 근거)를 구조적으로 확인해내는 것이다. 이를 위하여 다음과 같은 질문을 하고 그에 대한 대답을 탐색토록 격려해야 한다.

- 무엇에(누구에) 대한 것인가?
- 결론(핵심 아이디어)은 무엇인가?
- 쟁점(이슈, issue)은 무엇인가?
- 결론을 뒷받침하고 있는 증거(이유, 근거)에는 어떤 것들이 있는가?
- 이해한 것을 시각적인 것으로(예컨대 개념도, 마인드맵) 제시해 보면 어떻게 되는가?

(2) 비판적 사고를 위한 발문

남의 글이나 말을 깊게 이해하는 것은 중요하지만 그것만으로 충분할 수는 없다. 왜냐하면 읽거나 들은 것을 스펀지처럼 흡수하여 자기 행동의 기준으로 삼아서는 안 되기 때문이다. 비판적 사고의 질문은 '더 나은' 판단을 하기 위하여 '따져 보고 평가해' 보는 질문이다. 이러한 질문은 시비 걸고 자기주장만 변호하는 질문이 아니다.

- '목적'이나 '이유'는 무엇인가?
- 좋은 이유(증거, 근거)인가?
  - 말하고 있는 이유는 진실(true)한가?
  - 적절한 것인가?
  - 대표적인 것인가? 지엽적인 것인가?
  - 다른 반대되는 이유(증거)나 보기가 있는가?
  - 빠뜨리고 있는 증거는?
- 말하고 있지는 않지만 당연한 증거로 전제하고 있는 것이 가정(assumption)이다. 어떤 가정을 하고 있는가? 가정은 그럴듯한가?

－특히 가치 있게 여기고 있는 가치 가정은?

　　－세상일에 대한 서술적 가치는?

　・추리(논리)는 타당한가? 그럴듯한가?

　　－글의 행간에서 무엇을 발견할 수 있는가?

　　－편견은 없는가?

　・다른 대안적인 해석이 가능한가? 왜?

(3) 창의적 사고를 위한 발문

내용을 깊게 이해하고 판단하여 적용할 줄 아는 것은 매우 중요하다. 그러나 기존의 지식을 이해하고 창의적으로 응용할 수 있는 것은 더욱 중요하다. 창의적 사고를 개발할 수 있는 발문의 예시는 다음과 같다.

　・다르게(새롭게) 생각해 볼 수는 없을까? '있으면 좋은 것은 무엇인가?' '부족한 것은 없는가?' '무엇을 하고 있는가?' 등이다.

　・상상과 추리를 자극하는 발문을 많이 한다. '가상해 보고 상상해 보면?' "만약에…"라고 가상하는 질문과 "…(라고 상상하면)… 어떻게 될까?"를 자주 질문하라.

　・원인과 결과를 자극하는 발문을 많이 한다. '이 일이 일어난 원인을 다양하게 생각해 보아라.' '이 일의 결과는?', '효과는 무엇일까?' '왜(이유) 그럴까(그렇게 되었을까)?'

　・인과관계를 상상하거나, 예측하거나 파악하는 발문을 많이 한다. "만약 그렇게 된다면" 앞으로 결과는 어떻게 될까? "만약에 하늘에서 비 대신에 아이스크림이 떨어진다면 어떠한 일이 일어날 수 있을까요?"

　・어떤 사고도구(사고기법, 예컨대 브레인스토밍 기법)를 사용할 수 있을까? 왜? 어떻게?

(4) 스캠퍼 질문유형 분류

구분	질문유형
S(substitute) 대체하기	・이것을 어린이(남자, 여자, 노인들, 젊은이들, 노동자)가 사용하면 어떻게 해야 할까? ・다른 모양으로 대체시킬 수는 없는가? ・재료를 다른 것으로 바꾸면 어떻게 될까?
C(combine) 결합하기	・A의 기능과 B기능을 결합하면 어떻게 될까? ・A의 기능과 B기능을 섞어서 새로운 것은 만들 수 없을까? ・A의 기능 앙상블을 이루는 것에는 어떤 것들이 있을까?

A(adapt) 응용하기	• 이 아이디어를 응용하면 어디에 활용할 수 있을까? • 이 기능과 비슷한 것에는 어떤 것들이 있는가? • 이 기능은 어떤 아이디어를 시사하는가? • 이 아이디어와 기존 아이디어와 비슷한 것은 무엇이며, 그것을 좀 더 낫게 각색하려면 어떻게 해야 할까?
M(modify-magnify -minify) 수정-확대-축소	• 이 모양을 좀 더 확대시키면 어떻게 될까? • 이 모양을 좀 더 작게 축소시키면 어디에 활용할 수 있을까? • 이 색깔(소리, 향기, 형태 등)을 바꾸면 어떻게 될까? • 이 성능을 더 강하게(약하게, 가볍게, 간소화하게, 무겁게) 하면 어떻게 해야 할까? • 설명하는 방식을 다르게 한다면 어떻게 될까? • 이야기의 구성을 어떻게 수정하면 재미있는 이야기가 될까?
P(put to other use) 새로운 용도	• 이것을 다른 용도로 사용한다면 어떤 용도들이 있을까? • 기존의 기능 중 일부를 ~로 수정하여 사용한다면 어떤 용도로 사용할 수 있을까?
P(put to other use) 새로운 용도	• 이 아이디어의 맥락을 ~로 바꾸면 어떤 용도로 사용할 수 있을까? • 이 모양, 무게 도는 형태로 보아 사용할 수 있는 다른 용도는 어떤 것들이 있을까?
E(eliminate) 제거하면	• 이것에서 ~을 없애 버리면 어떻게 될까? • 이것에서 부품 수를 줄이면 어떤 모양의 제품이 될까? • 이것에서 없어도 되는 기능들은 어떤 것들인가?
R(rearrange-reverse) 재배열하면	• ~와 ~의 인물 역할을 바꾸면 어떤 현상이 일어날까? • 이 조명기구의 위치를(위에서 아래로→아래서 위로) 바꿀 수 있는가? • 이것을 좀 더 편리하게 사용하려면 ~와 ~의 위치를 어떻게 바꾸어야 할까? • 일이 좀 더 효율적으로 하려면 스케줄을 어떻게 해야 할까?

8) 창의성 지도의 유의점

1989년에 오스트레일리아에서 열렸던 제7차 세계 영재 평의회(The seventh world conference on the gifted)의 기조연설에서 드보노(DeBone)는 "창의성이란 훈련과 연습을 통해 이루어지는 것"이라고 강조한 바 있다. 즉, 창의성이란 훈련을 통해 신장될 수 있다는 가능성을 시사하고 있는 것이다.

창의적으로 지도하기 전에 우선 집안 분위기 전체를 창의적이도록 바꿔 보자. 예를 들어, 유·아동들이 어떤 문제에 관해서 아주 어리석은 듯한 답을 했을 때 면박을 주기보다는 그 답이 어떻게 나왔는지 물어 보고 그 사고과정을 격려해 주는 것이 필요하다.

풍부하고 다양한 교육의 기회를 갖도록 하기 위해서 아이가 스스로 탐구할 수 있는 계기를 마련해주고, 반응적인 표현을 하도록 환경을 조성해 주어야 하며, 작은 창작품이나 기발한 아이디어 등의 정신적 활동이 가미된 창조 활동에 대해서 격려해주고 존경해주어야 한다. 또한 개방적이고 탐색적인 환경이 되도록 특별한 배려를 해야 한다. 이것을 염두에 두고, 다음과 같이 창의성과 창의력을 지도한다.

(1) 보상

교육기관이나 가정에서 창의적인 행동에 대해서 보상을 해준다. 간혹 아이들이 빈 상자나 빈 요구르트병으로 집 안을 어지럽힌다고 해서 짜증을 내거나 꾸지람을 하는 부모들이 있는데 이것은 아이들의 창의성을 봉쇄시키는 행동이며, 나아가서는 아이가 어른이 되어서 개인적 또는 사회적인 문제에 부딪혔을 때 창의적으로 해결하는 능력을 발달시켜 주지 못하게 된다.

일반적으로 칭찬해주고 격려해주는 활동은 점점 더 강하고, 활발해지고, 꾸지람을 듣고 무시되어지는 행동, 또는 처벌을 받는 행위는 점점 사라지고 끝내 소멸하게 된다. 창의력도 마찬가지여서 되도록 창의적인 행동을 보일 때는 상을 주거나 칭찬을 해주어서 점진적으로 창의성을 고양하도록 도와주어야 한다.

(2) 환경

창의적인 활동은 심리적으로 안전한 환경을 조성해 줄 때 이루어질 수 있다. 칼 로저스(Carl Rogers)가 말했듯이 창의성 발달을 위해서 가장 필수적인 요소는 '심리적인 안전감(psychological safety)'이다. 남녀노소를 불문하고, 창의성을 계발하고 표현하도록 하기 위해서는 교실이나 가정, 사회 전체의 창의성을 격려해 줄 수 있는 분위기가 필요하다. 오스본(Osborn)의 브레인스토밍은 상대방의 아이디어가 이상하거나 아주 형편없어 보일지라도 수용하는 태도가 필요함을 강조하고 있다. 그러므로 어떤 평가나 비평은 금물이다. 이렇게 함으로써 부드러운 분위기 속에서 창의적인 아이디어가 나올 수 있도록 노력해야 한다.

(3) 훈련

창의력을 발달시킬 수 있는 다양한 경험과 훈련을 제공한다. 가정에서 창의적인 활동을 하도록 얼마나 도와주고 있는가? 아이들이 잠재력이 있거나 재능의 싹이 보이는 분야에 참여하도록 한다.

(4) 적극성

아이들의 지적인 욕구를 좌절시키지 않게 주의하여야 한다. 오히려 아이들이 궁금해하던 것을 완전히 이해할 수 있도록 제대로 질문할 수 있는 습관을 길러 주는 것이 창의적인 사고력을 촉진시켜 주는 길이라 할 수 있다. 이때에는 자녀의 질문에 대해 적극적인 반응을 보여 주어야 한다. "너는 왜 그렇게 생각하니?" "어떻게 하면 이 문제를 좀 더 좋은 방법으로 해결할 수 있을까?" 하는 질문으로 아이의 사고력을 활성화시켜 주어야 한다.

(5) 과정

결과보다는 과정을 중요하게 여기도록 한다. 우유팩이나 요구르트병으로 창의적인 산출물을 만들지 못했다고 창의성이 부족하다고 여기는 것은 잘못된 생각이다. 결과만 보고 칭찬하기보다 그것을 만들기까지의 노력하는 과정을 격려해 주어야 한다.

(6) 제공

아이들이 실제적인 문제를 가지고 생각할 기회를 가져야 한다. 요즘은 자녀가 하나뿐이다 보니 아이들이 문제에 접하기도 전에 부모가 다 알아서 해주고 과잉보호를 하여 창의적으로 문제를 해결하는 능력이 부족하게 된다. 아이가 느끼고, 보고, 생각하도록 일상생활 속에서 풍부한 문젯거리를 제공해 주는 것이 좋다. 그리고 어떤 일이 생겼을 때는 일차적으로 아이에게 자신이 해결할 수 있는 기회를 주어야 한다.

부모가 이런 기회를 박탈하고, 대신 해주게 되면 아이 스스로 문제를 해결해 나갈 능력이 부족해지고 사고하는 데 나약해져, 나이가 들어도 스스로 생각할 수 없게 되어 무능한 사회인이 된다. 특히 영재들은 미래의 지도자가 될 새싹들이므로 이러한 문제들을 해결해 나갈 수 있는 능력을 조기부터 길러 주어야 한다.

(7) 계발

놀이를 통하여 창의성을 계발할 수 있도록 배려한다. 스무고개, 단어 연상하기, 팽이 돌리기, 퍼즐 등은 창의적인 사고를 하는 데 많은 도움을 준다. 적극적으로 사고할 수 있는 놀이를 하면서 자연스럽게 창의성을 함양하도록 한다.

(8) 공간

생각할 수 있는 공간을 만들어 준다. 창의적인 생각을 하기 위해서는 혼자만의 공간이 필요하다. 주의 집중을 할 수 있는 공간과 시간을 마련해 줘라.

(9) 축적

풍부한 경험과 지식을 축척하도록 한다. 유아의 상상력이 발휘되려면 반드시 풍부한 경험과 지식이 있어야 한다. 예를 들어 어떤 유아가 원숭이의 모양을 상상하여 흉내 내려고 할 때, 원숭이가 무엇인지조차 몰라서 원숭이가 어떻게 생겼는지, 어떤 특징을 갖고 있는지 모르면 원숭이의 모양을 흉내 낼 수 없다. 그렇지만 직접 원숭이를 본 적이 없더라도 텔레비전이나 그림책을 통하여 간접적으로 원숭이를 본 적이 있다면 원숭이의 모양을 흉내 낼 것이다. 즉, 상상력은 반드시 관련된 지식이나 경험을 바탕으로 하며, 거기서 발견하여 좀 더 수준 높은 창의성이 발휘되는 것이다. 예를 들어 종이컵으로 무엇인가를 만들 때 어린이는 우선 자신이 접했던 장난감을 머릿속에 떠올린다. 그리고 종이컵의 특성(가위로 자를 수 있다)을 알고 있다면 상상력이 발휘되어 창의적인 전화기가 등장하게 되는 것이다. 그러므로 유아의 창의성이 발휘되도록 경험과 지식과 상상력을 키워 주어야 한다.

(10) 욕구

위의 사항에 유의하여 아이로 하여금 자신의 사고에 대한 가치를 알게 하여 교실과 가정에서 민감성, 상상력, 유창성, 융통성, 독창성, 정교성 등을 이용하는 활동을 전개할 수 있도록 도와주어야 한다. 맹목적 순응을 요구하기보다는 아이도 사고의 주체자로 생각하고 활동할 수 있도록 격려해 준다.

유·아동들은 창의적인 활동을 하고자 하는 욕구가 강하므로 이를 적극적으로 배려해야 한다. 일상생활에서도 창의적 욕구가 충족되도록 교사와 부모는 각별히 노력해야 한다.

5. 창의성 평가

1) 통합창의성 검사 I : 유아용(이경화)

4~5세 유아들의 창의성을 통합적으로 측정하기 위한 도구로서 창의적 능력검사와 창

의적 성격검사로 구분되어 있다. 각 검사의 구성 및 실시시간과 유의점은 다음과 같다.

(1) 창의적 능력검사

창의적 능력검사는 언어영역과 도형영역으로 구분된다. 언어영역은 3개의 문항으로 구성되며, 이 영역에서 측정하는 창의성 하위요인은 상상력(Imagination), 유창성(Fluency), 독창성(Originality)이다. 각 문항은 그림과 내용을 보고 생각나는 것을 쓰는 문제인데 각 문항당 5분이 소요된다.

도형영역은 1개의 문항으로 구성되며, 이 영역에서 측정하는 창의성 하위요인은 연속성 및 연결성(Continuation & Connection: Co), 완성도(Completion: Cm), 주제(Theme: Th), 새로운 요소 첨가(New elements addition: Ne), 비관습성(Unconventionality: Uc)이다. 이 문항은 미완성된 그림을 완성하고 그 그림의 제목을 쓰는 것으로 10분 정도 소요된다. 도형영역에서의 창의성이란 불완전한 점, 선, 면 등을 제시하고 완성하거나, 정확하게 알 수 없는 형태를 보고 떠오르는 그림을 다양하고, 특이하고 정교하게 창의적으로 표현하는 것을 의미한다.

창의적 능력검사를 실시할 때의 유의점은 만일 유아들이 혼자서 글씨를 잘 쓰지 못할 경우에는 검사를 실시하는 교사나 보조교사가 유아가 말하는 내용을 그대로 옮겨 적는 방식으로 진행해도 무방하다. 이때 신뢰로운 결과를 얻기 위해서는 유아의 언어적 표현을 교사가 주관적으로 수정하여 적는 것이 아니라 유아가 표현한 그대로를 받아 적어야 한다.

(2) 창의적 성격검사

창의적 성격검사는 호기심(Curiosity), 독립심(Independence), 모험심(Run-a-risk), 과제집착력(Task-commitment)의 하위요인을 통해 창의적 성격을 측정하는 것으로서 37개의 문항으로 구성되어 있으며, 각 문항은 5점 척도로 구성되어 있다. 이 검사는 유아가 직접 작성하는 것이 아니라 유아의 부모나 혹은 유아의 특성에 대해 잘 알고 있는 교사가 작성하는 것이며, 제한시간은 없다.

2) 한국판 TTCT(도형/언어) A, B형(Torrance Tests Creative Thinking: Thinking Creatively with Pictures, Form A, B)

Torrance는 창의력을 문제나 결손에 대한 민감성, 유창성, 융통성, 독창성, 정교성 및 재정의 등으로 명칭을 붙이고 이들이 바로 창의력이라고 정의하였다.

Torrance의 창의력 검사(Torrance Tests Creative Thinking: TTCT)에는 언어 검사(Thinking Creatively with Words, TTCT: Verbal)와 도형 검사(Thinking Creatively with Pictures, TTCT: Figuarl)의 두 종류가 있고 이들 각각에는 다시 A형과 B형이 있다.

Torrance는 TTCT와 같은 검사에서 높은 점수를 받는 사람은 창의적으로 행동할 가능성이 높다고 주장한다. 그렇다고 이러한 능력을 가졌다고 하여 그 개인이 반드시 창의적으로 행동하리라 보증되는 것은 물론 아니다. 그러나 고등학교 때 검사받은 TTCT 점수와 성인이 되어 창의적 성취를 거두는 것 사이에는 .51의 상관이 있는 등 그의 연구를 뒷받침하는 연구들이 많이 있다.

요인분석 결과는 '언어' 과제와 '도형' 과제에서 아주 상이하게 나왔고, 그래서 하나를 '언어 검사', 그리고 다른 하나를 '도형 검사'라 부르게 되었다. 그 이유는 사고의 양식이 다르기 때문에 그런 것으로 놀라운 일이 아니라고 말한다. 따라서 TTCT(언어 검사)와 TTCT(도형 검사)는 성질이 비슷한 동형 검사가 아니다. 사실 이들은 서로 상이한 영역에서의 창의력을 측정하는 비교적 독립적인 검사라 말할 수 있다.

(1) TTCT(도형 검사)의 구성

TTCT(도형 검사)는 세 가지 활동(검사과제)으로 구성되어 있다. 각각 10분씩 30분간 검사를 실시하는데 이들 각기는 창의적 측면들 가운데서 각기 다소간 상이한 측면을 다루며, 그래서 다소간 상이한 창의적 사고과정을 요구하고 있다는 가정 위에서 설계된 것이다. TTCT(도형 검사) A형의 활동은 그림 구성하기, 그림 완성하기, 쌍의 두 직선ー선 그리기로 되어 있고, TTCT(도형 검사) B형의 활동은 그림 구성하기, 그림 완성하기, 원ー선 그리기로 되어 있다.

(2) TTCT(도형 검사)를 위한 검사자 훈련

검사자는 TTCT(도형 검사)를 실시하기 전에 검사요강을 철저히 읽고 완전하게 이해해야 한다. TTCT(도형 검사)에서는 놀이하듯이 사고하고 문제를 해결하는 분위기를 만들어야 한다. 흔히 검사를 받을 때 느끼는 위협적인 장면이 되지 않도록 노력해야 한다. 검사에서 하려는 활동들은 재미있고 즐거운 것이라는 기대를 가지게 해야 한다. 검사를 실시하기 전이나 실시하는 동안 심리적인 분위기는 편안하고 또한 자극적인 것이 되도록 해야 한다.

유아는 검사지와 연필, 지우개만 있으면 되지만 검사자는 검사요강, 검사지, 스톱워치(기타 적절한 시계)를 준비해야 한다. 실시할 때 검사자의 지시와 시간 측정은 가능한 대로 동일해야 한다.

TTCT 전문가 라이선스를 받은 채점자들의 채점자 간 신뢰도 계수는 검사 전체로 보아 .88~.97의 범위의 것이었고 KR21로 계산한 창의성 지수의 신뢰도는 학년별로는 다소 차이가 있었지만 A형과 B형 모두 .89~.94였다. 타당도에 관해서는 내용타당도나 구인타당도에 관한 연구도 있지만 예측 타당도에 관한 연구가 특히 많이 이루어졌다. 창의성 지수와 성인의 창의적 성취와는 .41, 학업 준비도검사와는 .37, 삐아제(Piaget)의 양보존과는 .39의 상관을 보여 주고 있다고 검사요강에서 말하고 있다.

(3) TTCT검사 요인별 채점 요령

채점을 할 때 채점자는 우선 검사지에 대하여 우호적인 자세를 가지고 수검자의 잠재적인 능력을 찾아내는 데 중점을 두어야 한다. 그리고 반응의 초점이 어디에 있는지를 찾아내려고 노력해야 한다.

TTCT(도형 검사)의 검사요인에는 '유창성, 융통성, 독창성, 정교성, 제목의 추상성, 성급한 종결에 대한 저항, 창의적 강점 체크리스트' 등이 포함된다.

① 유창성(Fluency)의 채점

유창성 점수는 주어진 자극을 유의미하게 사용하여 해석 가능한 반응으로 표현한 아이디어의 수이다. 아이디어의 본질은 제목에 나타나겠지만 그래도 검사에서 제시한 자극을 사용해야 한다. 추상적인 디자인이라도 유의미한 제목이 없으면 계산하지 않는다. 채점이 불가능한 반응은 만약 어떤 문항이 유창성 점수를 매길 수 없는 것이라면 그것에 대해서는 그다음의 다른 어떤 채점도 하지 않는다. 이것은 활동1~3 모두에 해당한다.

② 독창성(Originality)의 채점

독창성의 채점은 그 반응이 통계적으로 보아 얼마나 드물게 일어나며, 특별한지에 따라 한다. 독창성을 평가할 때는 제목보다는 자극(불완전 도형, 쌍의 직선)을 사용했는지에 초점을 둔다. 채점자는 주어진 자극을 어떻게 사용하고 있는지를 들여다보아야 한다. 채점자는 활동의 각 불완전도형마다 제시된 리스트의 항목들에는 '0섬 반응'으로 처리하고, 리스트의 항목에 나타나 있지 않은 반응들에 대하여는 '0점 반응'에서 제외시켰다. 독창성 점수는 이런 방식으로 하여 제거되지 않은 반응의 수이다. 독창성 점수는 독창성의 활동1, 활동2, 활동3란에 각각 기입한다. 이들 세 가지 점수를 모두 합한 것이 독창성 총점이다.

③ 융통성(Flexibility)의 채점

이것은 생성해낸 아이디어가 담고 있는 범주(종류)의 수를 말한다.

④ 제목의 추상성(Abstractness of titles)

좋은 제목을 생산해내는 능력에는 종합과 조직화라는 사고과정이 포함된다. 제목의 추상성(Abstractness of titles)의 가장 높은 수준에서는 포함된 정보의 본질을 포착하고 무엇이 중요한지를 아는 능력이 작용한다. 제목은 준거에 따라 0~3점의 척도 범위로 평가한다. 이 척도상의 각 점수는 추상화 과정, 즉 그림의 본질을 포착해 낼 줄 아는 단계가 다르다는 것을 의미한다.

⑤ 정교성(Elaboration)의 채점

정교성을 채점할 때는 원래의 자극 도형에, 그것의 경계선에, 그리고 주변의 공간에다 적절한 세부적인 내용(아이디어, 정보조각 등)을 추가시킬 때마다 각각 내용에 대하여 점수를 준다. 장식, 색칠, 의도적으로 만든 명암, 디자인을 크게 변형시키는 것, 그리고 전체 반응에 대하여 본질적인 세부 내용이 추가될 때마다 각각 1점씩을 준다. 정교성 총점은 세 가지 활동에서 얻은 점수의 합계이다. 초등학교 이상 수검자의 경우 9점이 평균이다.

⑥ 성급한 종결에 대한 저항(Resistance to premature closure)의 채점

창의적인 사람은 정신적인 비약을 통해서 독창적인 아이디어를 얻을 수 있을 만큼 충분히 긴 시간 동안 마음을 넣을 수 있고 그래서 성급한 종결을 하지 않도록 지연시킬 수 있다. 덜 창의적인 사람은 가용한 정보들을 제대로 고려해보지 않고 성급하게 결론을 내려 버리는 경향이 있다. 활동2에서 어떤 사람들은 서둘러 끝내버리기 때문에 보다 강력하고 독창적인 이미지를 가질 수 있는 기회를 잘라내 버린다. '성급한 종결에 대한 저항'은 세 가지 수준으로 채점한다.

⑦ 창의적 강점 체크리스트의 채점

위의 척도들은 모두 규준 자료를 이용하여 해석하는 규준 관련 척도들이다. 그러나 '창의적 강점 체크리스트'는 절대 기준을 사용하는 소위 준거 관련 척도이다.

'창의적 강점 체크리스트'의 세부 항목들은 정서적 표현(그림과 제목에서, Emotional expressiveness), 이야기의 명료성(Storytelling articulateness), 운동 또는 행위(Movement or action), 제목의 표현성(Expressiveness of titles), 불완전 도형들의 조합(둘 이상 불완전 도형의 종합, Synthesis of incomplete figures), 선들의 종합(둘 이상, 두선 세트의 조합, Synthesis of lines), 독특한 시각화(Unusual visualization), 내적인 시각화(Internal visualization), 경계의 확대 또는 파괴(Extending or breaking boundaries), 유머(제목 및 그림에서, Humor), 심상의 풍부함(Richness of imagery), 심상의 다채로움(Colorfulness of imagery), 환상(Fantasy)에서 나타나는 여러 가지의 반응들을 플러스 기호(+)로 나타내어 평정한 것의 합을 나타낸다.

3) GIFFI II(흥미 발견을 위한 집단 검사; Group Inventory For Finding Interests II, Davis & Fimm, 1983): 자기 평정식의 창의적 성격 검사

60개 문항에 대하여 5점 척도로 이루어져 있다. 독립성, 자신감, 위험감수, 에너지, 모험심, 호기심, 숙고성, 유머감각, 예술적 흥미 등이며, 개인의 창의적 활동, 흥미, 취미와 같은 자전적인 배경도 사정에 포함되어 있다. GIFFI II의 평균점수는 학년이 올라간다고 체계적으로 증가하지는 않는데, 이것은 창의성과 지능은 비교적 독립적임을 증명한다.

4) 정원식, 이영덕 창의성 검사(1969년, 1970년 코리안 테스팅 센터)

초등학생용과 중·고등학생용이 다르다. 창의성의 요인을 유창성, 융통성, 독창성, 지각적 개방성, 조직성, 성격적 요인 등으로 규정하고, 그러한 요소들을 측정할 수 있는 10개의 하위 검사로 구성되었다. 10개의 하위 검사는 숨은 그림 찾기, 제한된 시간 내에 주어진 조건을 활용하여 가능한 한 많은 문장 만들기, 인쇄된 색깔의 이름을 가능한 한 빨리 대기, 주어진 8개의 숫자를 서로 다르게 관련지어 9가 되게 하기, 자기 진술, 성냥개비로 모양새를 만들기, 특정한 글자로 시작하는 말이나 끝나는 말 만들기, 주어진 등식을 여러 가지 등식으로 고쳐 만들기, 이야기 꾸미기 등이다.

5) K·CCTYC(Korea Comprehensive Creativity Test for Young: 전경원)

만 4~7세를 대상으로 전경원에 의하여 개발되었다. 유아의 언어, 도형, 신체 창의성 검사 결과는 창의성의 서로 다른 면을 측정하고 있으며, 주요 척도인 유창성, 융통성, 독창성, 상상력을 파악하기 위한 유아 종합 창의성 검사이다. 검사의 내용으로는 언어(빨간색 연상하기), 도형(도형 완성하기), 신체(동물 상상하기, 색다른 나무치기) 영역에서의 창의성을 측정하기 위하여, 총 4개의 소검사로 구성되어 있다.

6) 기타

그 밖에도 창의적 잠재능력을 검증하기 위하여 고안되어 널리 활용되는 검사도구로는 Williams(1980)의 창의성 사정 검사(Creativity Assessment Packet, CAP), Guilford의 아동용 창의성 검사(Creativity Tests of Children), Meeker(1969)의 지적 학습능력 구조 검사(Structure of Intellect Learning Ability Test, SILAT), Mednick & Mednick(1967)의 결합능력검사(Remote Associate Test, RAT) 등이 사용된다.

6. 창의성교육을 위한 부모 및 교사의 역할

창의적 행동은 출생 시부터 나타나기 시작하여 4세에서 4세 반 사이에 절정에 이른다 (Torrance, 1963). 창의성은 전 생애를 통해 발달하지만 특히 전 조작적 사고를 하는 유아기가 전통적 생각과 관념에 집착하지 않고 새로운 관계를 형성하고 지식을 구성해 가는 시기이므로 여러 학자들에 의해 중요한 시기로 고려되고 있다(Dacey, 1989; Piaget, 1962). 우리의 아이들은 살아가면서 수많은 창의적 사고 관련 경험(experience)을 한다. 경험은 활용 여하에 따라서는 훌륭한 교육 자료가 될 수도 있고, 교육을 방해하는 장애가 될 수도 있다. 창의적인 사고의 상황에서 고려하는 경험은 긍정적인 경험과 부정적인 경험을 다 포함한다. 이들 경험을 의미 있게 받아들이고 활용하는 데서 창의적 사고는 출발한다. 사고의 상황에서 사고의 내용이 되는 경험을 적절하게 활용하도록 하여 창의적 사고를 다양하고 생기 있게 해주어야 한다. Amabile(1998)은 가정에서 부모가 자녀의 창의성을 저해하도록 흔히 저지르고 있는 실수로서 평가, 보상, 경쟁, 선택권의 제한, 감시와 감독을 들고 있다. 그러나 이 시기에 창의적인 행동이 억압당하거나 무시당하면 창의적 행동을 함으로써 느끼게 되는 기쁨이 죄책감이나 무감동으로 바뀌어 창의성 발달을 저해하게 된다.

창의성 촉진을 위한 태도와 성격(윤종건, 1996)

1. 적극적이고 도전적인 태도
2. 비동조적인 태도
3. 권위로부터의 반항적인 태도
4. 끊임없는 노력의 태도
5. 남을 함부로 비판하지 않는 태도

〈Abamile의 창의성 검사지-창의적인 환경을 위한 테스트〉

다음은 미국의 심리학자 Abamile이 고안한 테스트로 자녀의 내적 동기와 창의성을 위한 환경이 얼마나 잘 되어 있는지를 알아보는 것이다. 어린이가 문제에 옳고 그른 정답이 없다는 것을 이해한다면 직접 답할 수 있도록 한다. 그렇지 못한 경우에는 여러분의 가정이나 학교의 환경을 생각하면서 자녀가 어떻게 답할 것이라는 것을 가정해서 신중하고 정확하게 답해 보라.

맨 앞에 각 항목마다 '예', '아니오'로 한다. 만약 대답한 내용이 각 문항에 씌어 있는 내용과 일치하는 것이 많을수록 창의성을 북돋아 주는 환경이라고 말할 수 있다. 그러나 제시된 것과 일치하는 것이 적을수록 환경이 개선되어야 함을 암시한다고 할 수 있다

※ 다음에 있는 각각의 내용들은 여러분이 집에서 어떻게 느끼는가에 대한 것입니다. 자신의 경우, 그렇다고 느끼면 '예', 아니라고 느끼면 '아니오'를 번호의 왼쪽에 써 넣으세요. 정답은 없습니다.

■ 진단테스트

_____ 1. 집에서는 어떤 질문을 해도 바보 취급을 받을 염려가 없다.

_____ 2. 뭔가를 해내는 방법에는 여러 가지가 있다.

_____ 3. 뭔가를 잘해 내면 어떤 이득이 있을지 대개의 경우 알고 있다.

_____ 4. 집에서는 지켜야 할 것들이 많다.

_____ 5. 대부분의 상황에서 내 생각은 어떤지를 물어 보신다.

_____ 6. 집에서는 변화가 별로 없다.

_____ 7. 새로운 것을 시작할 때는 미리 허락을 받아야 한다.

_____ 8. 부모님께서는 내가 어떤 말을 해야 하는가에 대해 신경을 많이 쓰신다.

_____ 9. 집에서 가장 중요한 것은 최고가 되는 것이다.

_____ 10. 부모님께서는 내가 창의적인 사람이 되도록 격려해 주신다.

_____ 11. 부모님께서는 내가 어떻게 행동해야 할지를 일러주신다.

_____ 12. 부모님께서는 보통 내가 하는 일과 일하는 방식에 주의를 기울이신다.

_____ 13. 부모님께서는 내가 스스로 이해하도록 격려해 주신다.

_____ 14. 집에서는 경쟁할 것이 많다.

_____ 15. 내가 하려는 것에 대해 발언권을 많이 갖는다.

_____ 16. 대부분의 규칙들에 대해 왜 지켜야 하는지 이유를 알고 있다.

_____ 17. 내가 하는 일은 간섭을 받지 않는다.

_____ 18. 중요한 결정을 할 때 내 의견이 반영된다.

_____ 19. 부모님께서는 뭔가를 시키고 싶으실 때 내가 좋아하는 것을 주신다.

_____ 20. 부모님께서는 창의적으로 일하고자 하신다.

_____ 21. 실수를 하면 벌을 받는다.

_____ 22. 부모님께서는 뭐든지 아주 즐겁게 하신다.

_____ 23. 부모님께서는 나를 느긋하게 대하신다.

_____ 24. 집에서는 조용히 해야 한다.

_____ 25. 부모님께서는 새로운 방법을 생각해 내도록 격려해 주신다.

_____ 26. 집에서 일하는 것이 재미있다.

_____ 27. 내가 하는 일들은 대부분 부모님을 기쁘게 해 드리기 위한 것이다.

_____ 28. 집안 어른들은 각자 특이하고 재미있다.

_____ 29. 부모님께서는 나를 부끄럽게 생각하신다.

_____ 30. 부모님께서는 내가 질문을 많이 하는 것을 아주 좋아하신다.

_____ 31. 좋은 일을 해야 한다는 부담감이 크다.

_____ 32. 깨끗하게 하는 것이 집에서 가장 중요한 규칙 중 하나이다.

_____ 33. 나는 집에서 자유롭게 행동할 수 있다.

_____ 34. 부모님께서는 나를 아주 좋아하신다.

_____ 35. 부모님께서는 내가 좋은 성적을 얻는 것을 중요하게 생각하신다.

_____ 36. 집에는 농담과 웃음을 충분히 즐길 수 있다.

_____ 37. 부모님께서는 나를 존중하신다.

_____ 38. 내가 느끼는 대로 부모님께 말씀드려도 괜찮다.

_____ 39. 부모님께서는 내가 무엇에 흥미를 가지는지 알고 싶어 하신다.

_____ 40. 부모님께서는 항상 새로운 것을 시도하신다.

_____ 41. 우리 부모님이 항상 옳다고 배웠다.

_____ 42. 집에서는 재미있는 것들을 많이 볼 수 있다.

_____ 43. 부모님께서는 나의 활동에 대해 세부 사항들을 계획해 두신다.

_____ 44. 나는 집에서 특별한 느낌을 갖는다.

_____ 45. 부모님께서는 항상 새로운 활동을 제안하신다.

_____ 46. '나 자신의 일'을 자유롭게 할 수 있다.

_____ 47. 집에서 하는 일들은 맛있는 것, 돈 등을 받기 위한 것이다.

_____ 48. 부모님께서는 나 혼자서, 혹은 친구들과 함께 놀 때 상상력을 이용하도록 격
         려하신다.

_____ 49. 나는 집에서 비판을 많이 받는다.

_____ 50. 부모님께서는 나와 함께 있는 것을 좋아하신다.

♣ 창의적인 환경을 가리키는 반응

1. 예	2. 예	3. 아니오	4. 아니오	5. 예
6. 아니오	7. 아니오	8. 예	9. 아니오	10. 예
11. 아니오	12. 아니오	13. 예	14. 아니오	15. 예
16. 예	17. 예	18. 예	19. 아니오	20. 예
21. 아니오	22. 예	23. 예	24. 아니오	25. 예
26. 예	27. 아니오	28. 예	29. 아니오	30. 예
31. 아니오	32. 아니오	33. 예	34. 예	35. 아니오
36. 예	37. 예	38. 예	39. 예	40. 예
41. 아니오	42. 예	43. 아니오	44. 예	45. 예
46. 예	47. 아니오	48. 예	49. 아니오	50. 예

1) 창의적인 사람의 특성

(1) Hajack와 Garwood(1993)

① 모호함에 대한 관대함

상반되는 듯한 여러 가지 의미의 목적 등을 함의하고 있는 것에 관대한 성격 특성을 말한다. 이런 사람은 자신의 목적과 규칙을 세우고, 모순되고 혼란스러운 원리를 재미있는 도전으로 환영한다.

② 판단의 독립성

독립적으로 사고하는 사람은 대중적 의견에 동요하지 않고, 자신의 가치와 느낌, 생각, 직관과 지식에 의존하여 판단한다.

③ 자기만족

창의적인 사람은 자기만족이 강하다. 자기만족이 강하기 때문에 자신의 힘으로 성취하고자 하는 욕구가 강하다. 타당한 결론과 문제의 해결을 이룰 수 있다고 믿으며 과제를 혼자 힘으로 완성했다는 것에 대한 만족을 느낀다.

④ 모험을 즐김

모험을 좋아하고 실패를 두려워하지 않으며 크게 실패하지 않는다는 것을 안다.

⑤ 자기 확신

창의적인 사람은 모험심을 즐기는 이면에서 진심에서 우러난 자기 확신이 있다. 확신이 있기 때문에 각 상황에 최선을 다하고 변하는 환경에 잘 적응한다.

⑥ 유연한 사고

유연한 사고를 지닌 사람은 상상을 잘 할 수 있다. 그들은 이러한 능력을 물리적인 대상에, 사회적인 상황에, 아이디어나 실제에 입각한 자료에 적용할 수 있다. 비록 그들이 하나의 관점을 선호한다 할지라도 반대되는 측면도 고려할 줄 안다.

⑦ 호기심

창의적인 사람은 호기심이 왕성하다. "왜", "만약", "무엇이"가 그들의 대화의 주요 소재이며, 새로운 경험에 대하여 언제나 불만족을 느낀다.

⑧ 감수성

감수성이 풍부한 사람은 가능성이 있는 문제를 예견하고 해결 방법을 추구하는 데 다른 가능성을 감지한다.

⑨ 예리한 관찰

창의력이 뛰어난 사람은 남이 관찰하지 못했던, 생각하지 못했던 것에 대해 예리한 관찰력을 가지고 있다.

⑩ 다방면에 폭넓은 관심

창의적 사고를 하는데 매우 중요한 부분인 다방면에 걸쳐서 폭넓은 사고와 관심 갖기를 좋아한다.

⑪ 농담과 유머를 즐김

유머 있는 태도는 심각한 일도 가볍고 밝게 여기도록 도움을 주고, 마음을 이완시키고 기능을 최고에 이르도록 한다.

⑫ 끝까지 하려는 결단력

모든 창의적인 활동 뒤에는 포기하지 않는 결단력이 있다.

(2) Torrance
① 경험에 대하여 개방적이어서 풍부한 의식과 민감성과 이해성 및 비판적인 사려성이 있다.
② 인습적인 속박이나 금지로부터 탈피하기 어려운 문제를 해결하고자 하는 도전성이 있으며, 자기주장이 강하고 융통성이 있다.
③ 자신의 행동에 대해 독립적인 판단을 내리며, 자신감과 자발성 및 성취 욕구가 상하나.

④ 자기 자신에 대해 정확히 파악하여 이에 따라 행동을 추구하며 자기 수용적이다.

⑤ 내향적이고, 여성적이며, 사색적이며 인내심과 자제력이 있다.

⑥ 호기심이 강하고 탐구적이며 모험심이 강하고 대담성이 있다.

⑦ 지배성과 공격성이 있다.

⑧ 선입견이 적고 타인에 대해 객관성을 지니며 관용적이다(임선하, 1993).

(3) 창의적인 유·아동의 특징

모든 아이는 창의적 잠재력을 지니고 있다. 그러나 창의성이 높은 아이는 일반 아동과는 다른 특성을 나타낸다고 알려져 있다. 따라서 특성을 알면 창의적인 아이를 더 잘 이해할 수 있고 창의성의 여러 특징적인 면들을 격려할 수 있다(한기정, 1993).

① 창의적인 아이는 쉬지 않고 '왜'라고 묻는다. 자신의 생각을 거침없이 표현하며, 편견이 없고, 남이 쓰는 표현을 무작정 따라하지 않고 독립적이다.

② 창의적인 아이는 새로운 상황을 좋아한다. 새로운 사물을 다루어 보는 것을 좋아하며, 새로운 놀이를 발견하고 노는 것을 좋아하고, 어디서든지 장난감을 찾아낸다. 특히 오랜 시간 자신만의 놀이를 할 수 있는 퍼즐, 블록 쌓기, 미로놀이 등을 좋아한다.

③ 창의적인 아이는 자신이 하는 일에 몰두하며, 보상에 관계없이 자신이 하는 일 자체를 즐긴다.

④ 창의적인 아이는 감수성이 높으며 유머감각이 있다. 또한 독립적이고, 계속되는 호기심 때문에 다른 사람을 피곤하게 할 수도 있으며, 좀 더 까다로운 아이로 느끼게 할 수도 있다. 하지만 이러한 특성이 억압되고 제한된다면 아이의 창의적 잠재력을 나타나게 하는 통로가 없어지게 되므로, 성인의 요구가 기대에만 자신의 사고를 맞추려는 아이가 되기 쉽다. 따라서 아이를 창의적으로 교육하기 위해서는 아이가 나타내는 창의적 특성들을 매우 관대하게 그리고 폭넓게 받아들이고자 하는 의지가 있다.

이상으로 창의성을 보는 관점에 따라 3가지 측면에서 고찰해 보았다. 이를 통해서 창의력이 단순한 지적 능력과 성격적 혹은 정신세계의 문제해결 과정적인 측면의 어느 하나만으로 이해될 수 있는 것이 아니라는 것을 알 수 있다. 인지적인 특성에서는 적어도 고차원의 사고에 해당하는 분석, 종합, 평가력에 해당한다. 문제해결 과정적인 측면에서는 문제해결을 위한 과학적이고 논리적인 인간 사고의 과정으로서 단계적인 위계적 특성을 갖고 있다. 창의력을 성격적인 특성에서 이해하려는 입장은 창의력과 어떤 성격 특성과의 관련성이 확인되면 그 특성을 계발하여 창의력을 높이는 일도 하나의 방편이 될 수도 있을 것이다.

2) 유·아동의 창의성 개발을 위한 부모의 역할

창의적인 사람들의 어린 시절을 살펴보면 그들 부모들은 자녀를 위하여 책을 읽어 주거나, 이야기를 해주거나 그림을 그려 주는 등 자녀에게 깊은 관심을 가졌다. 에디슨이 계란을 품고 있을 때 그의 어머니가 그 행동을 제지시키거나 우스운 것으로 폄하하였다면 아마 오늘 우리가 알고 있는 에디슨은 없었을 것이다. 모차르트의 아버지가 그에게 보낸 열정 어린 지원이 천재 작곡가로서 명망을 얻게 했다는 것은 누구나 알고 있는 사실이다. 영국의 사회학자 번스타인은 문화적으로 낙후된 지역에서 자란 아이들이 그렇지 않은 지역의 아이들에 비해 지능 발달이 늦어지는 가장 큰 이유로 부모의 언어생활을 들었다. 그들의 말은 대개 토막토막 끊어지고 문법적으로도 단순한 구조를 갖고 있어 일정한 단어의 반복이 두드러진다. 그 외에 이유와 결론이 구분되지 않는 표현 역시 많다. 번스타인은 이러한 언어생활은 가까운 사람들 사이의 의사소통에는 불편이 없을지 몰라도, 논리적으로 생각한다거나 개인의 독창적인 사고를 서술하기에는 적당하지 않다고 말한다. 아이들의 사고력을 확장시켜 주기 위한 대화요령을 살펴보면 아이의 질문엔 항상 관심을 보여준다. 자녀의 눈높이에 맞는 대답을 해주고 자신감을 북돋아주는 것이 좋다. 때로는 정답을 바로 알려주기보다는 스스로 찾아보도록 도와주며 어려운 질문은 함께 찾아보는 태도가 필요하다. 아이가 질문할 때 '만약?'이라고 부모가 질문을 던져 본다.

자녀를 창의적으로 키우기 위해 부모가 할 수 있는 일들에 관하여 문정화·하종덕(2001)은 다음과 같이 제시하고 있다.

① 자녀의 지능이 높다고 창의력도 당연히 높다고 여기거나 지능이 낮다고 창의력이 당연히 낮은 것으로 생각하지 마라.

② 자유스럽게 행동할 수 있는 분위기를 만들어 주어라.

③ 실수를 인정하라.

④ 웃음으로 가득한 분위기를 만들어 주어라.

⑤ 혼자서 생각할 수 있는 분위기를 만들어 주어라.

⑥ 식탁에서 토론하는 시간을 마련하라.

⑦ 창의성을 꺾는 말이나 행동을 피하라.

⑧ 보상에 주의하라.

⑨ 부모가 창의적인 행동의 모델이 되어라.

⑩ 풍부한 경험을 시켜주어라.

3) 유·아동의 창의성 개발을 위한 교사의 역할

유·아동의 창의성 개발을 위해서는 교사의 역할도 부모와 마찬가지로 중요하다. 교사는 무엇보다 창의성의 중요성을 인식하고 유·아동의 창의성 발견과 교육을 위해 노력해야 한다. 다음은 교사가 할 수 있는 일들에 관하여 문정화·하종덕(2001)은 다음과 같이 제시하고 있다.

① 독특한 행동을 보이는 유·아동을 거부하지 마라.

② 창의적인 행동과 이상행동을 구분하라.

③ 창의적인 유·아동의 행동을 잘 파악하고 대처하라.

④ 유·아동이 스스로 문제해결 방법을 찾을 수 있도록 도와주어라.

⑤ 자유롭게 표현할 수 있는 분위기를 조성해주어라.

⑥ 다방면에 적절한 자극을 받을 수 있는 환경을 제공하라.

⑦ 어떤 문제에 대해 가능한 해결책을 여러 가지, 그리고 다양한 관점에서 낼 수 있는 능력을 키워주어라.

⑧ 사물에 대한 호기심을 가지고 탐구하도록 격려하라.

⑨ 교사가 창의적인 교수법을 익혀라.

⑩ 창의성교육에 대한 새로운 지식과 프로그램의 연구·개발을 위해 노력해라.

유·아동의 창의력을 촉진하는 교사의 특징

- 유·아동들이 스스로 활동할 수 있게 한다.
- 교실에서 협동적으로 생활할 수 있는 사회적 적용을 시도해본다.
- 창의적인 유·아동들로 하여금 기존의 지식을 충분히 익히도록 한 다음 자유롭게 창의적인 사고를 할 수 있도록 동기를 유발시킨다.
- 창의력을 촉진 시킬 수 있는 특수한 활동을 교실에서 진행한다.
- 교사 자신들의 의견은 되도록 지연시키고 유·아동들이 그들의 생각을 완전하게 표현할 때까지 충분히 시간을 주며 기다린다.
- 유·아동들의 지적 유연성을 가능하게 한다.
- 유·아동들이 자기평가를 할 수 있도록 지지한다.
- 유·아동들이 다른 사람들의 감정이나 분위기를 잘 파악할 수 있도록 지도한다.
- 유·아동들의 질문을 신중히 생각한다.
- 유·아동들에게 많은 자료를 활용하여 교육하고, 유·아동들이 많은 자료를 활용할 기회를 주며, 여러 곳에서 활동할 수 있는 기회를 제공한다.
- 유·아동들이 실망을 이겨낼 수 있는 능력을 키워줌으로써 꼭 성공만을 위해 노력하지 않고 실패도 이겨낼 수 있도록 한다.
- 유·아동들로 하여금 부분적인 것보다 전체적인 것을 보게 하는 능력을 키워준다.

자료: Hallmann, 1970; 문정화·하종덕, 2001을 저자가 재구성함.

4) 유·아동의 창의적 사고와 표현을 북돋우기 위한 학습의 조건

① 자율활동: 주어진 문제 밖의 상황까지 관심을 갖도록 유·아동들을 격려하여 사고의 고정화된 틀에서 벗어나도록 한다.

② 수용: 유·아동들의 특이하고 남들의 생각과는 거리가 먼 방향에서 사고하는 아이디어를 수용해주고 존중한다.

③ 자료의 제공: 호기심을 자극할 수 있는 다양하고 풍부한 자료를 제공한다.

④ 사고하는 시간: 유·아동들에게 즐겁게 놀고, 실험해 보고 질문할 수 있는 시간을 허용한다. '정답'만을 요구하지 않고 생각할 수 있는 충분한 시간이 필요하다.

⑤ 생각 테스트: 확산적인 가능성을 비교·평가·비판할 수 있는 기회를 제공한다.

⑥ 자유로운 기상: 동기가 있든 없든 결과를 예언하고 주목할 수 있는 분위기를 만든다.

⑦ 강화: 창의적인 사고를 칭찬이나 격려로 보상한다. 유·아동들의 특이한 생각에 가치를 부여해 주고 흥미를 나타낸다.

⑧ 훌륭한 질문기법: 하나의 '정답'을 요구하는 질문보다 개방식 질문을 사용한다. 해결

하지 못한 문제를 찾아 유·아동들이 스스로 테스트해 보고 도전할 수 있는 질문을 하거나 정답이 없는 질문을 한다.

5) 유·아동의 창의성 개발을 위하여 심리적으로 안정된 수업분위기 조성 방법

① 유·아동들이 자신의 창의성을 인식하도록 한다.
② 각 유·아동들의 창의성을 인지하고 포상한다.
③ 환상과 상상을 격려한다.
④ 유·아동들을 있는 그대로 받아들인다.
⑤ 긍정적이고 건설적으로 유·아동들을 평가한다.
⑥ 또래 유·아동들의 반대나 부정적 반응을 견뎌내도록 지도한다.
⑦ 유·아동들의 장점, 잠재력, 흥미 등을 인정한다.
⑧ 질문하고, 서로 다른 응답을 격려하고 유머와 위험감수를 즐기도록 지도한다.
⑨ 교사는 유·아동들이 독특한 행동을 할 때 창의성을 꽃피울 수 있음을 항상 인지한다.
⑩ 유·아동들이 창의적 사고기법을 훈련하는 기회를 제공한다.
⑪ 유·아동들이 창의성과 창의적 인물을 더욱 잘 이해하도록 지도한다.
⑫ 창의성을 의식하고 창의적 태도를 키우도록 교육한다.
⑬ 유·아동들의 질문을 잘 살펴보라.

유·아동들의 대답에 대한 교사의 반응은 대단히 중요하다. 가능한 한 유·아동들의 모든 대답을 수용하고 더 많은 대답을 이끌 수 있는 자세를 보이도록 한다. 또한 유·아동들이 충분히 사고할 수 있도록 시간을 넉넉히 주어야 하며, 편안한 마음으로 표현할 수 있는 분위기를 조성해 주어야 한다.

6) 창의성의 저해 요소

창의성은 누구나 태어날 때부터 지니고 있다. 다만 후천적으로 그것이 뻗어날 수 있는 여건이 마련되지 않고 오히려 온갖 저해 요인이 창의성 개발을 억제하기 때문에 위축되고, 시들어 버리고 만 것이다. 그렇다면 어떤 요인들이 창의성의 발달을 저해하고 있는지 살펴보기로 하자.

(1) 지식과 정보

개인이 갖고 있는 지식과 정보가 많을수록 창의성을 발휘할 가능성은 크다. 그러나 우리가 갖고 있는 지식과 정보의 많은 부분이 정확하지 못하다. 즉, 그릇된 정보는 창의성에 오히려 나쁜 영향을 미칠 뿐 전혀 도움이 되지 않는다.

(2) 과거의 습관 또는 경험

사람들은 나이가 들수록 보수적 경향을 띠고, 새로운 것에 대해 부정적이다. 이는 틀에 박힌 교육과 경험에 의해 기능과 사고가 굳어 버렸기 때문이다. 그래서 문제 해결에 있어서 경직성, 기계화, 고착화 현상을 드러내게 되는 것이다.

특히 우리는 학교교육을 통해서 평면적 사고, 수렴적 사고에만 익숙해져 있기 때문에 문제 해결에 많은 어려움이 뒤따르며 습관화된 행동이 새로운 행동을 어렵게 하듯이 습관화된 사고방식은 새로운 형태의 사고를 저해하게 되는 것이다.

(3) 규범의식

사람들은 사회생활을 하는 가운데서 여러 가지 규범과 약속을 익히게 된다. 창의성을 발휘하는 데는 이러한 규범의식이 저해 요인이 된다. 규범이란 우리들의 행동에 제약 요인이 되는 윤리, 인습 등이다. 이것들은 사람들이 어떤 행위를 하기 전에 과연 이런 행동을 해도 사회적인 측면에서 무리가 없는가 하는 점에서 생각해 보게 하고 만약 반사회적이거나 반윤리 도덕적이라고 생각되는 행동은 자제하게 하는 역할을 한다. 사회 규범을 어기고 행동을 하면 꺼림칙하고 기분이 좋지 않게 되고, 남의 눈에 띄게 되면 지탄의 대상이 되기 때문에 자제하게 된다.

(4) 태도와 성격

창의성 그 자체를 성격 특성으로 보려는 입장도 있지만 태도와 성격은 창의성을 발휘하는 데 있어서 가장 분명한 영향을 미친다.

① 적극적 태도의 부족

예로부터 겸손과 양보를 미덕으로 삼아 온 우리나라 사람들에게는 아이디어 창출을 방해하는 가장 큰 원인의 하나가 적극성의 부족이다. 좋은 아이디어가 있으면서도 남 앞에 내놓기를 부끄러워하다가, 이미 남들이 다 알고 있거나 같은 생각을 하고 있을 것이라고 생각하거나, 시시하다고 비웃지나 않을까 두려워하는 성격은 모두 소극적인 태도의 산물이다. 더구나 시도도 해 보기 전에 "해보나 마나 안 될 것이 뻔하다"고 포기해 버리는 경우야말로 발전을 저해하는 결정적인 요인이 된다.

사실 지나치게 적극적인 사람은 다른 사람들로부터 때로는 건방지다거나 너무 설친다고 눈총을 받기도 하며, 미쳤다고 치부해 버리기도 한다. 그러나 창의성을 위해서는 그런 남들의 이목 따위는 아랑곳하지 않는 용기와 적극성이 필요하다.

② 동조성

인간은 사회적 동물이기 때문에 집단으로부터 소외되는 것을 두려워하는 천성이 있다. 그래서 되도록 남들이 하는 대로 행동하고, 그 규범에 따름으로써 함께 어울리고자 노력한다. 이를 동조성이라 부르는데 우리 속담에 "남이 장에 가니 거름 지고 따라간다"는 표현은 동조성을 가장 잘 나타내고 있다. 그저 남이 하는 대로 무비판적으로 따라 하고 전혀 의문을 제기하지 않는 태도는 창의성을 기르는 데 큰 장애 요인이 된다.

③ 권위에의 맹종

우리는 일상생활에서 자기의 주장을 정당화시키기 위하여 곧잘 권위가 있는 인물이나 서적 따위를 끌어들이는 일이 있다. 이는 사람들이 권위에 무척 약하기 때문이다. 또 훌륭한 아이디어가 반드시 전문가나 상상의 전유물이 아님을 우리는 잘 알고 있으면서도 쉽사리 권위에 맹종하는 태도를 버리지 못한다.

④ 노력의 부족

창의성은 99%의 땀에 의한 결과라는 에디슨의 말처럼 노력의 대가이다. 그런데 흔히 사람들은 적절한 노력은 하지 않고 쉽게 얻으려고만 한다. 문명의 발달과 더불어 점점 편리한 세상이 되어 가면서 편의성을 추구하는 풍조는 생각에까지 영향을 미쳐서 복잡하고 골치 아픈 생각은 하려 들지 않는다.

⑤ 비판의식

사람들이 학교교육을 통해서 가장 많이 배운 것이 비판력이다. 그래서 일상생활에서도 비판적 사고력이 가장 활발하게 이용되고 있다. 특히 우리나라 사람들은 비판하고 평가하기를 좋아하며, 그러한 습성은 심하면 헐뜯고, 비난하며 단점만 파헤치려 드는 나쁜 방향으로 굳어져 버리는 경우도 있다.

비판은 하는 쪽에서는 신나고 재미있을지 모르나 그것을 받아들이는 입장에서는 불쾌한 일이다. 모처럼 뭔가를 해보려는 노력하는데 불쑥 끼어들어 요모조모로 단점만 지적하고, 잘못된 면만 꼬집는 것은 실망과 좌절과 분노를 유발하게 하여 의욕을 상실하게 만들게 되는 것이다.

⑥ 문제해결 방법의 미숙

입시 위주의 교육 때문에 정규 교육을 통해서 체계적으로 문제를 해결하는 방법에 대한 교육을 받을 기회가 거의 없었기 때문에 문제를 해결해 갈 때 문제를 기피하거나 과거 경험에 따라서 문제를 해결해 갈 때 대체적으로 첫 아이디어에 집착, 성급하게 판단, 지나치게 높은 동기(의욕), 쉬지 않고 노력하는 행위, 구체적 또는 실제적인 것에만 관심을 둠, 복잡한 것을 참지 못함, 경험에 바탕을 둔 판단 또는 평가를 보류하거나 연기하는 데 익숙하지 못한 경우가 많은 형편이다.

⑦ 환경적 장애

인간은 환경의 영향을 벗어날 수 없다. 모든 생각과 행동은 환경과의 관계 속에서 다르게 표출된다. 창의성은 그것을 억압하는 환경 요인 때문에 뻗어나고 자라나지 못한다고 할 수 있는데 그 사례를 살펴보면 규범과 원리, 절차 등을 강조하는 경향, 변화를 싫어하는 환경의 속, 자기 방어 본능의 의식팽배, 지나치게 협동과 경쟁을 강조하는 풍토, 문제의식의 결여, 창의적인 인간의 고립, 아이디어의 공개를 꺼리는 풍토, 직장의 경직적이고 수직적인 의사소통 경로 등을 들 수 있다.

03

창의적 인성교육의 이해

1. 창의적 인성교육의 필요성

글로벌 시대를 살아가는 현대의 교육과제는 미래를 살아갈 인재양성의 방향을 새롭게 제시하는 것이라고 하겠다. 다양한 영역에서 비약적인 발전을 해온 현대는 이제 고도정보사회의 기반 위에 다양한 정보와 창의적인 지식의 융합과 더불어 학문과 기술의 융합이라는 시도를 자연스럽게 수용하는 시점에 서 있다. 지식기반 사회, 정보화 사회, 다원화 사회로 일컬어지고 있는 미래사회는 더욱더 빠르게 새로운 지식을 생산해내고 고차원적인 사고에 의한 지식을 요구할 것으로 전망할 수 있다. 인터넷을 통하여 전 세계는 장벽과 경계가 무의미하며, 지식과 기술이 급속도로 발전하고 있는 현대사회에서 세계화라는 말은 이미 친숙한 용어가 되었다. 이런 과정의 중심에 새로운 가치를 창출하며 더불어 살아갈 줄 아는 능력을 갖추고 있고 창의성과 인성을 겸비한 글로벌 미래 인재상에 대한 필요성은 오히려 자연스러운 요구일 수 있다.

우리의 교육현장에서도 창의성과 인성이 동시에 추구되어야 한다는 필요성이 강조되기 시작하면서 올바른 인성과 도덕적 판단력을 구비한 창의적인 인재를 육성해야 한다는 시대적 요구를 인식하게 되었다. 새로운 지식과 가치를 창출하고, 더불어 살 줄 아는 능력이 요구되는 미래사회에는 지식뿐 아니라 창의성과 인성을 고루 갖춘 인재를 필요로 하고 있다. 이는 매출액 상위 100대 기업이 인재상으로 창의성(71%), 전문성(65%), 도전정신(59%), 도덕성(52%), 팀워크(43%) 등을 상위순위로 꼽고 있다(대한상공회의소 리서치, '08.9)는 점에서도 쉽게 이해되는 것이다. 글로벌 지식기반 사회의 국가경쟁력은 결국 인성이 뒷받침된 창의적 인재의 경쟁력이 좌우한다는 점에서 창의적 인성교육을 강화해야 한다는 당위성을 제시하게 된다. 이미 Arthur Cropley(2001)는 창의성 연구에서 윤리의 중요성을 강조하여 창의성 요소로 독창성, 유용성 그리고 윤리성을 언급하였다. 그리고 Mike Martin(2007)은 과학 분야에서 창의성과 윤리의 동시 추구에 관한 중요성을 이야기하였다. 인간본연의 과시적 욕망과 국익이라는 명분하에 다양성과 자율성을 보장하며 새로운 시도를 장려할 것이고, 이를 통하여 인류의 생존을 위협할 수도 있는 원자폭탄이나 인간복제 연구와 같은 통제할 수 없는 성과를 창출할 수도 있으므로 창의성의 중요성과 함께 윤리의 동시 추구의 중요성에 관하여 강조하기 시작하였다(김왕동, 2011).

한국의 과거성장은 "모방형 인적자본"이 주도하였으나 미래의 성장 동력을 위해서는 "모방형 인적자본"이 아닌 "창조적 인적자본"이 필요하다. 미래교육은 지금까지의 "집어넣는 주입식 교육"이 아니라 "끄집어내는 교육", 학생들의 잠재력과 바람직한 가치관을 찾고 키워주는 교육이 중심이 되어야 한다(교육과학기술부, 2010). 이 핵심에 창의성과 인성의 융합에 따른 창의적 인성교육이 있다. 창의적 인성교육을 강화함으로써 타인을 배려하고 더불어 살면서, 미래를 개척하고 함께 발전할 수 있는 능력의 함양이 필요하다.

한국의 과거 성장은 '모방형 인적자본'이 주도하였으나, 미래의 성장동력은 새로운 것을 생각하고 만들어 내는 '창조적 인적자본'에 있다. 국가의 경쟁력은 결국은 창의적 인재의 경쟁력이며, 기업 등 인재의 최종 수요자도 창의성과 인성을 겸비한 '훌륭한 전문인'을 요구하고 있다. 다양성 수용, 기초질서 준수 등 국민들의 인성함양 또한 선진국 진입과 국가경쟁력 강화를 위해 반드시 확보해야 하는 사회적 자본이다. 이제 창의성과 인성 함양은 바람직한 교육의 차원을 넘어서 미래사회에서 개인과 국가의 생존과 직결되는 문제이다. 우리 학교현장에서 창의·인성교육이 실천되기 위해서는 실질적인 프로그램들이 운영되어야 한다(이진규, 2010). 이에 도덕교과에서도 창의성과 인성을 함양할 수 있는 프로그램을 개발할 필요성이 있다고 보고, 교사들이 수업현장에서 실제 적용할 수 있는 창의, 인성, 도덕과 학습자료를 개발하게 되었다.

21세기에 예상되는 문제를 우종옥(2010)은 자연환경 파괴, 인간존엄성 상실, 사회해체의 문제, 사회부적응의 문제, 통제 불능의 위기 사회라는 관점으로 생각해보았다. 이런 문제의 해결방법이 바로 창의력 교육과 더불어 인성교육을 21세기 교육의 양대 축으로 삼아야 한다고 주장하고 있다.

국가경쟁력의 두 가지 핵심은 지식·정보의 생산력과 사회적 자본이다. 세계의 모든 국가가 지식생산과 정보유통체제를 혁신하기 위한 경쟁에 온통 매진하고 있다. 이 경쟁에서 우리는 선두에 서기 위하여 창의적 인재의 양과 질을 높여 가는 것이다. 결국 창의적 인재를 얼마나 효과적으로 배양하고, 어떻게 그들의 창의성 발휘를 돕는가에 국가적 명운이 걸려 있는 것이다(문용린, 2010).

문용린(2010)은 창의성 측면의 인재육성 국가전략을 세 단계로 구분하였다.

첫째, 지식 창의성(知識創意性) 단계(1948~1980년 초까지)이다.

"지식이 많으면 창의성도 높다." "많이 알수록 새로운 아이디어도 많이 나온다." "학력이 높을수록 새로운 생각도 많을 것이다"라는 믿음으로 창의성을 이해하던 시기다. 공부 잘하는 학생과 학력이 높은 사람이 창의성이 높을 것으로 간주되는 시기로 창의적 인재란 결국 일류학교 출신이면서 성적이 좋고 지식이 많은 사람으로 규정했다.

둘째, 사고력 창의성(思考力創意性) 단계(1983~2008년)이다.

창의성을 교육의 목표로 두고 그 가치를 높이며 등장했다. 사고력이나 문제해결력 중심으로 규정하고 "지식의 암기가 창의성을 억압하고 훼손시킨다"는 비판을 시작한 시기이다. 특히 과학교육분야에서 예술교육 분야로도 확대된다. 사고력과 문제해결력을 키우기 위한 교육으로의 전환이 시도되기도 했다.

셋째, 창의인성(創意人性) 단계(2009년부터~)이다.

창의성교육의 기본 패러다임을 업그레이드하기 위한 '창의인성교육 기본방안'(2009.12.)을 제시하였다. 그 취지는 더 효율적이고 진화된 창의성교육을 전개하기 위해서 창의성교육과 인성교육을 유기적으로 연결시킨 창의성교육을 전개하겠다는 것이다.

창의성을 필요로하는 영역이 예술과 과학 분야뿐 아니라 언어, 수학, 공학, 공간, 신체, 음악, 지각, 미술, 인간관계 등 다양한 영역으로 확대되었다. 그러나 그 확대는 이제 학제 간의 융합을 통하여 그 영역의 경계가 불분명하고 우리가 살아가는 모든 영역에서 적용되고 있다는 것을 피부로 느끼게 하였다. 첨단기술의 발달로 6개월 만에 기존의 지식이 무용지물이 되고, 노동력의 대부분을 기계가 대체하며, 사람들은 단순 직무수행이 아닌 목적 업무 수행을 하게 된다고 한다. 이런 미래사회에 대비하기 위하여 우리 아이들은 어떤 교육을 받고, 어떤 능력을 길러야 하는가에 대한 해답은 자명하다. 자신의 호기심과 흥미를 느낄 수 있는 강점을 바탕으로 새로운 무언가를 찾아가는 지혜로운 사람, 국경의 한계를 넘어선 지구공동체에서 다른 사람을 배려하고 더불어 사는 가운데 공동체의 일원으로서 행복을 찾을 수 있도록 하기 위하여 창의적 인성교육이 필요하다.

2. 창의적 인성교육의 개념

창의적 인성교육이란 창의성교육과 인성교육을 하는 데 있어서 이들이 각각 이루어지는 것이 아니라 동시에 똑같은 비중으로 이루어지는 것을 의미한다. 미래사회에서 필요로 하는 인재는 창의성과 인성을 동시에 갖춘 사람이라는 점을 인식하고 이러한 인재를 기르기 위해서는 그동안 소수를 위한 영재교육의 일환으로 접근하던 창의성교육을 이제 모든 학습자를 대상으로 하여 인성교육과 동시에 모든 교육영역에서 체계적이고 의도적으로 가르치는 교육이라고 할 수 있다. 창의적 인성교육은 교육현장에서 이루어지는 언어, 수학, 과학, 신체활동, 예술 등의 모든 영역에서 그리고 방과 후 활동 또는 유치원의 교육과정 영역 전체나 학교 밖에서 이루어지는 모든 활동영역에서도 예외 없이 적용되는 것이다. 창의적 인성교육의 개념에 관한 정의에는 여러 가지 관점이 있다.

1) 한국과학창의재단(2010)

창의적 인성교육이란 새로운 가치를 창출하고 동시에 더불어 살 줄 아는 인재를 양성하는 미래교육의 본질이자 궁극적 목표이다. 21세기 글로벌 인재 양성에 필요한 창의성과 인성을 길러주기 위하여 창의성교육과 인성교육의 독자적인 기능과 역할을 강조하면서 동시에 두 교육의 유기적 결합을 통해서 창의성의 배양과 발휘를 촉진하는 인성과 사회문화적 가치와 풍토를 조성하고, 올바른 인성과 도덕적 판단력을 구비한 창의적 인재를 육성하기 위한 교육철학 및 교육전략을 의미한다. 유아기부터 시작해 단계적으로 이루어지는 종합적 교육, 모든 학생들에게 일상적으로 진행되는 포괄적 교육, '즐거운, 스스로, 중요한'과 같은 긍정적 이미지의 미래형 교육, 미래인재의 핵심역량인 '창의성'과 '인성'이 어우러진 융합형 교육이다(창의・인성 기본 방안, 총론, 2010).

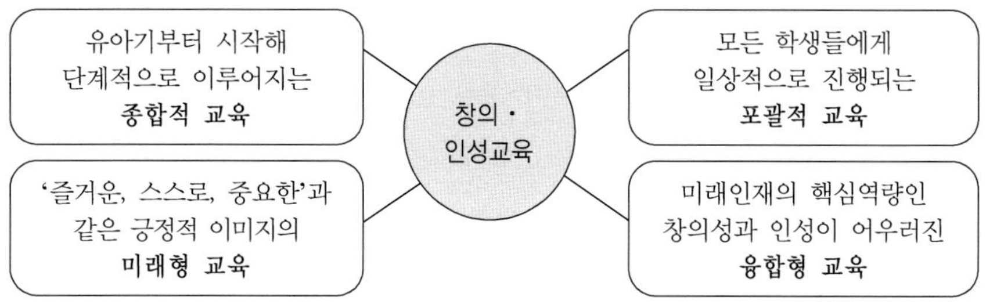

〈그림 3-1〉 창의・인성교육의 정의(한국과학창의재단(2010)

2) 이동원(2010)

　창의적 인성교육이란 '창의성교육과 인성교육'을 의미한다. 창의성과 인성을 갖춘 통합형 인재를 기르기 위해서는 '창의성교육과 인성교육을 똑같은 비중으로 동등하게(등가성), 어느 것의 선후가 없이 동시에(동시성), 모든 학습자를 대상으로(전체성), 학교교육 전반에 걸쳐(종합성), 그리고 체계적이고 의도적(의도성)으로 가르치는 교육'이라고 할 수 있다.

3) 문용린(2010)

　창의인성 교육이란 창의성교육과 인성교육의 독자적인 기능과 역할을 강조하면서, 동시에 두 교육의 유기적 결합을 통해서 창의성의 배양과 발휘를 촉진하는 인성과 사회문화적 가치와 풍토를 조성하고, 올바른 인성과 도덕적 판단력을 구비한 창의적 인재를 육성하기 위한 교육전략이다.

　따라서 교육적으로 지향하는 창의적 인성교육은 기존의 창의성교육과 인성교육 체제를 해체시키고 새롭게 시작하는 전략이 아니라, 기존의 창의성교육과 인성교육을 보완하고 유기적으로 연계시켜 효율을 극대화하는 것이다. 또한 창의성과 인성은 긴밀하게 연계되어 있으므로, 창의성교육에 대한 기본적인 개념 이해와 적용 능력을 키우는 것은 물론이거니와 인성교육에 대한 기본적인 개념 이해와 적용 능력을 키우면서 창의성과 인성을 유기적으로 연결 또는 통합시키는 것이다. 그리고 각 영역에서 수업을 계획하는 과정에서 전체의 과정에 포함되어 이해하고 적용하는 가운데 그것이 생활습관으로 자동화되는 것까지 수행될 수 있도록 하는 것이라고 하겠다.

3. 창의적 인성교육의 구성요소 및 요인

　창의·인성교육의 구성 요소를 기본적인 배경 요소와 핵심 요소로 나누어 볼 수 있다. 기본적인 배경 요소에는 지식기반과 사회문화적 풍토가 포함된다. 창의·인성교육을 효과적으로 실시하기 위해서는 튼튼한 지식 기반과 창의·인성교육을 지지하는 풍토가 조성되어야만 한다. 먼저 한국과학창의재단의 「범교과에서의 창의·인성 수업모델 및 교원연수 프로그램 개발」의 내용을 중심으로 살펴본다.

1) 기본적인 배경 요소

창의성과 인성을 겸비한 인재양성을 위해서는 (교과)지식을 기반으로 한 창의성과 인성의
교육뿐 아니라 이를 수용할 수 있는 사회적 관심과 분위기, 즉 문화 및 풍토의 토대가 필요하
다. 지식을 사용하는 경우에도 새로운 방식으로 접근하려는 창의적 접근이 필요하고 학급의
분위기와 풍토는 학생들의 새로운 아이디어를 산출하고 확산적인 사고를 증진시키는 것은
물론이거니와 학생들의 실수를 학생들이 배우고 성숙하는 기회로 이끌어 줄 수 있어야 한다.

2) 핵심요소

창의·인성교육의 핵심요소는 창의적인 측면과 인성적인 측면으로 나누어 볼 수 있다.
창의적인 측면에는 인지적 요소, 성향적 요소, 그리고 동기적 요소가 있다. 인성적 측면
으로는 인간관계 덕목과 인성 판단능력으로 나누어 볼 수 있다. 창의성의 인지적 요소는
사고의 확장, 사고의 수렴과 문제해결력으로 나누어진다. 성향적 요소는 독립성과 개방성
이, 동기적 요소는 호기심·흥미와 몰입이 포함된다.

인성적인 측면에는 주로 인간관계와 관련된 덕목과 도덕적인 판단에 필요한 능력을 말
한다. 창의성과 인성은 긴밀하게 연계되어 있어 성격적인 특징이 창의성의 발휘를 억압하
기도 하고, 활성화하기도 한다. 정직, 약속, 용서, 배려, 책임 그리고 소유가 포함된 인간관
계 덕목과 도덕적 예민성, 도덕적 판단력, 의사결정능력, 그리고 행동실천력이 포함된 인
성 판단 능력으로 나누어볼 수 있다.

이것을 함축하는 그림은 <그림 3-2>와 같다.

창의성과 인성을 겸비한 인재						
창의성교육요소			**인성교육요소**		**문화 및 풍토요소**	
인지적 요소	성향적 요소	동기적 요소	인간관계 덕목	인성 판단력	학급요소	학교요소
사고의 확장 사고의 수렴 문제해결력 지식 (최전선 네트워크)	독립성 개방성	호기심·흥미 몰입	정직 약속 용서 배려 책임 소유	도덕적 예민성 도덕적 판단력 의사결정능력 행동실천력	교육방법 교육철학	학교문화 및 분위기 학교 운영방식

〈그림 3-2〉 창의·인성교육의 기본틀(한국과학창의재단(2010)

인성의 하위요소는 크게 동기·성격 부분과 윤리·도덕 부분으로 구분해볼 수 있다. 전자는 동기, 성격, 흥미, 태도 등 주로 기질적 측면을 나타낸다. 즉 독창적, 융통적, 상상력이 풍부하고, 민감하며, 정교하고, 치밀하며, 자발적이고, 협동적이며, 독립적, 호기심, 인내심, 통상적인 것을 거부하고, 모험심, 다른 방법 추구, 천진난만, 열정, 개방적, 규칙파괴 등의 특성을 지니고 있다. 그리고 후자는 윤리, 도덕, 규범 등 주로 윤리적 측면을 나타낸다. 즉, 인사, 예절, 규칙, 질서, 전통유지, 보수적, 폐 안 끼치기, 모범, 법 준수, 이타적, 공리주의적, 합리적 이기주의, 집단 분위기, 풍토와 문화 지키기 등과 같은 특성을 나타낸다.

인성교육을 위와 같이 두 가지 하위요소로 구분하면 전자는 창의성교육에서 요구되는 내용과 동일하거나 유사한 것임을 알 수 있으며, 반대로 후자는 창의성교육의 내용과 대립되거나 충돌하는 내용들임을 알 수 있다. 따라서 전자는 창의인성교육에 통합하여 지도하는 것이 바람직하지만 후자의 내용들은 관련 교과시간을 통하여 창의성교육과는 별도로 다루어져야 함을 알 수 있다.

창의적 인성교육을 위해서 먼저 창의성과 인성 간에는 어떠한 관련성이 있는지 살펴볼 필요가 있다. 여기서의 관련성은 인성교육의 두 가지 하위요소 가운데 동기·성격 부분과의 관련성이며 윤리·도덕 측면은 창의성과 오히려 대립되는 개념들이기 때문에 별도로 다루어져야 함을 위에서 기술하였다.

창의성 연구가들은 창의적인 사람과 그렇지 못한 사람과의 비교 연구를 통해서 개인의 인성요소가 창의성에 어떤 영향을 갖는지에 대해 연구하였다(이동원, 2009).

인성(personality)이 예술적 창의성과 과학적 창의성에 미치는 영향에 대한 연구 (Feist, 1999)를 보면 인성과 예술적 창의성에 관련된 113편의 논문을 분석한 후 거기서 나타난 인성적 특성을 사회적인(social) 것과 비사회적인(nonsocial) 것으로 구분하여 모두 17가지의 인성이 창의성과 관계있다고 하였다. 먼저 사회적인 것으로는 평균적 의심(norm doubting), 불일치성(nonconformity), 독자성, 적개심(hostility), 냉담함(aloofness), 비사교적, 온정감 부족 등 7가지 특성을 밝혔고, 비사회적인 것으로는 경험에 대한 개방성, 공상지향적, 상상, 충동성, 신중하지 못함(lack of conscientiousness), 불안, 정의적 질환, 정서적 민감성 등 10가지 특성이 관련이 있다고 하였다.

그는 또 같은 논문에서 인성이 과학적 창의성에 미치는 영향을 다룬 논문 75편을 분석하면서 사회적인 것과 비사회적인 것 모두 12가지의 특성을 정리하였다. 사회적인 것으로는 지배성, 오만함(arrogance), 자신감(self-confidence), 자율성, 독자성, 내향성 등의 특성을 제시하고 있다. 그리고 비사회적인 것으로는 경험에 대한 개방성, 사고의 융통성, 동기 (drive), 야망, 성취동기 등 다섯 가지의 특성을 보여 주고 있다고 하였다.

Torrance(1981)도 창의적인 사람은 혼자서 일하기를 좋아하며, 이렇게 하면 어떨까라는 생각을 잘 하며, 다시 만들기를 좋아하며, 매일 똑같은 일에 싫증을 내며, 그리고 결과에 신경을 쓰지 않고 새롭고 다르게 보이는 일을 선호하는 등의 특성을 보이고 있다고 하였다. 김영채(1999)는 창의적 사고에 중요한 성격적 특성으로 애매성에 대한 인내, 장애를 극복하고 인내하려는 의지, 성장하려는 의지, 위험을 감당하려는 자세 등을 제시하고 있다.

이 밖에도 많은 연구자들이 이와 유사한 연구를 수행하여 왔으며 그 결과를 표로 정리하여 보면 아래와 같다.

〈표 3-1〉 창의성과 인성 간의 관련성(이동원, 2009, 재인용)

연구자	Lingeman(1982)	Martindale(1989)	Sternberg와 Lubart(1991)	Davis(1986)
인성적 특성	상상적 접근을 한다. 충동성이 있다. 유머가 풍부하다. 자유분방하다. 개방적이다. 독립적이다. 개인주의적이다. 자기충족적이다. 복잡함을 좋아한다.	독자적으로 판단한다. 자기 확신적이다. 복잡함을 좋아한다. 심미 지향적이다. 모험을 감수한다.	모호함을 견디어 낸다. 끈기가 있다. 새로운 경험에 대해 개방적이다. 위험을 감수한다. 자신에 대한 확신 과 용기가 있다.	자신을 창의적으로 인식한다. 독립적이다. 자신을 신뢰한다. 위험을 감수한다. 열정적이다. 열심히 한다. 자발적이다. 모험적이다. 철저하다. 호기심이 많다. 관심이 폭넓다. 예술적인 흥미를 보인다. 심미적인 흥미를 보인다. 이상주의적이다. 반성적이다. 혼자만의 시간을 필요로 한다. 새롭다. 복잡함, 신비함에 이끌린다.

위와 같은 여러 학자들의 주장을 보면 창의성과 인성과의 관계는 서로 밀접한 관계가 있음을 알 수 있다.

창의적 인성교육의 구성요소는 다양하지만 한국과학창의재단(2010)이 "배려와 나눔을 실천하는 창의인재육성을 위한 창의·인성교육 총론적 고찰"에서 제시하고 있는 요소들을 기준으로 살펴본다. 이는 창의·인성교육에 관한 국가정책, 학교교육, 교사-학생 간의 교수학습과 창의적 인성교육을 위한 융합이라는 차원에서 현재 요구하는 교육의 방향에 따른 요소들로 함축되어 있는 것으로 볼 수 있다.

<표 3-2> 창의적 인성교육의 구성요소(한국과학창의재단, 2010)

창의·인성 요소	세부 요소	구성요인
창의성 교육 요소	인지적 요소	사고의 확장	확산적 사고
			상상력
			유추/은유
		사고의 수렴	논리/분석적 사고
			비판적 사고
		문제해결력	문제 발견
			문제해결
	성향적 요소	개방성	다양성
			복합적 성격
			모호함에 대한 참을성
			감수성
		독립성	용기
			자율성
			독창성
	동기적 요소	호기심 및 흥미	궁금증 가지기
			자신의 흥미 탐색하기
			학습 내용 응용하기
		몰입	도전해보기
			목표 설정해보기
인성 교육 요소	인성적 요소	정직	인정하기
			과정에 충실하기
		약속	먼저 한 약속 우선시하기
			공동체의 약속 존중하기
		용서	타인 이해하기
			타인과 화해하기
		책임	역할 수행하기
			나의 역할 알기
		배려	서로 신뢰하기
			타인 존중하기
		소유	올바른 소유 의식 갖기
			타인의 소유권 존중하기
		인성판단력	바람직한 가치와 행동의 중요성 알기

4. 아동발달과 창의적 인성교육

「창의인성교육 통합정보넷」에 있는 "범교과에서의 창의·인성 수업모델 및 교원연수 프로그램 개발(이경화, 2010)"을 중심으로 창의적 인성교육의 하위범주를 알아본다.

창의적 인성교육에서 인성이란, 기존의 가치교육이나 가치전수가 아닌 창의성과 인성을 유기적으로 연결 또는 통합하는 것으로, 주로 인간관계와 관련된 덕목과 도덕적인 판단에 필요한 능력을 말한다. 창의성과 인성은 긴밀하게 연계되어 있어 성격적인 특징이 창의성의 발휘를 억압하기도 하고 활성화하기도 한다.

오늘날의 창의성은 독불장군으로 발휘되는 것이 아니라, 집단 속에서의 협동과 경쟁과정을 거치면서 발휘되는 경향이 높다. 창의적 인재가 되기에 모자람이 없도록 그들에게 필요한 도덕적 가치와 판단능력이 어떤 것인지에 대한 탐색이 절대적으로 필요하다고 볼 수 있다.

창의성을 촉진하는 인성 요소는 기존 인성교육의 착한 도덕군자 양성, 이타성 강조를 목표로 하는 것이 아닌 창의성을 촉진하고 창의성을 발현하는 데 도움이 되는 '능력으로서의 인성'을 의미하며 인간관계 덕목과 인성 판단 능력으로 나누어 살펴볼 수 있다.

〈표 3-3〉 단계별 창의·인성 요소 및 요인과 요소 내 단계(한국과학창의재단, 2011)

－취학 전 아동(만 3~5세)

창의·인성 요소	세부 요소	구성요인	요소 내 단계
인지적 요소	사고의 확장	확산적 사고	1
		상상력	2
성향적 요소	개방성	다양성	1
		감수성	2
	독창성	남과 다른 나 발견	3
	독립성	자율성	4
동기적 요소	호기심 및 흥미	궁금증 가지기	1
		자신의 흥미 탐색하기	2
인성적 요소	정직과 충실	인정하기	1
	책임	나의 역할 알기	3
	배려	서로 신뢰하기	4

－초등 저학년(1~2학년)

창의·인성 요소	세부 요소	구성요인	요소 내 단계
인지적 요소	사고의 확장	확산적 사고 및 상상력	1
		은유의 이해	2
	문제해결력	문제 발견과 해결	3
성향적 요소	개방성	다양성	1
		감수성	2
		타인 이해를 통한용서/화해	3
	독창성	남과 다른 나 발견	4

동기적 요소	호기심 및 흥미	궁금증 가지기	1
	몰입	목표 설정해보기	3
		설정된 목표 도전해보기	4
인성적 요소	정직과 충실	솔직과 인정	1
	약속	공동체의 약속 존중하기	3
	책임	나의 역할 알기	3
		역할 수행하기	4

1) 인간관계 덕목

인간관계 덕목으로는 정직, 약속, 용서, 배려, 책임 그리고 소유가 포함된다.

① 정직 : 객관적인 기준에 따라 있는 그대로의 결과를 인정하고 받아들일 수 있는 것을 의미한다. 타인의 문제 및 성과를 있는 그대로 인정하여 보다 사회적으로 기여할 만한 행동으로 이어지게 만드는 바탕이 된다.

② 약속 : 자신에게 주어진 역할을 정확하게 이행하는 것을 의미한다. 자신이 어떤 것을 추구하고자 할 때 타인의 실제적 욕구 충족이 보장되는 범위 내에는 나의 이익추구를 방해하지 않을 것이라는 사실에 대한 상호합의를 뜻한다.

③ 용서 : 비록 자신의 견해에 반대하거나 비판을 한다고 하더라도 타인의 입장과 견해를 이해하고 받아들일 수 있는 열린 마음을 의미한다. 용서의 덕목은 인간관계를 회복하는 덕목일 뿐 아니라 다양한 관점의 의견과 사고를 받아들이고 수용할 수 있게 만드는 기본 바탕이 된다.

④ 배려 : 다문화, 다학문 등의 다양성을 받아들이고, 상충되는 의견과 합의에 이르는 능력을 의미한다. 주변인에 대한 배려에서 타인, 동식물, 사물, 세계로 확장이 가능하다.

⑤ 책임 : 자신의 능력을 조절하여 하고자 하는 임무를 완성하고 나아가 자신의 역할을 다해 세상에 기여하고자 함을 의미한다.

⑥ 소유 : 타인의 지적, 물적 능력, 성과 등을 인정하고 자신의 역량에 맞는 결과를 받아들이는 것을 의미한다. 자신의 결과와 타인의 결과를 구분하고 절제할 수 있는 능력을 의미한다.

2) 인성 판단능력

인성 판단능력에는 도덕적 예민성, 도덕적 판단력, 의사결정능력 그리고 행동실천력이 포함된다.

① 도덕적 예민성 : 사태를 도덕적 관점에서 받아들이고 인식할 수 있는 능력을 의미한다. 같은 상황이라고 하더라도 도덕적 기준에서 이해하고 해석하려고 한다. 타인의 관점에서 바라보고 이해하며 감정이입할 수 있는 공감을 의미하기도 한다.
② 도덕적 판단력 : 정의롭고 공공의 관점에서 상황을 판단하여 행동 선택에 있어서 보다 바람직한 이유와 정당성을 추구하고 판단할 수 있는 능력을 의미한다. 개인보다는 법과 질서, 그리고 공공의 이익의 중요성에 대하여 판단하고 이해할 수 있는 능력을 의미하기도 한다.
③ 의사결정능력 : 보다 바람직한 가치를 판단하고 이해할 수 있는 능력을 바탕으로 가치와 일치하는 행동을 선택하는 능력을 의미한다. 누구의 강요나 압력에 의해서가 아니라 스스로의 판단에 근거하여 가치 있는 행동을 결정할 수 있는 능력을 의미한다.
④ 행동실천력 : 바람직한 행동을 선택한 후에 그것을 직접적인 행동으로 보일 수 있고 실천할 수 있는 능력을 의미한다. 바람직한 행동과 상충하는 장애물이나 의견에 직면한다고 하더라도 자신의 행동을 실천으로 옮길 수 있는 능력을 의미한다(이경화, 2010).

제7차 유치원 교육과정에서 추구하는 인간상은 전인적 성장의 기반 위에 개성을 추구하는 사람, 기초 능력을 토대로 창의적인 능력을 발휘하는 사람, 폭넓은 교양을 바탕으로 진로를 개척하는 사람, 우리 문화에 대한 이해의 토대 위에 새로운 가치를 창조하는 사람, 민주 시민의식을 기초로 공동체의 발전에 공헌하는 사람이다. 교육과정의 5개 영역에서 창의적 인성교육의 맥락을 갖는 것을 선별하면 건강 생활과 탐구 생활영역에서 '사람과 자연을 존중하고 사랑하는 세계관을 바탕으로 구성하고 유아의 기본 생활 습관과 전통문화, 창의성을 강조하여 구성한다. 유치원 교육은 기본 생활습관을 기르고 더불어 사는 태도를 가진다. 자신의 생각과 느낌을 자유롭고 창의적으로 표현하는 경험을 가진다. 호기심을 가지고 주변 세계를 탐구하는 태도를 갖는 것이다'라고 한 성노이다.

교수・학습 방법 중에는 '교육 활동별 특성에 따라 다양한 질문을 하여 창의적 사고를 유도한다. 주변의 다양한 자료와 자연물을 적극 활용하여 유아들이 직접적이고 구체적인 경험을 할 수 있도록 한다'는 것을 찾을 수 있다.

이제 유・아동을 위한 교육에서도 창의적 인성개발을 위하여 유・아동의 능력과 흥미에 맞고 창의성과 인성을 함양할 수 있는 프로그램을 개발함으로써 창의・인성교육을 활성화시키도록 한다. 창의성과 인성을 발휘할 수 있는 교육기회를 제공한다. 그리고 창의적 인성개발을 위한 교사지침 자료를 제작, 보급함으로써 교사들이 가정과 지역사회를 연계하며 모든 과목을 통합할 수 있는 질을 담보할 수 있게 한다는 점이다.

유아단계에서는 창의적 인성교육의 내실화를 기한다. 바른 생활습관 형성과 놀이 위주의 체험활동으로 유아교육을 내실화하고, 중고령 인력 등 다양한 자원을 유아교육에 활용한다. 유치원 교육과정을 기본과정(오전)과 종일제 과정(오후)으로 분류하고, 기본과정은 유아교육의 특성을 반영하여 기초인성 확립과 체험, 놀이 등의 교육과정으로 편성, 운영한다. 배려, 공동체 의식, 창의성, 개방성 등을 자연스럽게 함양할 수 있는 유아 프로그램을 개발・운영하며 창의적 인성개발을 위한 정직, 약속, 용서, 배려, 책임 그리고 소유의 덕목을 익히고 내면화한다.

그리고 초등학교의 모든 교과활동 과정에서 미래 인재로서 필요한 전문지식 습득과 더불어, 창의성과 인성 함양의 기회와 시간으로 하며 창의적 인성교육을 강화한다. 이때 초등학교의 모든 교과활동을 습득해야 할 지식을 근간으로 토론 탐구 등을 반영하여 도전과 창의적 사고를 끌어내는 교과서와 교수법으로 개선하여, 각종 교과목별 특성에 맞게 교육내용, 교육방법 등에 창의성과 인성 함양을 위한 요소들을 적극 포함한다.

5. 창의적 인성교육의 방향 및 방법

창의적 인성교육은 새로운 가치를 창출하고, 동시에 더불어 살 줄 아는 창의적 인재를 양성하는 것으로 이는 미래 교육의 본질이자 궁극적인 목표이다(교과부, 2009). 목표에 도달하기 위하여 창의적 인성교육의 방향 및 방법에 대하여 살펴본다.

1) 창의적 인성교육의 방향

교육과학기술부(2012)가 창의적 인성교육을 추진하는 배경은,

첫째, 교육 패러다임의 변화이다. 미래 교육은 '집어넣는 교육'이 아니라 '끄집어내는 교육'이 중심이 되어야 하며, 학생들의 잠재력과 바람직한 가치관을 '찾고 키워주는' 교육의 핵심에 '창의성'과 '인성'이 존재한다.

둘째, 국가 발전전략 변화이다. 한국의 과거 성장은 '모방형 인적자본'이 주도하였으나, 미래의 성장동력은 새로운 것을 생각하고 만들어 내는 '창조적 인적자본'에 있다.

셋째, 교육 여건의 변화이다. '09 개정 교육과정, 입학사정관제 등에 따라 교과 위주, 점수 위주 교육에서 창의성과 인성을 충실히 교육할 수 있는 여건을 마련한다는 데 있다.

이런 배경에 따라서 창의적 인성교육은 창의와 배려의 조화를 통한 인재육성에 방향을 두고 있다. 미래 교육의 개념과 가치 재정립을 위한 창의적 인성교육 방향을 기본방향과 강화방안(교육과학기술부, 2012) 측면에서 살펴본다.

첫째, 창의적 인성교육의 개념과 가치를 확립하도록 한다. 이에 대한 강화방안으로 창의적 인성교육은 '새로운 가치를 창출하고 동시에 더불어 살 줄 아는 인재'를 양성하는 미래 교육의 본질이자 궁극적인 목표라는 사회적·국가적 공감대를 확산시킨다. 창의적 인성교육은 모든 학생을 대상으로 일상적으로 이루어지는 포괄적인 교육이고 교과활동, 창의적 체험활동, 가정교육 등 다양한 방법을 통해 유아단계에서부터 종합적으로 추구되어야 하는 교육이다. '즐거움, 스스로, 중요한'과 같은 긍정적 이미지의 미래형 교육이다. 그리고 창의성과 인성을 동시에 함양하는 교육이 되도록 한다.

둘째, 창의적 인성교육을 실천한다. 이에 대한 강화방안으로,

① 유아단계의 창의적 인성교육의 내실화를 기한다. 유치원 기본과정 내실화를 위하여 유아교육의 특성을 반영하여 기초인성 확립과 체험·놀이 등의 교육과정으로 편성·운영한다. 창의적 인성 함양 프로그램을 개발하여 배려, 공동체 의식, 창의성·개방성 등을 자연스럽게 함양할 수 있는 유아 프로그램을 운영한다.

② 초·중등 교과활동에서의 창의적 인성교육을 강화한다. 교육과정에 반영하여 교과별 교육과정에 준하는 수준의 '창의적 인성교육 방법'을 마련하여 교과별로 담당할 창의적 인성교육 내용을 구체화한다. 교과서와 교수법을 개선하는 데 습득해야 할

지식을 근간으로 토론하고 탐구하는 것이 반영되어 도전과 창의적 사고를 끌어내는 교과서와 교수법으로 개선한다.

③ 초·중등 창의적 체험활동을 확대하고, 내실 있는 운영이 되도록 한다. 프로그램을 개발하고 운영하는 데 학생의 수요에 맞는 맞춤형 체험이 가능한 다양한 창의적 체험활동 프로그램을 개발하여 운영한다(학교생활기록부와 연계한 '창의적 체험활동 종합지원 시스템 구축' 활용, 2010년 3월 개통). 진학 등의 핵심자료로 활용한다. 학교생활기록부에 동아리, 독서, 문화예술, 체육, 인턴십, 봉사활동 등 다양한 창의적 체험활동을 기록하고, 대학 등 상급학교 진학 시 입학사정관 활용자료로 제공한다.

④ 대학의 사회봉사와 참여를 활성화한다. 대학생 교육봉사를 활성화하는 데 공학·의학 등 전공연계 봉사와 참여, 과목 개설을 권유한다. 그리고 장학금 수혜자 등 우수 대학생들의 소외계층 자녀 교과활동 지원 프로그램을 활성화한다. 이를 위하여 자생적 대학생 봉사단체 활성화를 위한 정보 공유·홍보·협력 네트워킹 등을 지원한다. 인센티브 체제를 구축하여 우수 봉사활동 참가자는 포상 및 대학생 해외인턴 지원사업 등 교과부 대학생지원 사업 참가 시 우선 선발한다. 대학의 교육·연구역량과 더불어 봉사역량도 대학평가·인증 시 반영한다.

⑤ 지역사회·기업 등과 연계한 창의적 인성교육을 추진한다. 지역사회와 180개 지역교육청 단위로 창의적 체험활동에 활용 가능한 지역의 모든 자원에 대한『창의체험 자원지도(CRM, Creative Activity Resource Map)』를 작성하여 활용한다. '창의, 인성교육 정부협의체'를 구성하여 관련 부처들의 참여 및 협력을 유도한다. 정부에서 운영하는 체험시설·프로그램, 기업의 연구·생산시설, 교육 프로그램 등도 창의적 체험활동에 적극적으로 활용한다. 기업의 축적된 '지적자산'을 교육 발전에 공헌하는 교육기부 캠페인을 전개한다.

셋째, 정부의 역할을 확대한다. 이에 대한 강화방안으로,

① 창의적 체험활동 프로그램을 개발하고 보급하는 체제를 구축한다. 이에 대한 전담기구로 한국과학창의재단을 창의적 체험활동 프로그램 개발 및 보급의 주관기관으로 지정한다. 한국과학창의재단은 국내외 창의적 인성교육 자료들을 수집·분류·DB화하여 관리하고, 학교에 창의적 인성교육 리소스를 제공한다.

② 창의적 인성교육을 담당할 교수, 지원 인력을 확보한다. 내실 있는 창의, 인성교육을 위해 창의적 인성교육 연수 프로그램을 개발하여 보급하고, 교원 직무연수와 자격

연수에 반영한다. 예비교사의 자질 함양을 위해 유아교육과, 보육학과 그리고 교육대학과 사범대학에서 창의적 인성교육을 강화하고, 교원 임용 시 반영하여 창의적 인성교육을 담당할 교원을 양성한다. 또한 창의적 체험활동에는 학교의 교원뿐만 아니라 사회·문화단체, 동호회 등의 지역의 다양한 인적자원도 교수·지원 인력으로 적극 활용한다.

③ 창의성과 인성을 중시하는 학교와 사회의 문화를 조성한다. 학교뿐만 아니라 가정과 지역사회에서도 창의성과 인성이 함께 자라날 수 있는 문화를 조성한다. 모범사례를 장려하고 전파하기 위하여 개인별, 학교별, 지역별 우수사례는 경진대회 등을 통해 적극 발굴하여 포상하고, 확산을 유도한다. 언론 및 단체를 통하여 창의성과 인성의 중요성을 적극적으로 홍보한다.

이제 창의적 인성개발을 위한 교과교육과정 개발에 관한 기본방향을 살펴본다.

① 창의성교육에 초점을 둔 교과교육과정 전반의 질을 개선한다.

－고등사고 기능을 개발하기 위한 교육과정은 그 자체로서 질적인 개선을 의미하고 있다. 교사가 높은 수준의 전문성을 갖도록 요구한다.

② 창의성 성장에 도움이 되는 수업, 평가가 되도록 선도하는 교육과정을 개발한다.

－창의성교육의 실효성 증대를 위한 것이다.

③ 창의성교육에 유용한 것으로 증명된 특정 방법을 적용한다.

④ 2009, 2011 창의·인성교육 제정책을 반영한다.

⑤ 2009 개정 교육과정 총론 및 교과-교과 간 연계를 강화한다.

⑥ 교사, 학생의 리터러시(literacy)를 증진하는 교육을 개발한다.

한국교육과정평가원(2011)은 창의·인성교육의 현장 적용성 제고를 위한 창의·인성 수업계수[1]를 X, Y의 두 변인으로 보았다. X변인은 교육과정 및 수업 변인으로, Y변인은 창의성 변인으로 보았다. Y변인인 창의성 변인은 크게 세 가지 변인으로 범주화하였는데, 창의적 사고기능에 관한 변인, 창의적 성향에 관한 변인, 인성에 관한 변인으로 구성된다고 보았다. 이는 창의적 인성개발을 위한 교육의 방향이 수업에서 교육과정 및 수업 변인

---

1) 창의·인성계수란 학교의 모든 수업에서 수업이 준비, 계획, 환경과 평가에 이르기까지 교육과정과 수업(curriculum & instruction) 측면에서 창의성의 구현 정도를 계량화한 지수라고 정의할 수 있다(한국교육과정평가원, 2011).

이외에 중요하게 관심을 가져야 할 부분이 바로 창의적 사고기능, 창의적 성향, 인성에 관하여 재정의 하는 것과 함께 질적으로 향상된 프로그램을 개발하고 적용하는 방향이어야 한다는 것을 의미한다.

2) 창의적 인성교육의 방법

창의적 인성개발을 위한 교육방법에서 획기적인 개선을 지향하고 있다(교과부, 2009). 개인의 잠재력과 바람직한 가치관을 '찾고 키워주는' 교육의 핵심이자 미래교육의 본질로 삼고 학교교육, 가정교육 등 모든 생활 장면에서부터 종합적으로 함양해야 하는 자질교육을 한다. 창의성 발휘와 표현을 돕는 문화와 사회풍토를 조성하여 통합교육과정, 간학문적 교육과정, 문제중심, 활동중심, 탐구중심의 자기주도적 교육방법을 한다(창의·인성교육 기본방안, 교육과학기술부, 2012).

교과부의 개선 방향에 근거하여 창의적 인성개발을 위한 교육방법을 살펴보면 다음과 같다.

첫째, 교과특성을 살린 다양한 수업방법을 도입하도록 한다(교육과학기술부, 2010). <표 3-4>에서 제시하는 바와 같이 문제중심 학습, 팀프로젝트 학습, 독서토론, 교구활용 기하수업, 협동학습, 토론·실습·탐구학습, 역할놀이, 글쓰기 등이 그것이다. 이러한 수업방법은 이미 영재교육현장에서도 추천하여 실행하고 있는 방법이라고 할 수 있다. 2007년 개정 교육과정에서는 '과목별 수업을 학생들의 지적수준에 부합된 교수·학습 방법을 학년별로 고려하고, 같은 학년에서도 목표와 내용에 알맞은 다양한 교수·학습 방법을 활용한다. 교과 수업에서는 교육내용에 알맞게 강의법, 문답법, 토의·토론법, 협동학습, 역할놀이학습법, 실천체험학습… 등 다양한 학습방법을 활용하도록 한다'고 추천하고 있다.

〈표 3-4〉 교과활동에서의 창의적 인성교육 수업방법

수업방법	내용
문제중심 학습	• 학생 스스로 '자기주도적 학습활동'을 통해 과제 및 문제를 선정하여 그에 대한 해결안이나 자신의 의견을 전개해 나가는 학습방법 • 학생은 스스로 자신의 견해를 논리적으로 제시·설명하고 자신의 의견과 다른 의견에 대해 반박함으로써 관련된 분야의 지식과 함께 문제해결과정 습득.
팀프로젝트학습	• 모둠을 구성하여 특정주제에 대한 심층연구를 협동적으로 수행하는 학습방법 • 학생이 주제선정·활동계획수립·탐구 및 표현·마무리 과정 등의 프로젝트 전 과정에 주도적으로 참여하여 의사결정권을 행사

독서토론	·특정주제와 관련된 도서를 읽고 난 뒤, 각자의 감상과 의견에 대해 토론수업을 실시함으로써 제시된 다양한 제안들을 발전시키고 검토해 나가는 수업 ·인문학 분야뿐만 아니라 사회·과학·예술과 같은 다양한 분야로 확대하여 학생 개개인의 호기심과 몰입 유도
교구활용 기하수업	·수학 교육과정 중 공간적 상상력을 필요로 하는 기하수업에서 기하학적 도형의 이해력을 증진시키기 위한 여러 가지 자료(교구)를 활용하는 수업 예) 중학교 수학 「도형의 닮음」 단원-종이접기, 나무블록, 관련사진 등
협동학습	·모둠별로 「협동 활동」, 「주어진 과제에 대한 집단 사고」를 통하여 문제에 대한 해결책 및 결론을 도출토록 하는 학습 방법
토론·실습·탐구학습	·토론: 교사와 학생, 학생과 학생 사이의 언어적 상호작용을 통해 관점과 견해를 공유하는 수업방식 ·실습: 교수·학습의 장을 생생한 정보와 자료가 있는 자연이나 현장으로 옮겨 수행하는 수업방식 ·탐구: 지식을 얻는 과정을 경험하게 함으로써 개방적이고 창의적으로 지식을 획득하도록 하는 수업방식
역할놀이	·학생들에게 특정 역할을 부여한 후, 각자 주어진 역할의 입장에서 집단이익·사회적·윤리적·도덕적 문제를 해결하게 해보는 수업방식 예) 핵폐기물 처리: 공무원, 핵물리학자, 전력회사 직원, 지역주민, 정치가 등
글쓰기	·다양한 주제에 대하여 학생들의 생각 및 의견을 글로 표현하게 함으로써 사고력·의사표현능력을 함양하게 함

둘째, 창의력 교육을 통한 인성교육(우종옥, 2010) 방법이다. 창의력이 우리의 인성을 순화한다고 하였으며, 인성을 창의력과 연관하여 다음과 같이 두 영역으로 정리하였다.

(1) 새로운 것을 접하고 습득할 때 우리의 인성이 순화된다

다윈의 '적자생존이론' 중 '변화에 잘 적응하는 종이 끝까지 살아남았다'는 말에서 변화라는 말을 음미해보면, 이 변화는 자연환경과 사회환경 모두가 변화한 새로운 환경을 말한다. '적자생존론'은 '새로운 상황에 잘 적응하는 것만이 살아남는다'는 말로 풀이할 수 있다.

살아남은 '종(주체)'은 더할 나위 없이 기쁘고 즐거우며 안도할 수 있어 여유를 갖고 행복을 느끼게 된다. 이렇게 될 때 사람은 관대해지면서 주위를 둘러보고 다른 사람이나 주위 환경을 아끼고 더 나아가 사랑하게 될 수 있다. 이러한 일이 우리의 인성을 순화시키는 것이다.

그리고 여행을 할 때 새로움과 기쁨을 얻는다. 새로운 환경을 접하고, 얻고 싶어서 우리는 여행길에 오른다. 여행을 하는 중에 기쁨과 행복을 느끼고, 마음도 한층 더 여유로워진다. 이때 역시 주위 사람들과의 환경 속에서 심적, 물적 나눔을 갖게 되고, 더 나아가서 사랑하게 된다.

결론적으로 창의력을 계발하고 신장함은 새로운 것을 접하고, 얻게 되는 일로, 기쁘고 행복해지면서 정서적인 안정으로 우리의 인성이 순화된다.

(2) 창의력 요소 중 특히 융통성(flexibility)은 인성을 순화한다

융통성은 유창성, 독창성 및 정교성과 함께 어우러지면서 타산지석, 역지사지, 감정이입능력 등을 발휘하여 상대(타인)를 그 사람의 입장에서 이해하고, 수용하면서 너와 나의 공동의 장을 만들 수 있는 성향을 나타나게 하는 특성을 갖는다. 그러므로 창의력의 하위요소(유창성, 융통성, 독창성, 정교성)를 계발하고 신장해 간다면, 즉 바람직한 창의력교육을 수행한다면 우리의 인성이 순화될 것이라고 하였다.

세 번째로 이동원(2010)은 창의적 인성교육을 창의성교육과 인성교육이라고 하였다. 창의성은 ① 인지적+정의적+환경적 요소, ② 과정변인+사람변인+산출변인+환경변인, ③ 지식+사고기능+동기·인성+환경과 같은 요소들의 집합이라고 하였다. 그리고 인성은 동기·성격+윤리·도덕의 두 요소로 구성되어 있다고 하였다. 이를 정리하면 다음 <표 3-5>와 같다.

〈표 3-5〉 창의적 인성교육의 통합형 접근과 독립형 접근

구분	창의성의 하위요소			인성의 하위요소	지도방법
	조연순(2009)	Rhodes(1961)	이동원(2009)		
인지적 특성	인지적 요소	과정변인	지식 사고기술		
정의적 특성 (인성특성)	정의적 요소	사람변인	동기·인성	동기·성격 윤리·도덕	**통합형 접근** **독립형 접근**
환경적 특성	환경적 요소	환경변인	환경		
산출변인		산출변인			

위의 표에 의하면 창의적 인성교육은 통합형 지도방법과 독립형 지도방법으로 접근해야 함을 알 수 있다. 즉, 세 학자들의 창의성 하위요소들 가운에 인지적 요소, 과정변인, 지식, 사고기술은 사용하고 있는 용어가 서로 다르지만 모두 인지적 특성을 나타내고 있으며 이는 창의성교육에서 다루어지고 있는 내용들이다. 그런데 세 학자들의 창의성 하위요소 가운데 정의적 요소, 사람변인, 동기·인성 등은 정의적 특성, 즉 인성특성과 같은 것들로 이들은 곧 인성의 하위요소 가운데 동기·성격 요소와 동일한 것임을 알 수 있다. 따라서 창

의성의 정의적 특성과 인성의 정의적 특성은 통합하여 지도하는 통합형 접근이 요구된다. 그러나 인성의 하위요소 가운데 윤리·도덕 요소는 창의성 하위요소에는 포함되지 않기 때문에 이는 별도의 시간을 확보하여 지도하는 독립적 접근이 요구된다고 할 수 있다.

창의적 인성교육은 학교교육 전반에 걸쳐서 접근되어야 한다(종합성). 수업, 교수학습 과정과 같은 교과지도 과정을 통해서 지도되어야 하는가 하면 또 한편으로는 재량시간, 특별활동 시간, 방과 후 교육 시간 등에서 별도의 시간을 마련하여 특별프로그램 등을 통하여 다루어져야 한다. 그리고 교과지도 과정을 통해서 직접 지도하는 것은 아니지만 창의적 인성교육에서 간과해서는 안 될 이슈는 환경변인이다. 학습자들이 학교에 와서 교실 수업, 교실생활, 교내활동 등 하루 종일 생활하는 가운데 교사-학생, 학생-학생 간의 심리적 환경, 사회적 환경, 그리고 물리적 환경 등이 어떻게 갖추어지고 주어지는가에 따라서 창의, 인성교육은 그 효과가 크게 달라질 수 있다. 이는 아래 모형으로 나타낼 수 있다.

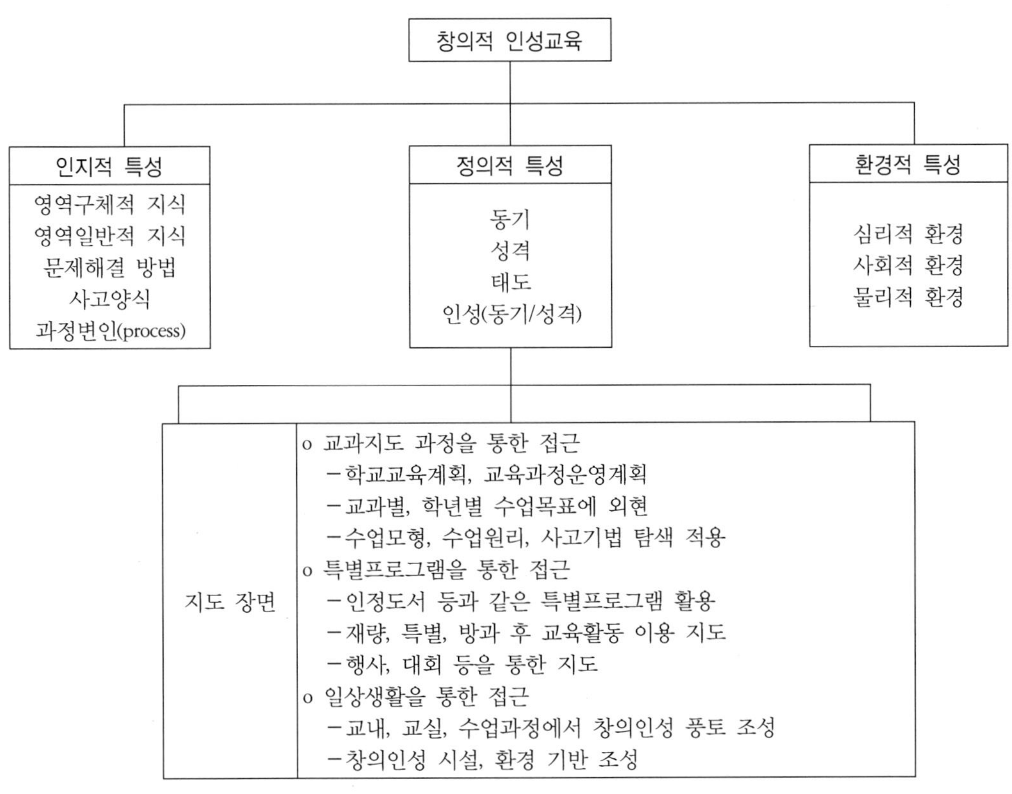

〈그림 3-3〉 창의적 인성교육의 통합적 접근 모형(이동원, 2010)

6. 창의적 인성교육 프로그램

1) FPSP(Future Problem Solving Program)

FPSP(Future Problem Solving Program)는 창의성의 대가인 Torrance가 창의성교육이 부진해 가는 데 대해 큰 관심을 갖고 Osborn과 Parnes에 의해 개발된 '창의적인 문제해결 과정(CPS)'에 예상되는 미래의 문제를 결합시켜 '미래 문제해결 프로그램(FPSP)'을 만들었다. 이 FPSP는 CPS와 모형과 뿌리를 같이하지만, FPSP는 학교장면의 교육 프로그램으로 발전하였다. CPS와 FPSP는 기본적인 문제해결 단계의 틀은 같지만, FPSP는 CPS와는 달리 2개의 예비 단계를 두고 있다(김영채, 2002). 그리고 미래 세계에 대한 능동적인 대처능력 함양을 취한다는 의미에서 기존의 프로그램들과 맥락이 다르다고 할 수 있겠다.

이 프로그램은 빠르게 변화하는 사회 속에 처해진 학생들이 미래에 상상할 수 없는 능력과 기능 및 정보에 대해 당면할 쇼크를 학생들 스스로 미래에 무엇이 일어날 것인지를 예상하고, 문제를 찾고 대안을 생성하는 연습을 함으로써 세상을 건설적으로 보고 대처하는 능력을 키울 수 있게 할 뿐 아니라, 문제를 창의적으로 해결할 줄 아는 능력을 키울 수 있다.

★ 미래문제해결력경 시대회(Future Problem Solving Program)

미래문제해결력 경시대회는 1974년 Torrance를 중심으로 조지아 대학교에서 처음 실시하였으며, 현재까지 추진되고 있다.

(1) 목적
이 프로그램은 창의적 문제해결력을 활용하여 긍정적 미래를 설계하도록 지도하는 데 기본적 목적을 두고 있다. 상세 목적을 살펴보면 다음과 같다.
① 창의적 사고력 신장
② 분석적 사고력 향상
③ 미래에 대한 흥미 자극
④ 실제 세상에 대한 견해 확장

⑤ 복잡한 사회 논쟁점 탐구

⑥ 인쇄물 또는 구두 등을 통한 의사소통능력 신장

⑦ 연구방법 적용

⑧ 교육과정에 문제해결능력 통합

⑨ 협력하고 책임감 있는 구성원의 정신 신장

⑩ 참 평가의 적용

(2) 지도방법

이 프로그램은 다음과 같은 지도방법을 중심으로 학생들을 지도한다.

① 학습자 중심이며 행동실천 중심이다.

② 학생들이 미래를 긍정적으로 설계하도록 지도한다.

③ 다학문적 교육과정을 적용한다.

④ 학생들이 실생활 문제를 해결하는 데 필요한 다양한 방법을 적용하는 기회를 제공한다.

(3) 구성

미래문제해결력모형은 다음의 6개 단계로 구성된다.

① 연구 전단계1 : 미래 상황·사건 등을 분석하는 단계

② 1단계 : 미래 상황을 분석하여 발생 가능한 문제를 찾아낸다.

③ 2단계 : 가장 중요한 문제를 선택한다.

④ 3단계 : 해결할 수 있는 방법을 찾아낸다.

⑤ 4단계 : 해결방법을 평가하고 분석하는 준거를 만든다.

⑥ 5단계 : 해결방법에 준거를 적용하여 최선의 방법을 선택한다.

⑦ 6단계 : 최선의 방법을 실행하기 위한 실행 계획(action plan)을 수립한다.

⑧ 연구 후단계 : 실행 계획을 발표한다.

2) 철학적 탐구 공동체 접근법

(1) 교육과정

1969년에 개발된 어린이를 위한 철학프로그램은 유치원부터 고등학교 3학년까지의 학

생을 대상으로 한 것으로 단계적으로 자료를 제시하고 있다. 유치원에서는 어린이의 일상 대화에 함축된 추론 형식에 유념하여 언어습득, 지각적 자각의 강화, 대화를 통한 견해의 공유, 분류와 구별, 감정에 대한 추론을 강조한다. 이 프로그램을 통하여 어린이들은 추론 능력의 향상, 창의성의 개발 개인적 성장과 대인관계의 발달, 윤리적 이해력의 발달, 경험 속에서 의미를 발견하는 능력을 개발한다.

(2) 철학적 공동체 접근법의 목표

① 질문 생성 기술 : 질문하는 능력을 기른다.

② 이유, 증거제시 기술 : 이유나 증거를 제시하는 능력을 기른다.

③ 대안적 사고기술 : 대안적 사고를 하는 능력을 기른다.

④ 명료화 기술 : 개념을 명료화하는 능력을 기른다.

⑤ 포함·관계 탐색기술 : 유용한 구분이나 적절한 비교 및 대조를 할 수 있는 능력을 기른다.

⑥ 예 들기 기술 : 적절한 예를 들 수 있는 능력을 기른다.

⑦ 추론기술 : 관련된 추론을 할 수 있는 능력을 기른다.

(3) 구성원리

① 철학적 탐구에 초점을 둔다.

② 철학적 질문을 토론의 주제로 삼는다.

③ 철학 동화를 교재로 활용한다.

④ 탐구공동체 방법을 활용한다.

⑤ 다양한 활동을 활용한다.

⑥ 사고교육을 위한 독립적인 프로그램이나 언어활동 등의 영역별 활동의 교수 방법으로 활용될 수 있다.

(4) 교수–학습 7단계

단계	활동	활동의 내용
단계1	동화의 선정	
단계2	토론계획 수립	
단계3	동화 제시	
단계4	토론질문의 형성	1. 질문 만들기 2. 질문 묶기 3. 질문 선정
단계5	철학적 토론	1. 토론 질문을 동화에서 찾아보기 2. 철학적 토론 전개 3. 토론 평가
단계6	동화 만들기	1. 동화의 중심내용(주제) 정하기 2. 동화의 배경 정하기 3. 동화의 사건·등장인물 정하기
단계7	동극	1. 배역 정하기 2. 동극상연 3. 동극평가

(5) 교사의 역할

① 철학적 민감성 가지기

- 교사는 유아가 철학적 활동을 하도록 하여야 하며, 유아의 활동이 철학적 활동인지를 파악할 수 있어야 한다.
- 교사는 유아들의 질문 중 적절한 철학적 질문을 인지할 수 있어야 한다.

② 탐구 질문의 활용

- 명료화를 위한 질문
- 이유, 증거, 원인을 탐색하는 질문
- 관점이나 시각의 다양성을 탐색하는 질문
- 포함·범주 관계를 탐색하는 질문
- 함축된 의미와 결과를 탐색하는 질문
- 알게 된 방법이나 정보원을 탐색하는 질문
- 전제를 탐색하는 질문

③ 공동체 형성하기

(6) 평가

① 일화기록

－철학적 활동에서의 일화기록

－다른 시간에서의 일화기록

② 프로토콜 분석법

③ 체크리스트

－유아의 토론 활동을 평가하기 위한 교사용 체크리스트

－유아의 사고기술 발달을 평가하기 위한 부모용 체크리스트

－교사 자신의 활동을 평가하기 위한 체크리스트

④ 검사

－뉴저지 추론검사

－사회성숙도 검사

－친사회적 행동검사

－친사회적 도덕 추론 검사

3) 유치원 기본과정 내실화를 위한 인성교육과 창의성교육 프로그램

2012년부터 만 5세 누리과정이 도입되는 시점에서 유아교육부터 고등교육까지 연계되는 교육이 필요하다. 교육부(2009)는 창의적 인재양성을 목표로 전 과정에서 일관성 있게 유지되어야 한다는 점을 중요시하는 맥락에서 유·아동기 발달에 기초한 창의성교육 인성교육을 위한 프로그램을 개발하였다.

(1) 인성교육 프로그램 개발 내용 및 범위

인간다운 인간을 배양하기 위하여 유아는 기본생활 습관 형성 등 올바른 인성을 함양하고, 교사는 역량과 자신감을 배양하며 부모는 인성의 중요성을 인식할 수 있도록 가정 및 지역사회 연계를 위한 부모교육 자료를 제작 보급하는 등 다양한 방향에서 배려, 존중, 협력, 나눔, 질서, 효의 이념을 체험할 수 있도록 개발하였다.

(2) 유치원 기본과정 내실화를 위한 인성교육 활동

① 각각 인성 덕목별 생활주제와 연결된 활동으로 구성, 1년간 지속적이고 순차적으로
  확장하도록 한다.

② 인성 덕목은 상황적이고 맥락적인 특성이 있다. 교육활동 속에서 혼합되고 통합적
  으로 나타나므로 이를 고려하여 활동을 전개하도록 한다.

③ 유치원에서 일어나는 모든 활동과 인성교육활동을 연계한다.

④ 인성교육 분야 세대 간 지혜나눔 전문가를 초청하여 활동을 전개하도록 한다.

(3) 가정 및 지역사회와 연계한 부모교육 자료

① 부모도 인성교육의 중요성을 인식하고 스스로도 바른 인성을 함양하며, 가정에서
  자녀에게 인성교육을 실천할 있도록 가정통신문을 통해 정보를 제시, 유치원 인성
  교육의 내용과 방법을 가정과 연계한다.

② 인성교육의 중요성, 유치원 인성교육실태, 자녀와 함께할 수 있는 인성교육활동이
  포함된 강연회 자료를 유치원 실정에 맞게 적절히 활용하도록 한다.

③ 부모교육 역시 단기간에 이루어질 수 없으므로 1년 동안의 계획 그대로 살린다. 수
  립하여 적합하게 활용할 수 있도록 제공한다.

(4) 유치원 기본과정 내실화를 위한 창의성교육활동

① 창의성교육 활성화를 통한 유아교육 정상화

② 유아ㆍ초등연계성 도모

③ 유치원교사의 창의성교육 역량 강화

④ 유아기 발달 단계에 기초한 창의성교육 내실화

⑤ 부모교육자료 및 세대 간 지혜나눔 전문가 인력풀 연계 도모를 꾀함

04

창의성을 길러 주는 사고기법

1. 사고 기법의 필요성

교육의 가장 중요한 목적은 학습자에게 생각하는 방법을 가르쳐주는 것이지만 교육현장에서 사고를 가르치고 훈련하는 과정은 찾아보기 어렵다. 사고는 훈련과 연습을 통해 배울 수 있으며, 의지만 있으면 사고기술도 향상시킬 수 있다고 보는 관점에서 창의성을 길러주는 사고기법에 대한 관심이 높아지고 있다. 최근 들어 창의성 계발의 필요성은 사회 전반에서 더욱 강조되고 있으며, 창의성 훈련이나 기법에 대한 중요성 역시 강조되고 있다. 이러한 측면에서 영·유아 교육현장에서의 창의성 신장을 위한 보다 장기적인 교육계획 수립이 필요하며, 창의성 훈련이나 기법 역시 영·유아 교육현장에서 활용할 필요가 있다고 본다.

창의력은 그 수준의 차이는 있으나 정상적인 사람이면 어느 누구나 가지고 있는 것이며 연령에 따라서 성별에 따라서 현격한 차이가 있다는 증거도 없다. 이와 같이 창의력은 거의 모든 사람들이 선천적으로 타고나는 것이지만 훈련을 통해서 이를 개발하지 않으면 그 능력을 충분히 발휘할 수 없다. 여러 학자들은 인간의 심리적 특성들이 후천적으로 함양될 수 있으며, 잠재되어 있는 능력도 훈련시키면 개발될 수 있음을 입증하여 왔다.

De Bono는 '사고'란 걷거나 자동차 운전하는 것과 마찬가지로 하나의 기본적인 기능이며, 따라서 우리가 그러한 기능에 신경을 쓰고 의도적으로 연습을 하기만 하면 얼마든지 향상시킬 수 있다고 믿었다. Atkinson이 "창의력에 있어서 개인 간의 차는 타고난 재능의 정도에 있는 것이 아니라 노력하는 힘의 차에 있는 것이다"라고 주장하였듯이, 창의력 개발에 있어서 제1의 요인은 창의력을 증진시키고자 하는 노력임을 알 수 있다.

현재 교과교육이 사고 교육에 있어 회의적이라는 견해가 있는데, 그것은 교과교육이 지닌 한계가 사고 기능이나 전략이 핵심이 아니라, 지식 내용을 중시하여 다루었기 때문에 창의력을 체계적으로 길러주지 못한다는 점이다. De Bono 등은 교과교육만으로는 바람직하고 효율적인 사고력을 길러주는 데 충분치 못하다고 지적하면서 사고력 신장을 위한 방법론적 대안을 제공하고 있다.

그 가운데서 Tony Busan의 마인드 맵과 Alex Osborn이 개발한 브레인스토밍, Holrigel의 브레인라이팅 그리고 De Bono의 육색모자 기법, 히트와 하이라이팅(highlighting)기법, 사고 프로그램인 PMI 및 교육현장에 활용도가 높은 몇 가지 사고기법 등을 더불어 소개하고자 한다. 이 새로운 사고기법의 활용이 유·아동의 사고력 증진에 커다란 도움이 되리라 기대한다.

영·유아의 창의적인 사고력을 신장하기 위하여 교육과정과 연계하여 영·유아에게 적절한 방법으로 활용할 수 있는 창의적 사고기법을 제시한다.

2. 다양한 창의적 사고기법

1) 브레인스토밍(Brainstorming)

미국의 광고회사 사장인 '오스본(Alex F. Osborn)에 의해 창안된 방법으로 여러 사람이 모여서 어느 한 주제에 대해 다양한 아이디어를 공동으로 내놓는 일종의 집단 토의 기법'이다.

브레인스토밍은 뇌신경 세포의 기억 장소에 저장되어 있는 막대한 기억 정보량 속에서 문제 해결에 유용하다고 생각되는 정보를 권위나 책임이나 고정관념에 빠지지 않고, 자유분방하게 끄집어낸다는 의미를 가지고 있고, 이것은 언어의 논리 구조 틀에 제약되는 좌뇌보다는 오히려 이미지 기억이나 유추, 비유 또는 패턴 형식의 인식 등을 담당하는 우뇌를 활동시키는 것이다.

브레인스토밍은 일체의 권위나 고정관념을 배제하고 수용적인 온화한 분위기에서 자유로이 생각나는 것을 무엇이든지 말하여 그중에서 실제적이지 못한 것부터 제거하여 가장 좋은 힌트나 아이디어를 찾아내려는 방법이다. 현재 가장 널리 알려진 집단적 사고의 전형적인 형태이다. '두뇌 폭풍'이라는 말뜻 그대로 특정한 주제 또는 문제에 대해 두뇌에서 폭풍이 휘몰아치듯이 생각나는 아이디어를 밖으로 내놓는 것이다. 브레인스토밍의 목적은 가능한 한 '새롭고 독특한' 아이디어를 '많이' 생성해 내는 데 있다. 진행 순서는 문제의 확인→집단의 구성→문제의 제시→진행→정리로 이루어진다.

브레인스토밍은 짧은 시간에 많은 양의 아이디어를 생산할 수 있는 기법이다. 유·아동들과 함께 효과적으로 브레인스토밍을 하기 위하여 몇 가지 규칙을 지키도록 한다.

(1) 브레인스토밍의 4가지 규칙

- **비판 엄금** : 다른 사람들이 제시하는 아이디어를 절대로 평가, 비판, 간섭하지 않는다. 모든 아이디어가 다 모아진 후에 재정리한다.
- **자유분방** : 되도록 아무 구애받지 않고 자유롭게 말한다. 문제와 관계가 없는 아이디어라도 무엇이든지 받아들여야 한다. 새로운 아이디어는 전통을 파괴할 수 있는 자유가 주어질 때 나타날 수 있다. 아이들의 엉뚱하고 특이함을 용납한다.
- **질보다 양** : 좋은 아이디어보다 많은 아이디어를 내놓게 해야 한다. 아이디어의 양이 중요하다. 아이디어의 양이 많으면 많을수록 특이하고 좋은 아이디어가 나올 확률이 높다.
- **결합 개선** : 자기 자신의 아이디어든지 다른 사람의 아이디어를 결합하거나 수정, 추가, 모방해서 새로운 제3의 아이디어를 만들 수 있다.

☆ 교사도 함께 참여를!

아이들이 브레인스토밍을 할 때 교사도 역시 아이디어를 내는 데 공헌을 한다. 아이디어를 끌어내는 데 교사의 참여는 확산적 사고를 할 수 있는 모델이 되며 학생들이 브레인스토밍 과정을 더욱 즐겁게 느낄 수 있다.

☆ 브레인스토밍의 장점

- 개인의 생각이 존중되므로 창의적인 생각을 더욱 발전시킬 수 있다.
- 단시간에 극대의 효과를 낼 수 있다.
- 아이디어의 생산성이 향상된다. 광범위하고 다양한 아이디어, 제안, 가능성을 이끌어 낼 수 있고, 토의가 흥미를 유발하여 활성화되고 독창적인 아이디어가 많이 표출될

수 있다.

- 토론하면서 차례 지키기, 의논하여 문제 해결하기 등 상호작용을 통한 협동적인 학습을 할 수 있다.
- 표현 능력, 추론 능력을 키울 수 있으며 기본적인 학문적 기능(학습 참여도를 높인다)을 습득할 수 있다.
- 활용이 용이하다. −상담 등에도 적용 가능하다.
- 어떤 문제든 토론의 대상으로 삼을 수 있으며 특별한 지적성취 없이 토론에 참여 가능하며 주제는 아무것이든 생활 속에서 해결해야 할 것이면 모두 가능하다.

☆ 브레인스토밍의 단점

- 비판을 보류하므로 의견에 대한 빠른 feed back을 받을 수 없다.
- 최종의 아이디어를 결정함에 있어 구성원이 모두 동등한 입장이므로 어려움이 있다. 또는 특정인이 결정할 경우에는 주관적인 의지나 성향이 개입되어 브레인스토밍의 본래의 의미를 퇴색시킬 수 있다.
- 아이디어의 양이 많으면 독창적인 아이디어가 나올 확률은 높지만 반드시 나오는 것은 아니다.

(2) 진행방법

- 사회자와 서기가 있어야 하며 소집단은 6~8명으로 조직한다.
- 자유스럽게 각자 아이디어를 말한다. 그러나 수줍어하거나 불편해할 때는 카드에 아이디어를 적어내게 한다.
- 앉은 순서대로 차례대로 말하거나, 또는 한 사람이 먼저 말하고 그 사람이 다른 사람을 지명할 수 있다. 10~15분 정도 지났는데 새로운 아이디어가 나오지 않으면 사회자가 지금까지 나온 내용을 읽어준 후 계속 진행하며 생각을 떠올릴 수 있도록 도와준다.
- 히치하이킹(hitchhiking)의 경우 '히치하이킹'이라고 말하고 즉시 발표할 수 있도록 한다.
- 아이디어 산출이 끝나면, 이것들을 분류하고 정리하여 최종적으로 해결책을 선택한다.

(3) 활용의 사례

· 환경오염을 줄일 수 있는 방법은?

· 교통문제를 해결할 수 있는 방안은?

· 빈 우유팩으로 만들 수 있는 것은 무엇이 있을까?

· 운동장 하면 떠오르는 것은? 등

이 방법의 변형으로 Brain writing과 Brain drawing 등의 기법을 사용하거나, 교사가 서기가 되어서 전체 아동들이 발표하는 것을 적는 형식으로 진행하기도 한다.

이 기법에서 중요한 것은 교사가 "좀 더 다른 것은 없을까?" 또는 "좀 더 신기하고 재미있는 것은 없을까?"와 같은 유도 질문을 시기적절하게 던질 수 있어야 하며, 나온 아이디어에 대해서는 칭찬을 아끼지 말아야 한다. "그런 생각을 할 수 있었다니!" "정말 똑똑한 아이구나!"와 같은 말은 아이들이 보다 적극적으로 사고할 수 있도록 하는 자극제가 된다.

☆ 브레인스토밍의 확장

－ABC 브레인스토밍(ABC Brainstorming)

－종이 돌리기 브레인스토밍(Circle File Brainstorming)

－걸어 다니면서 하는 브레인스토밍(Walk Around Brainstorming)

－멈추었다 시작하는 브레인스토밍(Stop and Go Brainstorming)

〈표 4-1〉 브레인스토밍 기록지

날짜	
사회자	
기록자	
참가자	
주제(문제)	
아이디어	1. 2. 3. 4. 5. 6. 7.

2) 브레인라이팅(Brainwriting)

(1) 진행방법

- 6~8명의 팀원 각자는 브레인라이팅 시트를 1장씩 가지고, 예비 시트 1매는 책상의 가운데에 둔다.
- 브레인스토밍 4원칙을 그대로 준수한다(비판 금지, 자유분방, 질보다 양, 결합 개선).
- 시작을 알리면 가로 칸(A-1, A-2, A-3)에 3가지 아이디어를 기입한다.
- 3가지 아이디어를 기입하고 나면, 그 시트를 책상 가운데에 있는 시트와 바꾼다.
- 아래 칸(B-1, B-2, B-3)에 새로운 아이디어 3가지를 써넣는다. 이미 기입되어 있는 아이디어와의 조합이나 추가 쪽으로 아이디어를 내면 양질의 아이디어 발상에 유익하다.
- 종이가 다 채워질 때까지 혹은 아이디어 발상을 멈추라는 지시가 있을 때까지 계속해서 시트를 바꾸면서 아이디어를 써넣는다.
- 아이디어 발상이 끝나면 토의를 통해 가장 좋은 아이디어를 다음과 같은 두 가지 방법으로 고른다.
- ─ 훌륭한 아이디어에 점찍기
- ─ 아이디어 분류하기

☆ 유의점: 절대 침묵을 지키는 것이 중요하다.

〈표 4-2〉 브레인라이팅 시트(Brainwriting sheet)

문제(주제):		
A1	A2	A3
B1	B2	B3
C1	C2	C3
D1	D2	D3
E1	E2	E3
F1	F2	F3
G1	G2	G3
H1	H2	H3

☆ 브레인라이팅 4원칙: ① 비판 엄금, ② 자유분방, ③ 질보다 양, ④ 결합 개선

☆ 주요 장점: 참가자들이 진행자로부터 불공평한 대접을 받을 염려가 없다.

☆ 주요 단점: 자발성이 결여된 방법이다.

3) 마인드맵(Mind Map)

마인드맵은 1970년대 초 영국학습방법 연구회의 Tony Buzan이 고안하였다. 두뇌활동이 주로 핵심개념들을 상호 관련시키거나 통합하는 방식으로 이뤄진다는 연구 결과를 바탕으로 하는 시각적 사고기법이다. 학습과 기억의 새로운 방법인 Mind Map이란 '생각의 지도'란 뜻으로 무순서, 다차원적인 특성을 가진 사람의 생각을 종이 한가운데에 이미지로 표현해 두고 가지를 쳐서 핵심어, 이미지, 컬러, 기호, 심벌 등 방사형으로 펼침으로써 사고력, 창의력 및 기억력을 높이는 두뇌개발기법(두뇌사용기법)이다. 마인드맵은 배우기도 쉽고 조금만 연습하면 스스로 활용할 수 있다. 아이디어를 생성된 순서대로 열거하는 전통적인 방식과는 달리 그것들을 주제별로 묶고 선으로써 관계를 나타낸다. 또한 정보를 비선형으로, 색상별로, 상징적인 형태로 조직하므로, 복잡한 아이디어들을 빠르고 쉽게 파악할 수 있고 아이디어들 간의 관계를 확인하기 편리하다. 마인드맵은 학습과 사고를 분명하게 그리고 창의력으로 표현하는 데 효과적인 기법이다.

(1) 마인드맵의 장점

· 두뇌에 숨어 있는 잠재적 가능성을 쉽게 이끌어 낼 수 있다.

· 신속하게 시작하고, 짧은 시간 동안 많은 아이디어를 발상해내게 한다.

· 우뇌, 좌뇌 두뇌 전체를 활발히 움직이게 한다.

· 창조성과 자발성을 활발하게 함과 동시에 논리적인 순서나 세부 사항에도 관련해 정리·체계화를 가능하게 한다.

· 작은 공간에 많은 양의 정보를 표현할 수 있다.

· 상세도(세부도)와 조감도(전체도)의 양쪽 특성을 가진 '마음의 길잡이'가 되어 명확한 시점을 갖는 두뇌 지도를 갖게 한다.

· 전체 내용의 상을 보다 선명하게 기억하는 것을 쉽게 한다.

· 요점 정리보다 스스로 즐길 수 있는 특색이 있다. 발전단계에서 보다 풍부한 상상력을 작용하게 하거나 유머를 이끌어 내어 생생하게 할 수 있다.

(2) 마인드맵을 그리는 방법

① 1단계: 중심이미지

먼저 나타내고자 하는 대상이나 주제를 종이의 중앙에 함축적으로 적고 원으로 둘러싸거나 때로는 그림을 그린다. 주제를 그림 이미지로 표현한 것을 중심이미지 또는 핵심 이미지라 한다. 중심 이미지는 함축적인 단어, 상징화한 그림이나 기호, 약화, 일러스트, 만화, 사진, 인쇄물 등으로 나타내고 채색을 하여, 주제를 가장 효과적으로 시각화하면서 상상력을 자극할 수 있는 방법을 택한다.

② 2단계: 주가지

중심이미지로부터 연결된 가지를 주가지라 한다. 대상이나 문제의 주요 사항들을 하나씩 생각하고, 도심에서 뻗어나간 길처럼 바깥쪽으로 선들을 그려 그 위에 적는다. 중심 이미지 쪽 가지는 굵고, 그 반대쪽 가지는 가늘어지게 곡선을 유지하도록 한다. 주가지 위에는 핵심단어(명사, 동사, 형용사, 부사 등)만 쓰도록 한다. 그 이유는 중심 이미지가 그림이므로 주가지에 그림이 다시 나올 때에는 너무 생각의 폭이 넓어져 생각의 혼돈을 일으킬 수도 있기 때문이다.

③ 3단계: 부가지

좀 더 상세히 생각하면서 각각의 선에 가지들을 그려 넣을 수도 있다. 주가지로부터 연결된 가지를 부가지라 한다. 부가지는 주가지보다 작고 가늘게 나타내며, 부가지 위에는 핵심단어, 그림, 기호, 약화 등으로 표현해도 된다. 양쪽 뇌의 기능을 사용함으로써 효과를 높이기 위함이다. 또 부가지 작성 시 주가지별로 차례대로 작성하지 않아도 된다. 중심 이미지와 주가지가 이미 연결성을 갖고 집중해야 할 생각을 확고하게 만들어 놓고 있으므로 부가지의 경우 아무 가지나 생각이 먼저 떠오르는 쪽을 선정하여 연결해도 생각의 혼돈은 일어나지 않는다. 주된 선들을 먼저 모두 생각하고 나서 잘게 그린 선들을 생각(또는 브레인스토밍)해도 좋고, 주된 선 하나를 생각한 다음 바로 그 선에 붙은 가지들을 그려 넣을 수도 있으며, 혹은 생각날 때마다 옮겨 다니면서 해도 된다. 부가지는 생각이 계속 이어지는 한 가지를 계속 그려 나간다.

(3) 유의사항

- 이 기법을 더욱더 유용하게 하기 위해서 주요 가지별로 다른 색상을 사용한다. 그 이유는 우뇌 기능 중 색상 기능을 활용하여 집중력과 기억력 등을 높이기 위함이다.
- 주가지가 너무 많을 경우에는 가지마다 숫자를 사용하여 구별하도록 한다.
- 생각을 연결해 나가다가 단절될 경우에는 먼저 빈 가지를 그어 놓고 중심 이미지로 돌아가서 생각이 연결되어 나오는 것을 점검한다. 생각이 단절되는 주원인은 중심 이미지에 집중되어 있는 생각이 잠시 연결성을 잃었기 때문이다.
- 서로 다른 가지에서 나온 핵심 단어가 관련이 있는 경우는 화살표를 사용하여 그 부분을 연결하도록 한다. 이것은 상호 간의 인과관계를 쉽게 살펴볼 수 있게 한다.
- 또 가지를 뻗어 나가면서 관련된 주제들이 다른 가지에서 나타나는 것을 발견하는 경우도 있다. 이것들은 동그라미 또는 밑줄로 강조하거나 선으로 연결함으로써 서로 관련 있음을 표시해 준다. 마지막으로, 이렇게 완성된 마인드맵을 검토하여 상호관련성을 찾고 어떤 해결책이 나오는지 결정한다.
- 가지를 연결하다가 어떤 부분을 문장 그 자체로 남겨두고 싶은 경우에는 그 부분을 상자 안에 넣어서 표현한다.
- 같은 가지에서는 핵심 단어를 반복하여 사용하지 않도록 한다.

(4) 마인드맵의 활용 사례

① 계획 마인드맵 – 여행 계획

- 마인드맵의 내용

> "2012년 걷기를 계획한다. 언제가 좋을까? 10월 13일에 출발하자. 기간은 1박 2일, 누구와 가야 하나? 가족과 친척들도 함께 간다면 좋겠다. 교통편은 비행기, 기차, 자동차, 버스가 있다. 비행기는 아시아나와 대한항공 그리고 저가항공편이 있다. 기차는 KTX, 새마을호과 무궁화호, 자동차는 자가용이나 차를 렌트할 수 있겠다. 버스는 여행할 사람 수가 많아지면 전세를 낼 수도 있겠고, 일반버스를 이용해도 된다. 음식은 여행지에 있는 음식점을 이용해도 되겠고 직접 준비해 가도 되겠다. 걷기는 뭐니 뭐니 해도 제주도 올레길이지만 지리산의 둘레길이나 북한산의 둘레길도 좋다. 그리고 혹시 요즘 더 개발된 곳이 있으면 찾아보는 게 좋겠다. 계획을 하는 동안 기분이 좋아진다. 기대되는군."

② 브레인스토밍 마인드맵-단어(가을) 마인드 맵

▶ 1차 브레인스토밍: '가을' 하면 생각나는 것이 무엇인가?

▶ 2차 브레인스토밍: '사과, 하늘, 소풍, 단풍' 하면 생각나는 것이 무엇인가?

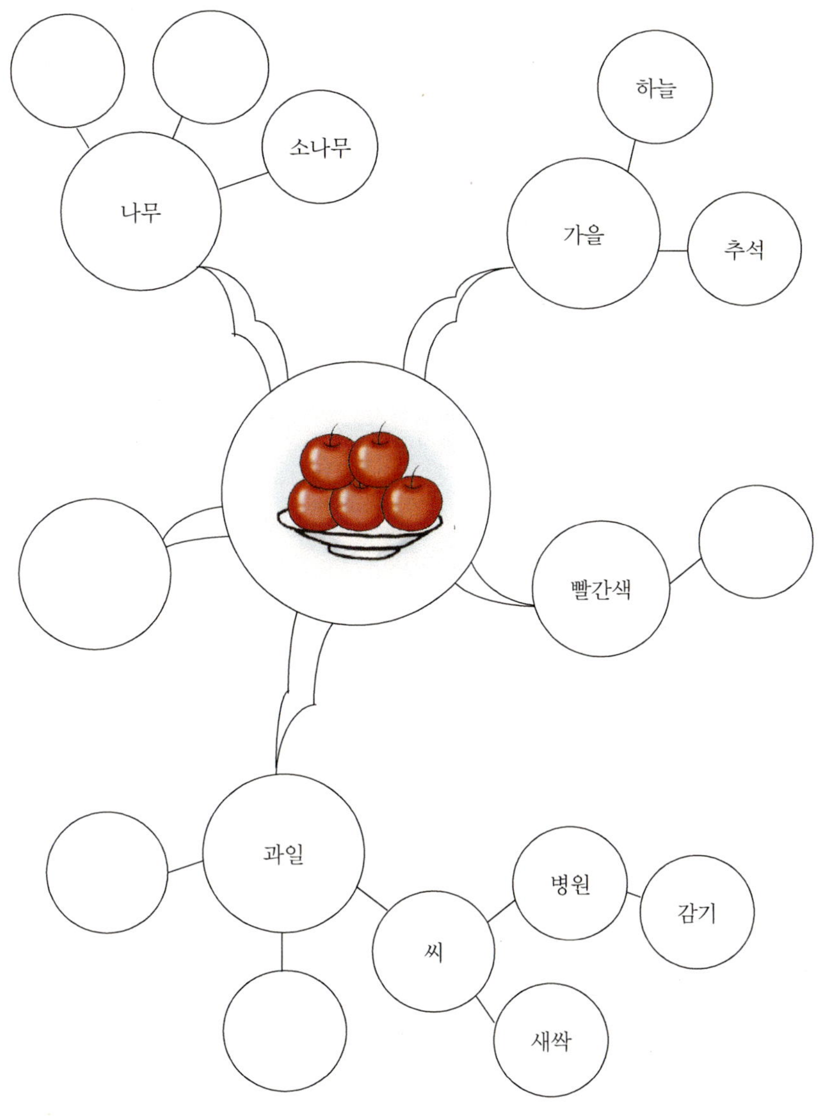

〈그림 4-1〉 마인드맵

4) 희망열거법

　1931년 미국의 로버트 크로퍼드가 주장한 아이디어를 내기 위한 방법의 하나이다. 어떤 대상(형태, 사물, 아이디어, 방법, 과제 등)의 전체나 각 부분(또는 절차)들에 대해, 그 대표적인 성질이나 형태의 특성을 기술하고, 그것을 개선, 변형, 대치하는 등의 발상을 하는 방법이다. 즉, 사물의 중요한 속성(틀질) 등을 빼내어 열거하고, 각 항목마다 바꾸는 아이디어를 생각하여 항목을 짜 맞추고 효과 있는 아이디어에 연결하는 단순한 방법이다. 희망열거법을 통하여 대상에 대한 다양한 생각을 하게 하여 사고의 유창성을 신장시킨다. 아이디어가 떠오르지 않을 때 글자 그대로 '이런 것이 있었으면' 또는 '이렇게 되었으면' 하는 식의 희망과 꿈을 열거하는 방법이다. 제한되지 않은 범위에서 마음껏 상상하고 의견을 제시하는 과정에서 유머와 자발성을 키우고 이러한 사고의 자유로움을 경험하는 것을 통하여 대상에 대한 흥미를 유발한다. 유창성, 융통성, 상상력을 길러 줄 수 있는 효과적인 방법이다.

〈표 4-3〉 희망열거법 예

주제:	풍선을 개선할 방법을 찾아보세요
	・형태 : 동그라미 모양이 아니게 만들어 본다. 　　　　－하트, 동물 모양, 길게, 등 ・공중에 뜰 수 있게 한다. ・크기 : 다양한 크기로 만든다. ・불기 : 불기 어려우니 재료를 다르게 한다. ・재료 : 부드럽게 혹은 아주 단단한 재질로 만든다. ・보관 : 몇 번식 불어볼 수 있도록 한다. ・ ・ ・
희망 범주	・ ・ ・

5) 결점열거법

　아주 작은 흠이라도 모두 열거하면서 가능한 많은 단점을 찾아내는 데서 시작한다. 결점 자체를 찾는 게 창의성이라고 할 수는 없지만 결점을 떠올리다 보면 이를 해결하기 위한 다양한 해결책을 생각해내게 되고 새로운 아이디어를 찾아내게 된다. 매번 새로운 문제점을 찾아내어 브레인스토밍을 하여 더욱 좋은 제품을 개선하거나 태도 등을 개선해보는 발상법으로 내용이 쉽고 진행이 간단하다.

〈표 4-4〉 결점열거법 예

주제:	세 발 자전거의 불편한 점(결점)을 찾아보세요
	• 느리다. • 유아기에만 사용한다. • 여러 명이 탈 수 없다. • 뒤를 볼 수 없다. • 앞에 사람이 있을 때 비키라는 신호가 없다 • 밤에 타는 것은 위험하다 • 보관하는 장소가 넓어야 한다.
개선방법	• • •

6) 속성열거법

제품의 문제, 특히 제품의 개량과 개선에 효과가 있다. 사물의 속성을 열거하고 어떻게 기능을 개선할 것인지 생각해보는 사고기법이다. 개선 대상을 명사적 특성, 동사적 특성, 형용사적 특성으로 나누어 깊이 있게 분석하고 새로운 아이디어를 산출할 수 있다. 유·아동들에게 친숙한 것의 모양, 색깔, 크기, 특성 등의 중요한 속성을 중심으로 관찰하고 새로운 방법이나 용도 등을 생각해볼 때 활용한다. 속성열거법에서도 중요한 점은 많은 아이디어를 내는 것으로, 좋고 나쁨을 판단하고 평가하는 일을 뒷전으로 하는 것은 다른 기법과 같다.

7) 색다른 용도법

원래 용도 이외에 다른 용도로 사용할 수 있는 방법을 찾아보게 하는 것이다. 원래 용도 이외에 다른 용도로 전환시키는 능력을 발전시켜, 궁극적으로는 창의성과 창의력을 신장시킬 수 있도록 한다.

(1) 진행방법

① 어떤 사물을 제시한다. 이때 재미있는 상황을 설정해주면서 유·아동의 흥미를 유
도하는 것이 좋다.

② 유·아동의 자유로운 발상도 중요하지만 독특한 아이디어가 나올 수 있도록 유도해
준다. 그러나 너무나 비현실적이거나 비합리적인 것은 피하도록 한다.

③ 유·아동들이 모든 아이디어를 살펴보고 그중에서 가장 독특한 것은 어떤 것인지를
살펴보고 누가 가장 많은 아이디어를 떠올렸는지도 알아본다.

★ 유의할 점은 처음에는 유·아동들에게 친근감을 느끼게 하는 사물로 시작한다.

〈표 4-5〉 색다른 용도법 활동의 예

주제:	연필로 글씨 쓰는 것 외에 색다르게 사용할 수 있는 방법을 생각한다.
	1. 젓가락
	2. 효자손
	3. 긴 머리 묶기
	4. 악기채
	5. 광고용품
	6.
	7
	8.
	9.
	10.

8) 강제결합법

당면 문제와는 별 관계가 없어 보이는 단어나 대상물을 강제로 결부시켜 봄으로써, 전
혀 색다른 것을 만들어 낼 목적으로 이용한다. 예를 들면, 시간, 장소, 사람이라는 항목을
두고, 이에 대해 각각 많은 수의 아이디어를 Brainstorming하게 한 다음 몇 번째 줄에 쓴
시간, 장소, 사람을 가지고 재미있는 이야기를 꾸며 보는 활동을 통해 새롭고 재미있는 이
야기를 만들어 내는 능력을 기를 수 있다.

창의적인 사고를 하는 방법 중의 하나는 이질적인 두 개의 사물을 하나로 합하는 것이
다. 두 사물 사이에 관계가 없어 보일수록, 즉 이질적일수록 더 창의적인 아이디어가 나올
가능성이 크다. 두 개의 사물을 결합하여 하나의 새로운 아이디어를 만들어내는 상황에서
도 대부분의 아이들은 우선 쉬운 것부터 결합하려고 한다. 이 활동은 두 단계로 나뉘어

진행된다. 첫 단계는 사물들의 일반적인 관계를 정리하는 것이다. 두 번째 단계는 일반적인 관계를 정리하고 남은 사물들에게 대해 강제적인 관계를 맺게 하는 것이다. 바로 이 두 번째 단계의 경험이 창의적인 사고로 이어질 가능성이 크다.

아래의 <표 4-6>에 있는 단어를 중심으로 대상들 사이의 관계를 맺어 보자. 연필과 비행기를 결합하면 여러 가지 측면으로 관계를 맺을 수 있다. 연필로 비행기를 그린 경험, 연필에 비행기 모양의 마스코트를 달았던 경험, 연필 표면이 비행기모양 그림들로 되어 있는 경험, 비행기 탈 때 연필을 가지고 간 경험, 비행기 탔을 때 연필을 선물로 받았던 경험 등…… 그런데 이런 관계맺음은 비교적 쉽거나 상식적인 것들이다. 이런 식으로 위의 사물들을 서로 간의 관계맺음하게 한 후에 최종적으로 관계맺음이 되지 않은 사물들을 따로 정리한다. 예를 들어서 휴지와 보트가 서로 관계맺음이 안 되었다고 하자. 그러면 이 두 사물들 사이의 결합을 해보는 것이다. 자연스럽게 매우 새로운 결합이 이루어질 것이고, 그런 만큼 창의적인 아이디어가 나올 가능성이 크다. 만약 글자를 아직 모르는 유아를 대상으로 할 경우는 글자표 대신 <표 4-7>과 같은 그림목록을 사용할 수도 있다.

〈표 4-6〉 단어 목록

연필	모자	가방	나무	집
산	커피	비행기	보트	도시락
휴지	김치	팽이	밥	물
토끼	사자	휴대폰	건전지	화분
돼지	자동차	친구	카메라	자전거

〈표 4-7〉 그림 목록

산출된 아이디어는 수정 가능한지, 발전·실행할 수 있는 것인지 기호(예 : ○△×/＋－ 등)로 평가할 수 있다.

'강제결합법'에는 '카탈로그 기법', '도표 작성하기(목록 작성하기)', '집중된 관계', '임의의 강제결합법' 등이 있다.

☆ 카탈로그 기법 : 창의적인 생각을 끌어내는 '강제결합법' 중의 하나이다. 카탈로그나 책의 페이지를 무작위로 펼쳐 어떤 사물이든 임의로 뽑아 그것과 해결해야 할 주제나 문제를 관계 지어 아이디어를 찾는 것이다. 사물들을 목록화하는 한 방법으로 카탈로그나 책을 이용하는 것이 카탈로그 기법이다.

☆ 도표(목록) 작성하기 : 도표 작성하기는 문제(주제)를 먼저 진술한 후에 여러 가지 사물의 목록을 만들어 그 사물들과 주제를 관련지어 아이디어를 내는 것이다. 이때 사물들끼리의 관계성은 필요하지 않다.

☆ 집중된 관계 : 사물들을 완전히 무작위로 정하지 않고, 사물들 간의 관계도 무관하지 않게 정하는 것이 '집중된 관계'이다.

☆ 임의의 강제결합법 : 임의의 강제결합법은 문제(주제)를 진술할 필요가 없다. 무작위로 뽑은 사물 두 개를 서로 연결하여 새로운 아이디어를 만들어 발전시키는 것이다.

9) 스캠퍼(SCAMPER)

SCAMPER는 일련의 사고과정에 대한 약어이다. 이것은 영재아를 위한 활동용 도서의 저자로 유명한 Bob Eberle(1971)에 의해 개발되었다. SCAMPER, 체크리스트를 사용할 때에는 마음속의 특정 대상으로부터 출발해서 그것을 변형시키는 방법을 생각하는 것으로 한 가지 아이디어를 놓고 이를 여러 각도에서 재조명해 볼 수 있는 기법이다. 스캠퍼의 각 내용은 외우기도 쉽고 실생활에 많은 도움을 주기 때문에 창의성 함양에 널리 사용되어 왔다. Eberle은 그의 저서에서 이러한 스캠퍼 아이디어를 정교하게 설명하고 있으며, 이 게임을 통해서 창의를 내는 성격과 능력을 신장하도록 권장하고 있다.

· S(Substitute) : 무엇을 대신 사용할 수 있을까?

· C(Combine) : 무엇을 결합할 수 있을까?

· A(Adapt) : 조건이나 목적에 맞도록 어떻게 조절할 수 있을까?

· M(Modify) : 색, 모양, 형태를 어떻게 바꿀 수 있을까?

　(Magnify) : 어떻게 더 크게, 더 강하게, 또는 더 두껍게 만들 수 있을까?

　(Minify) : 어떻게 보다 작게, 보다 가볍게, 또는 보다 짧게 만들 수 있을까?

· P(Put to other uses) : 다른 용도로 사용할 수는 없을까?

· E(Eliminate): 무엇을 삭제하거나 떼어 낼 수 있을까?

· R(Reverse): 어떻게 하면 돌리거나 원위치와 반대되는 곳에 놓을 수 있을까?

　(Rearrange): 어떻게 하면 형식, 순서, 구성을 바꿀 수 있을까?

유·아동의 경우, 알파벳을 모르는 아동들이 많아서 SCAMPER라는 용어 자체가 어려움을 느끼게 할 수 있으나, 문제지를 나누어 준 후 차례차례 설명해가며 어떻게 하는 것인지 읽어주는 지도과정을 통해 별 어려움 없이 문제를 풀어나가게 할 수 있다.

어떤 문제를 해결하려고 할 때 아이의 창의적인 사고력과 연관 지어 창의적인 문제해결력을 함양시켜 주어야 한다. 퍼듀 대학교의 영재아 교육 프로그램에서는 아이를 지도할 때 스캠퍼를 이용하여 아이들의 창의성을 신장시키도록 했다. 교실에 들어오면 습관적으로 위에 소개된 스캠퍼 포스터를 쳐다보고 창의적인 문제해결력의 중요성을 인식하게 했다.

이러한 기법을 활용하면 용도를 개발하거나, 품질을 개선하거나, 실용성을 증진하는 등의 아이디어 개발에 유용하다. 또한 주어진 질문의 패턴에 따라 사고를 전개시키므로 초보자도 쉽게 활용할 수 있고, 문제의식을 습관화할 수 있다. 주변에서 나타나는 불편한 점을 볼 때마다, '좀 더 크게 하면', '좀 더 작게 하면' 하는 식으로 질문을 던져 보면 인류의 생활을 편하게 해줄 수 있는 물건들을 만들어 낼 수 있을 것이다.

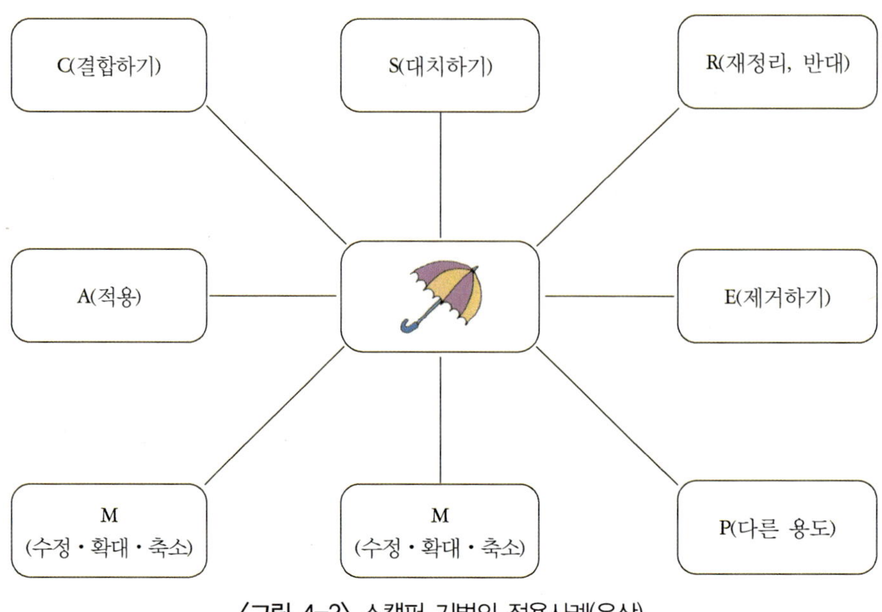

〈그림 4-2〉 스캠퍼 기법의 적용사례(우산)

10) 하이라이팅(Highlighting)

이 기법은 생성된 아이디어의 수가 매우 많을 경우 사용하는 방법으로, 다음과 같은 과정에 따라 보다 쉽고 바르게 적용할 수 있었다. 히트-핫스팟-재진술의 절차에 따른다.

(1) 히트 : 직관에 따라 그럴듯해 보이는 아이디어를 체크한다.

(2) 핫스팟 : 어떤 기준에서든 비슷한 것끼리 묶어 대표할 수 있는 명칭을 붙인다.

(3) 재진술 : 묶은 것을 대표할 수 있는 문장으로 재진술한다.

11) 평가행렬법

이 기법은 아이디어의 수가 비교적 많으나 너무 많지 않을 때 이용하는 것으로 준거들에 비추어 점수를 부여한 다음 순위를 매기는 것이다. 다음과 같은 과정에 따라 보다 쉽고 바르게 적용할 수 있었다.

(1) 진행방법

① 준거들을 생성하여 적는다(준거들을 Brainstorming 방법으로 양산한 후, Highlighting

기법을 통해 몇 가지의 준거를 생성하여, 표의 위쪽에 적는다).

② 표의 왼쪽에 아이디어를 적는다.

③ 한 번에 한 개의 준거만 가지고 아이디어들의 점수를 매긴다(더 좋은 의견일수록 더 큰 수를 가지게 된다).

④ 아이디어별로 점수를 합계한다(동점이 있을 경우 또 다른 준거를 하나 더 만들거나 중요한 준거에 가중치를 부여하여 선택한다).

12) PMI(Plus, Minus, Interesting : 아이디어의 처리)

이 기법은 아이디어들이 소수일 때 이 아이디어들을 다듬어 향상시킨 후 선택하기 위한 것이다. 각 아이디어의 장점, 단점, 독특한 잠재력을 살펴보는 것으로 이루어져 있다.

· P=(Plus) : 제시된 아이디어의 좋은 점(당신이 좋아하는 이유)

· M=(Minus) : 제시된 아이디어의 나쁜 점(당신이 싫어하는 이유)

· I=(Interesting) : 제시된 아이디어와 관련하여 흥미롭게 생각되는 점.

드보노 박사는 학교에서 10~11세 어린이 30명을 대상으로 "학교에 가면 매주 5\$를 받는다"는 아이디어에 대해 PMI를 실행하였다.

PMI를 실행하기 전 30명 아이 모두 이 아이디어를 매우 좋아했으며, 그 돈을 어디에 쓸지 얘기했다. PMI를 설명한 후 5명씩 그룹으로 해서 PMI를 해보도록 하였다. 4분 후에 아이들의 견해를 물었을 때, 그 아이디어의 이점은 바뀌지 않았지만 처음에 없었던 단점이 나타났다. '힘센 아이가 약한 아이의 돈을 뺏을 것이다', '학교의 점심 값이 오를 것이다', '부모가 선물을 덜 줄 것이다' 등등 흥미로운 점도 있었다. '나이 든 아이 수가 늘어나지 않을까?', '학교의 아이 지도능력이 떨어져도 그 돈이 유지될 수 있을까?'

(1) 창의적 효과

간단한 PMI를 한 후 30명 가운데 29명의 아이들이 자신의 처음 의견을 바꿨고 그 아이디어는 나쁘다고 결정했다. 중요한 것은 아이들 스스로 PMI를 통해 사고의 폭을 넓혀서 자신의 결정을 바꾼 것이다.

(2) 활용방법

어떤 아이디어나 제안을 다룰 때, 열린 마음의 태도로 다루게 하기 위하여 의도적으로 사용하는 방법이다. PMI는 주의 집중의 도구라 말할 수 있다. 어떤 아이디에 대해 좋은 점(긍정적 측면, 강점), 나쁜 점(부정적 측면, 약점), 흥미로운 점(재미있는 측면, 흥미, 이익)을 찾아 기록하는 활동으로 감정에 의한 문제의 처리 방법이 아니라 어떤 생각에 대한 탐구를 거친 뒤 그 아이디어를 결정하는 방법으로 냉철한 판단하에 사고를 전개시킬 수 있다. PMI법은 어떤 문제 장면에 대한 시야를 넓혀준다. 이것은 대단히 의도적이고 숙고적인 것이며 대개 짧은 시간인 2~3분 이내에 이루어진다.

(3) 활용의 사례

버스 안에 있는 좌석은 모두 치워 버려야 한다.

① P ・버스를 타거나 내리기가 더 쉽다.

　　　・버스에 더 많은 사람이 탈 수 있다.

　　　・버스를 제작하거나 수리하는 비용이 보다 싸게 될 것이다.

② M ・버스가 갑자기 서면 승객들이 넘어질 것이다.

　　　・노인이나 지체부자유인들은 버스를 이용할 수 없을 것이다.

　　　・쇼핑백이나 아기를 데리고 다니기가 어려울 것이다.

③ I ・한 가지는 좌석이 있고, 다른 것은 좌석이 없는, 두 가지 유형의 버스

　　　・같은 버스라도 유형을 달리하면 일을 더 많이 할 수 있다.

　　　・버스에서는 편안함이 그렇게 중요하지 않을 수도 있다.

(4) 문제 예제

　・휴일을 모두 없앤다.

　・모든 자동차의 색깔을 황색으로 한다고 법으로 정한다.

　・한복 대신 양복을 입자.

　・의무교육을 철폐한다.

　・쓰레기 소각장을 폐쇄한다.

13) 꿈꾸며 해결하기(the sleeping/dreaming on it)

아주 간단하면서도 의외로 큰 효과를 볼 수 있는 꿈꾸며 해결하기 기법을 이용하여 아이디어를 얻음으로써 많은 사람들이 창의적인 업적을 남겼다.

많은 사람들이 어떤 문제를 해결하기 위해 종일 고민하다가 그 걱정을 그대로 안은 채 잠자리에 든다. 그러면 꿈속에서 유사한 일들이 벌어지든가, 누군가가 나타나서 도움을 주거나, 문제해결에 힌트가 되는 영상을 보는 경험을 한다. 어떤 문제 때문에 많이 고민하고 잠든 다음 날 잠에서 깨어났을 때 신기하게도 그 문제에 관련된 일련의 해결책을 얻게 되는 수가 있다. 이런 현상은 단순한 우연이 아니다. 실제로 개인의 잠재의식은 잠자고 있는 동안에도 계속 작용하여 고민하는 문제로 시름한다. 꿈꾸며 해결하기 기법이 문제해결에 기여하는 것은 바로 이런 인간의 잠재의식의 활동 덕분이다.

(1) 진행방법

① 잠자리에 들기 전, 어떤 문제에 대하여 오랫동안 합리적으로 생각한다. 다른 모든 것을 잊고 그 문제에만 몰두해서 열심히 생각하고 또 생각한다.

② 마음을 비우고 잠든다.

③ 만약 잠을 자다가 그 문제에 대한 해결책이나 아이디어가 떠오른 상태에서 잠이 깨면 곧바로 메모지에 적는다. 이를 위해 머리맡에는 언제든지 사용할 수 있는 종이와 연필을 준비해 둔다.

④ 아침에 일어나면 꿈의 내용과 전날 저녁의 문제를 연관 지어 다시 생각해 본다. 만약 어떤 해결책이 떠오르면 곧바로 그것을 메모지에 기록한다.

(2) 활용의 사례

① 발명왕 Edison

새로운 아이디어가 필요할 때 또는 문제가 뒤얽혀 실마리를 찾을 수 없을 때 잠시 잠자는 시간을 가져 보곤 했다. 어느 날 그는 의자에 눈을 감고 앉아 문제에 관해서 생각하다가 스르르 잠에 빠지게 되었다. 이때 손에 쥐고 있던 조약돌이 마룻바닥의 양철 그릇에 떨어졌고, 순간 그는 깜짝 놀람과 농시에 새로운 아이디어가 번썩 떠올랐다.

② **독일의 화학자 Kelkule**

벤젠 분자의 형태에 관해 연구하던 중 꿈속에서 해결의 실마리를 얻게 되었다. 그는 꿈속에서 뱀이 자기 꼬리를 물어 몸이 동그란 고리 모양이 된 상태에서 빙글빙글 도는 모습을 보고, 벤젠의 분자가 반듯한 직선형이 아니라 동그란 고리 형태일 것이라고 결론짓게 되었다.

③ **작가 Stevenson**

소설을 위한 아이디어를 얻기 위해 종종 잠재의식을 활용했다. 그 유명한 『지킬 박사와 하이드』는 바로 그가 꿈속에서 본 인물을 토대로 만든 작품이다.

14) 4축사고

인간의 사고과정은 개인이 갖고 있는 사고경험이나 사고습관에 따라 아이디어를 확장시키지 못하거나 자신이 갖고 있는 경험의 틀을 벗어나지 못할 때가 종종 있다. 축사고는 사고과정을 범주화하여 새로운 사고를 가능하게 하고 다양한 사고의 형식을 제공하는 기법이다.

축사고는 사고의 확장을 위해 '축'이라는 개념을 도입한다. 이러한 축의 예로 시간축, 공간축, 주제축, 인물축 등이 존재하며 각각의 특징은 다음과 같다.

- **시간축** : 문제해결의 관점을 과거, 현재, 미래로 시간을 옮기는 과정에서 유·아동의 융통성 및 상상력을 향상시킨다.
- **공간축** : 문제해결의 관점을 장소를 달리하여 사고함으로써 사고의 융통성 및 정교성을 향상시킨다.
- **주제축** : 문제해결의 관점을 주제를 달리하여 생각해봄으로써 사고의 융통성 및 정교성을 향상시킨다.
- **인물축** : 문제 속의 주요인물이 되어봄으로써 사고의 융통성과 상상력을 향상시킨다.

☆ 수업 전 유의점
① 문제에 대한 정확한 인식을 하도록 한다.
② 해결해야 할 문제에서 주제를 달리하여 생각해본다.
③ 해결해야 할 문제에서 시간과 공간을 달리하여 생각해본다.
④ 해결해야 할 문제에서 인물의 관점을 달리하여 생각해본다.

⑤ 유·아동들의 사고과정을 자유롭게 할 수 있도록 허용적인 학습 분위기를 유지한다.

☆ 예시: 환경보호로 생명과 자연을 지키는 활동의 중요성 알기

〈그림 4-3〉 수영하러 바다에 갔어요

▶도입

－여름 바다에 갔던 경험에 대하여 그림을 보면서 이야기한다.

－어떤 장면이고, 왜 이런 일이 있어났는지에 대해 이야기한다.

－자연을 지키는 활동이 중요한 까닭에 대해 알아본다.

▶본 활동

•활동1. 기름으로 오염된 바다에 관하여 이야기를 나눈다.

－'축사고 기법'으로 기름으로 오염된 바다로 상상의 여행을 떠난다.

- 기름으로 오염된 바다에서 겪을 일에 대해 상상한 내용을 글로 쓴다.
- 기름으로 오염된 곳에서 겪은 일을 말해본다.

• 활동2. 환경보호가 얼마나 중요한지 그 이유에 관하여 이야기 나눈다.
- 환경보호에 관하여 이야기 나눈다.
- '환경을 보호하여 소중한 생명과 재산을 지키자'는 그림을 그려 본다.

15) 시네틱스(Synetics)

Gordon은 문제에 대하여 새로운 통찰을 얻기 위하여 '친근한 것을 낯설게' 만들 필요가 있음을 강조하고 있다. 시네틱스란 단어의 어원은 서로 관련이 없는 요소들 간의 결합을 의미하는 희랍어의 'synecticos'에 두고 있다. 별개의 요소들을 함께 맞추어 넣는 것을 의미한다. Gordon이 보다 일반적인 문제와 관련시켜서 좀 더 자유분방한 아이디어를 내게 하고, 더욱 구체적인 문제로 접근하여 해당되는 아이디어를 찾아내는 방법이다. 시네틱스는 그리스어로 '한눈에 봐서 관련이 없는 요소들을 합쳐서 의미를 갖게 한다'는 뜻이다. 서로 비슷한 성질이 전혀 없고 관련도 없는 두 요소를 비교하여 새로운 아이디어를 만들어내는 것이다.

시넥틱스를 이용한 수업은 친숙한 것을 이용해 새로운 것을 창안하는 것과 친숙하지 않은 것을 친숙한 것으로 보도록 하는 두 가지로 설계된다. 유추를 기본으로 하는 발상법인 시네틱스는 교육현장에서 널리 사용되고 있으며 이를 연구한 Gordon은 창의성 과정이란 오래되고 친숙한 관점에서 새로운 상황을 만들어 내는 데 달려 있으며, 또한 이러한 은유들이 새로운 상황들을 만들어 내는 데 의존한다고 보았다. 다시 말해, 시네틱스는 낯익은 것을 낯선 것처럼 만드는 것이고, 낯선 것을 낯익은 것처럼 만드는 과정이다. 시네틱스는 '친근한 것을 낯선 것으로' 만들기 위하여 다음 네 가지의 조작기제(사고의 절차)를 주로 사용한다.

이 발상법으로 아이디어를 도출할 때는 다음의 원칙을 따라 진행해야 한다.
- **미룸** : 해결책을 먼저 찾으려고 서두르지 말고 관점을 먼저 찾는다.
- **인식** : 문제를 인식하되 있는 그대로 왜곡됨 없이 인식한다.
- **활용** : 아이디어를 주위의 평범하고 익숙한 것들로부터 유도하라.

- **몰입** : 문제에 빠져들어 문제만을 생각한다. 그리고 다시 거기에서 빠져나온다. 이를 계속 반복함으로써 문제의 사례들을 모두 볼 수 있게 한다.
- **유추** : 별로 관련이 없는 것들을 새로운 시각에서 연관 지어 유추한다.

해결책은 뒤로 미루고 문제를 사실대로 인식한다. 아이디어는 평범하고 익숙한 것으로부터 끌어내고 문제에만 몰입한다. 아이디어들을 묶어 본다.

문제〉 코끼리의 몸무게는 얼마일까?

	코끼리

① 개인적 유추 : 자기 자신을 문제에서 다루고 있는 대상이 되었다고 상상한다.

  적용) 내가 코끼리라면 어떤 방법으로 나의 몸무게를 재어 주는 것을 원할까?

② 직접적 유추 : 현재의 문제와 비슷할 수 있는 사실, 정보 또는 기술들을 비교해보고 해결에 대한 시사점을 발견하기.

  적용) 자동차의 무게는 어떻게 잴까?

③ 상징적 유추 : 문제를 기술해 보기 위해 객관적, 개인적 이미지를 이용한다.

  적용) 길가의 전봇대 모양과 비슷하다.

④ 환상적 유추 : 상상적 차원에서 소망 성취적 욕구를 가짐으로써 창의적 사고를 촉진한다.

  적용) 코끼리를 저울에 올려놓을 수 있다면……

16) 연꽃기법(lotus blossom technique)

연꽃기법(lotus blossom technique)은 일본의 클로버 경영 리서치의 Matsumura Yasuo 소장에 의해 개발되었으므로 MY법이라고도 부른다. 이 기법은 일본 사람들이 기존의 기술이나 제품을 새롭게 응용하고자 할 때 특히 효과적으로 사용해왔다. 마인드맵의 자유로움과

스토리보드의 구조가 결합된 이 기법은 미래의 시나리오를 만드는 데 유용하게 쓰이는 것으로 밝혀졌다.

(1) 진행방법

이 기법은 한가운데에 기록된 문제를 읽고 그것을 둘러싼 꽃잎 안에 생각나는 아이디어를 적어 나간다.

가운데에 있는 문제에 관한 이 아이디어들은 각각 다시 또 다른 중심문제가 된다.

개인별 또는 집단으로 수행하면서 꽃잎에서 꽃잎으로 아이디어가 빠르게 퍼져 나가는 이러한 과정에 큰 흥미를 느끼게 된다.

(2) 실시과정

① <그림 4-4>와 같은 다이어그램의 가운데에 중심문제나 주제를 적어 참가자들에게 한 장씩 나눠준다.

② 참가자들은 중심문제 또는 주제와 관련된 아이디어를 생각해서 둘레에 있는 8개의 상자(box) 안에 적는다.

③ 예컨대, 중심문제 또는 주제가 초전도성이라면 자기부상열차, 축전기, 전기 전도체, 컴퓨터 보드 라이팅과 같은 상업적인 응용을 생각할 수 있고, 이 아이디어들을 A~H 안에 적는다.

④ 이 8개의 아이디어들을 새로운 연꽃의 중심 주제로 활용한다. 전기 전도체라고 A에 써 넣었다면 전기 전도체는 다시 A 바로 밑에 있는 8개의 빈칸에 대한 중심 주제가 된다.

⑤ 참가자들은 이 새로운 중심 주제에 관련하여 원래의 문제에 대한 8개의 아이디어를 생각하고 둘레에 있는 8개의 빈칸에 적는다.

⑥ 주어진 보기에서는 전기 전도체에 있어서 초전도성의 새로운 응용을 8가지 생각하여 A 둘레에 있는 빈칸 1~8 안에 써 넣는다.

⑦ 이 과정을 다이어그램이 완성될 때까지 계속한다.

⑧ 필요하면 전문가에게 자문을 구한다.

⑨ 얻어진 아이디어를 서로 토의하고 평가한다.

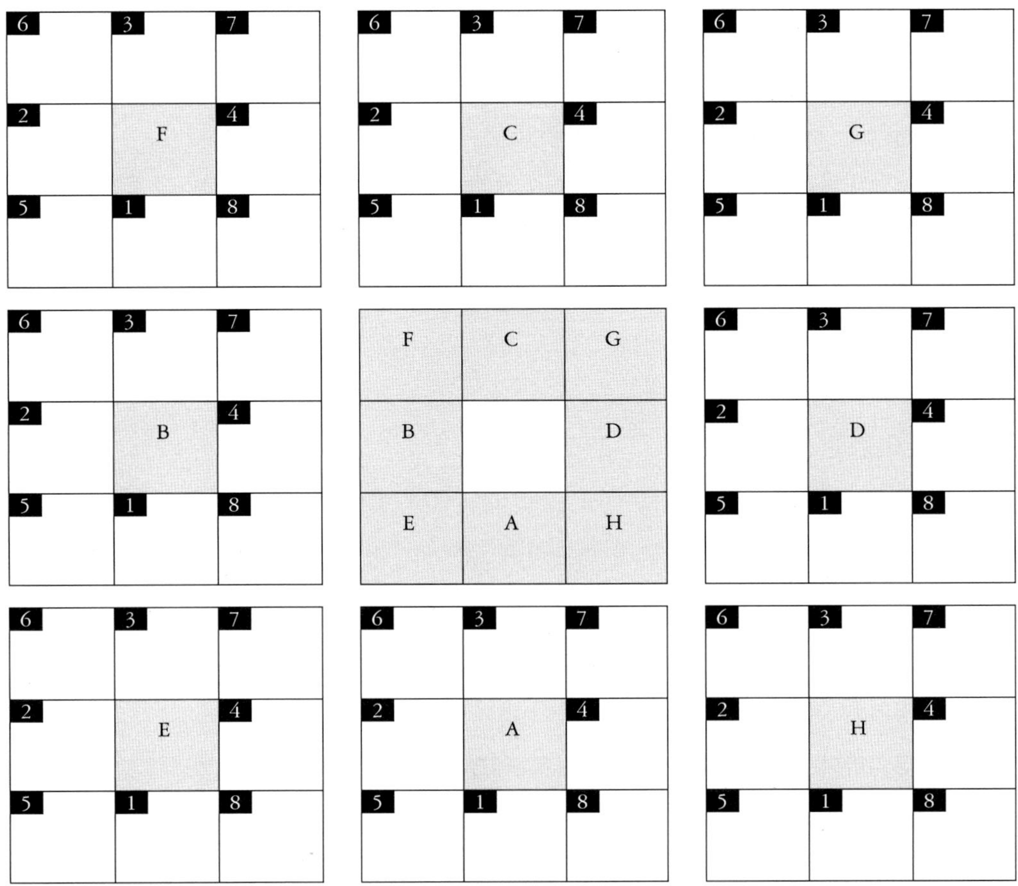

〈그림 4-4〉 연꽃기법의 다이어그램

17) 스토리보드(story boards)

스토리보드(story boards)는 1928년 Walt Disney와 그 동료들이 모체를 고안하였다. Disney는 만화영화의 주요 장면들을 보여 주는 일련의 그림을 그리고 나중에 각각의 장면을 중심으로 하여 줄거리를 완성하였다. 이 기법은 지금까지 아이디어 생성을 위한 다양한 방법으로 발전되어 왔다. 여러 방법들 간에는 서로 상당한 차이가 있긴 하지만, 예외 없이 Disney가 이용한 특징을 공통으로 갖고 있다. 즉, 전체 줄거리를 형성하는 핵심개념들을 전시한다.

(1) 진행방법
① 참가자들은 문제의 해결책 영역(속성)을 생각해서 큰 카드 한 장에 한 가지씩 저는다.

② 각 영역을 문제해결책을 위한 자극제로 이용하고 떠오르는 해결책들을 마찬가지로 카드 한 장에 한 가지씩 적는다.

③ 그 카드를 모두 해당 영역카드 아래에 붙이거나 핀으로 꽂는다.

④ 각각의 해결책으로부터 다른 아이디어를 얻거나, 서로 다른 영역의 해결책들을 결합함으로써 새로운 아이디어를 자극한다.

⑤ 충분한 수의 아이디어를 얻을 때까지 또는 시간이 종료될 때까지 해결책의 개선 및 결합을 계속한다.

(2) 활용사례

자동차 제조업체의 사장이 자동차 도난방지를 위한 방법을 찾고 있다. 사장은 뛰어난 엔지니어들을 모아놓고 그들과 함께 스토리보드를 이용하여 이 문제를 해결하기로 한다.

① 참가한 사람들은 <그림 4-4>에서와 같이 자동차, 경보장치, 도난방지라는 3개의 영역을 카드에 적을 수 있다.

② 각 영역을 아이디어 자극제로 이용한다.

③ 각 영역마다 속성에 대해 각각 3가지 해결책을 얻었다.

④ 모든 해결책들을 검토하면서 어떤 새로운 아이디어가 더 나올 수 있겠는지 생각한다.

<그림 4-4>에 열거된 9개의 아이디어를 결합함으로써 다음과 같은 해결책들을 더 얻을 수 있다.

• 해결책1. 창문을 깨려고 하는 사람은 감전된다('강화유리'/'건드리면 감전시킴'으로부터).

• 해결책2. 자동차 주변 5cm 이내에 누가 접근하면 차가 자동으로 사진을 찍는다('섬광'/'자동음성'으로부터).

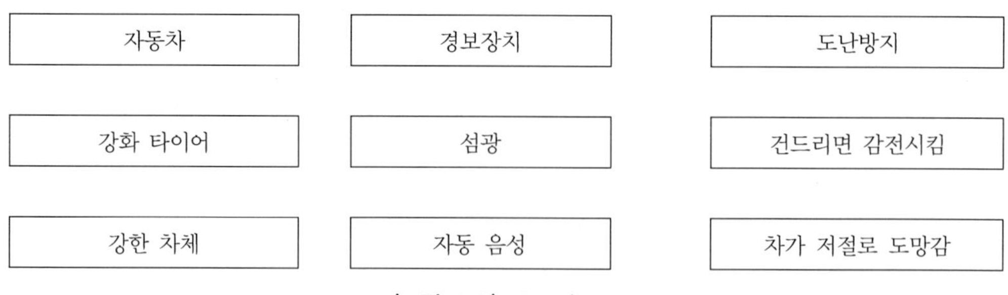

〈그림 4-5〉 스토리보드

18) 육색모자기법

De Bono는 우리가 사고하는 데 어려움을 겪는 원인을 '혼돈'에 있다고 본다. 감정, 정보, 논리, 희망, 창의적 사고를 한꺼번에 같이 하려는 것이 사고를 어렵게 한다는 뜻이다. 창시자 De Bono는 여섯 가지 색깔의 모자를 이용하여 각 색깔이 의미하는 특정 사고를 모자를 바꾸어 쓰면서 사고하는 기법이다.

(1) 목적
① 한 번에 한 가지 씩만 다루게 함으로써 사고를 단순하게 하는 것
② 사고에 있어서의 '교대'를 인정하는 것

(2) 각 사고모자가 의미하는 사고의 형태

<표 4-8> 각 사고모자가 의미하는 사고의 형태

색깔	본질	내용
흰색 모자	순수함, 순수한 사실과 수치의 정보	• 컴퓨터처럼 중립적이고 객관적인 사실, 정보, 수치 등 제시 −1층 정보: 검증되고 증명된 사실 −2층 정보: 진실이라고 믿는 사실
빨간 모자	붉게 보임, 감정과 느낌, 직관과 육감	• 감정과 느낌을 사고의 일부로 정당화한다. −평범한 감정: 두려움, 싫음, 의심, 공포심, 혐오감 등 −복합적인 판단: 육감, 취향, 예감, 직관, 인상 등
노란 모자	햇빛, 긍정적·건설적, 밝음과 낙천주의	• 긍정적 평가: 논리적, 실용적인 것부터 꿈, 비전, 희망에 이르는 긍정적 스펙트럼까지 포함 • 가치, 편익, 구체적인 제안, 시사 • 단순한 긍정적 행복감(빨간 모자)이나 새로운 아이디어(녹색 모자)와는 구분되어야 함.
검은 모자	악마의 대변인, 부정적 판단, 시행 불가능한 이유	• 부정적 평가. 틀린 것, 부정확한 것, 오류, 실수 지적. 기존의 지식에 상반된 판단, 실패 가능성, 위험, 모험, 결함 등을 지적하는 객관적 작업. • 창의적인 변화를 고려할 때는 노란 모자를 항상 먼저 사용한다.
녹색 모자	풍요로움, 창조적임, 씨앗의 발아, 변화와 자극	• 창조적 사고. 풍요로움, 성장, 생명력을 가진 씨앗 상징. 대안의 탐색, 판단 대신 변화. 자극은 Po로 상징. −수평적 사고는 새로운 개념과 인식 생성에 사용. −습관적인 인식의 틀에서 벗어나 새로운 기술을 개발하는 기술.
파란 모자	통제와 냉정, 오케스트라의 지휘자, 사고에 대한 사고	• 사고의 통제: 오케스트라의 지휘자 • 사고의 요약, 전체적인 고찰, 결론 내릴 책임. 규율을 지키도록 규제. 전체의 '사고지도' 체크. • 누구든지 파란 모자 논평과 제안 가능.

(3) 진행방법

① 사고모자의 사용

－한 번에는 하나의 모자를 쓴다.

－'사고모자를 쓰라' = '곰곰이 생각해 보라'

－사고모자를 사용함으로써 자아(자존심)와 사고의 분리가 가능해지며, 의식 집중도구
(자동차에 비유하면 기어 바꾸기)이며, 다양한 측면들을 유통성 있게 고려해 볼 수 있다.

② 사고모자의 사용 순서

－대화나 회의 등에서 수시로 사용할 수도 있고, 또는 사용할 사고모자 순서를 미리 정
해놓고 체계적으로 사용할 수도 있다.

－사고모자는 몇 번이고 사용 가능하다.

－대체로 노란모자 다음에 흑색 모자를 사용(긍정적 판단)

－아이디어를 생성하고자 할 때

흰색 모자 + 녹색 모자 + 노란 모자 + 검은 모자 + …… + 빨간 모자

－아이디어를 판단할 때

빨간 모자 + 노란 모자 + 검은 모자 + 녹색 모자 + …… + 빨간 모자

－사용처: 자기 자신에게, 타인에게, 집단에서

－활용: 특정인에게 특정 모자를 유지하거나 필요나 순번에 따라 모자는 교체가 가능하다.

(4) 활용사례

상황(가로)/ 육색모(세로)	길에서 천원을 주웠어요	우리 집 강아지를 잃어버렸어요
파란 모자		
빨간 모자		
노란 모자		
흰색 모자		
검은 모자		
녹색 모자		

☆ 육색신발기법: 창의적인 생각을 실천하는 실천방법을 색깔에 따라 제시하고 있다.

19) 괴상하게 생각하기(get crazy)

누구나 자신의 내면을 깊숙이 들여다보면 그 속에 뭔가 많은 것이 숨겨져 있음을 발견하게 된다. 자기 자신 또는 절친한 친구 몇 명만 아는, 일상적인 생활에서 절대 내색하지 않는 그런 특이한 사고방식 말이다.

괴상하게, 익살맞게, 우스꽝스럽게 생각하고, 말하고, 행동함으로써 새로운 눈으로 문제를 바라볼 수 있다. 이러한 점에 착안함으로써 개발된 괴상하게 생각하기 기법은 구체적으로 다음과 같이 실시한다.

(1) 진행방법
① 생각해낼 수 있는 해결책들 중 가장 이상하고 우스꽝스러운 아이디어들을 적어 본다.
② 이상한 아이디어들이 어떤 현실적인 해결책을 제시해 주는지 검토한다.
③ 현실적인 해결책으로 발전되지 않는 아이디어도 있겠지만 최선을 다한다.

예컨대, 사람들이 당신 회사 제품을 더 많이 구입하도록 만들고 싶다면, 우선 이상한 사람이 되어 다음과 같이 우스꽝스러운 아이디어들을 생각해내자.

(2) 활용의 사례
• 이 제품을 사지 않으면 오랫동안 귀양을 보내 버릴 거라고 사람들을 협박한다.
• 구매자에게 제품의 가격 1,000원당 백만 원을 지급해 준다.
• 제품을 사면 마법의 힘으로 세 가지 소원을 들어주겠다고 약속한다.
• 사람들이 텔레비전을 켜면 우리 제품에 대한 광고가 나오는 장치를 부착한다.
• 사촌을 시켜 사람들을 일일이 방문하도록 한다.
• 제품을 지구 상의 모든 집에 명절 선물로 보내고 대금을 청구한다.

이런 생각들은 그 자체로서는 너무나 우스꽝스럽다. 이 아이디어들을 자극제로 이용해 현실적인 해결책을 모색해 보자.
• 대량주문 고객들에게 여행비를 보조해 준다.
• 10일간 매일 1,000원씩 벌도록 해주는 소원 등의 '소원 목록'을 만들어 놓고 고객들이
　추첨을 통해 한 가지씩 뽑도록 한다.

• 현찰로 구입하는 사람들에게 할인 혜택을 준다.
• 단체 고객에게 할인 혜택을 준다.
• 명절을 주제로 한 신제품을 개발한다.

20) 형태학적 분석(morphological analysis)

이 기법은 즈위키(F. Zwicky, 1963)가 개발한 발상법으로서, <표 4-9>과 같은 매트릭스를 이용하는데, 체크리스트법과 속성열거법을 입체적으로 조합한 발상법이라고 할 수 있다. 이 기법은 보통 집단활동으로 수행하지만 먼저 개인별로 수행한 후 진행자가 개별 자료를 통합하여 보다 포괄적인 매트릭스로 발전시키기도 한다.

(1) 진행방법

① 문제를 확인한 후 문제의 속성 영역들을 선택하여 종이의 윗부분에 가로로 적는다.
② 속성 영역은 중요한 것을 우선적으로 정하되, 그것이 선택될 정도로 중요한가를 결정하기 위해서 "이 속성 영역이 없이도 문제가 존재할 수 있는가?"를 자문한다.
③ 각 속성 영역 아래 원하는 만큼의 속성들을 열거한다. 속성 영역의 수와 속성의 수는 매트릭스의 복잡성을 결정해 준다. 예컨대, 10개의 속성 영역을 가지고, 각 속성 영역에 대해 10개의 속성을 가지는 매트릭스는 100개의 가능한 결합을 제공한다. 일반적으로 복잡한 구조에서보다는 단순한 구조에서 새로운 아이디어를 발견하기 쉽다.
④ 매트릭스가 완성되면, 2개 이상의 속성을 골라 결합한다. 이 결합으로부터 아이디어가 나오는지 살펴보고 아이디어가 나오면 기록한다.

이 시점에서 비현실적인 아이디어라 할지라도 일단은 모두 받아들이고 나중에 아이디어 다듬기 과정을 거친다. 충분한 수의 아이디어를 얻을 때까지 속성 결합을 계속한다.

10×10 매트릭스로부터 100개의 아이디어가 생성된다. 만약 3차원 매트릭스를 이용한다면 10×10×10 매트릭스로부터 1,000개의 아이디어가 나온다.

예컨대, 어떤 제품이나 문제를 개선하기 위해서, 제품의 부분이나 특성 등을 한쪽 변에 열거하고, 그것의 형태변화를 위한 리스트를 아래쪽 변(가로축)에 열거하며, 깊이(depth)의 축에는 6하원칙(즉, 누가, 어디서, 언제, 왜, 무엇을, 어떻게 바꿀 것인지 그 기준)을 배열한다. 어떤 제품이나 문제에 대해 이 가로, 세로, 높이 등 3축의 요소들을 기준에 의해서 일일이 발상하고 그것을 자세하고 치밀하게 검토하여, 효과적이고 새로운 개선방안을 찾을 수 있는 것이다.

(2) 활용의 사례

세탁물 바구니를 제조하는 회사에서 새로운 디자인의 바구니를 개발하고 싶다. 이 경우 문제는 "어떻게 하면 새로운 세탁물 바구니를 디자인할 수 있을까?"로 표현된다. 이 문제를 해결하기 위해 먼저 <표 4-9>과 같이 세탁물 바구니를 분석해서 그것의 기본적 속성 영역을 재료, 모양, 마감, 위치로 결정하고 그 아래 각각 5개의 속성들을 열거한다. 이 4개의 속성 영역 아래 속성들을 열거할 때는 다음과 같이 자문한다.

- 바구니를 만들기 위해 어떤 재료들이 이용될 수 있는가?
- 바구니를 어떤 형태로 만들 수 있는가?
- 바구니에 어떤 마감을 할 수 있는가?
- 바구니를 어디에 설치할 수 있는가?

〈표 4-9〉 세탁물 바구니의 디자인 개선

재 료	모 양	마 감	위 치
나무 플라스틱 종이 금속 [망사]	삼각기둥 [원통형] 오각기둥 육각기둥 입방체	자연 그대로 [페인트칠함] 니스 칠함 다듬어 윤을 냄 액세서리 부착	마룻바닥 천정 벽 욕실 [문]

다음 단계는 2개 이상의 속성을 임의로 선택하고 결합하여 새로운 아이디어나 가능한 해결책을 생성한다. 예를 들면, 망사, 원통형, 페인트칠함, 문을 임의로 결합하여 다음과 같은 새로운 세탁물 바구니를 생각할 수 있다.

- 약 1m 길이의 농구 골대처럼 생긴 세탁물 바구니를 원통형 테에 붙여 문에 부착된 등판에 건다. 아이들은 더러워진 옷가지를 농구하듯이 바구니 속으로 던져 넣는다. 바구니가 꽉 차면 끈을 세게 잡아당겨 옷이 나오게 한다.

☆ 형태학적 분석의 장점

· 짧은 시간에 많은 아이디어가 생성된다.

· 뜻밖의 아이디어가 쉽게 나온다.

· 묻지 않고 간과해 버릴 수 있는 질문을 새삼스럽게 해 보도록 하는데, 해결될 것 같지 아니한 문제를 해결하고 여러 가지 대안적인 아이디어들을 생성해 내는 데 도움이 될 수 있다.

· 새로운 제품의 '이름'을 붙이는 것에서 광고 문안을 만드는 과제에 이르기까지 여러 가지의 창의적 문제 해결의 과제에 사용할 수 있다.

· 앞으로의 행위계획에 대하여 브레인스토밍하여 생성해낸 아이디어들을 묶음하는 데도 사용할 수 있다.

· 이 기법은 발명을 하는 데 자주 활용되는 기법 중의 하나이다.

21) 연상법(association)

아이디어를 발견하는 데 있어서 가장 중요한 역할을 하는 것은 아이디어를 연상하는 데 있다. 어떤 문제를 창의적으로 해결하기 위하여 문제를 발견하고, 해결하기 위한 아이디어를 발견하고, 해결안을 발견하기 위하여 연상작용이 필요하다. 연상법은 개인용 아이디어 생성기법에 속한다. Osborn(1963)은 "문제를 해결하기 위해 아이디어를 발견하기 위해서 가장 큰 역할을 하는 재능은 아이디어의 연상에 있다"고 하였다.

(1) 연상 법칙

① 유사 연상의 법칙: 유사한 것이 쉽게 연상됨.

예) 고양이 - 호랑이

　　오징어 - (　　　) - (　　　)

② 연속(접근) 연상의 법칙: 그것과 관련이 있는 과거의 경험이 쉽게 연상됨.

　　예) 공 - 줄넘기

　　사진 - 가족

　　시소 - (　　　)

③ 대비 연상의 법칙: 반대적인 것이 더 잘 연상됨.

예) 뜨거운 불－차가운 얼음

　　꼬마의 작은 운동화－(　　　　　　　)

(2) 연상 능력 훈련방법

① 많이 경험하고 기억하게 하라: 기억이 생생하면 할수록 연상 현상은 잘 이루어진다. 예를 들어 바다에 대해 연상할 때 바다에 대한 기억을 잘하는 사람이 다양한 연상을 한다.

② 냄새로 연상해 본다(민감성): 냄새를 맡는 과정에서 연상 작용을 할 수 있고, 나아가 창의적인 사고력도 키워진다. '장미' 향기를 직접 맡은 후 연상활동을 한다.

③ 소리로 연상하게 하라(소리의 창의성): 소리를 듣고 연상하기.

☆ 확장활동: 후각을 통한, 청각을 통한, 미각을 통한, 촉각을 통한 연상하기

④ 릴레이게임을 해본다(언어적인 창의성): 카드에 한 단어를 적어 처음 사람에게 보여 주고 떠오르는 것을 기록하게 하여 릴레이식으로 아이디어를 표현한다.

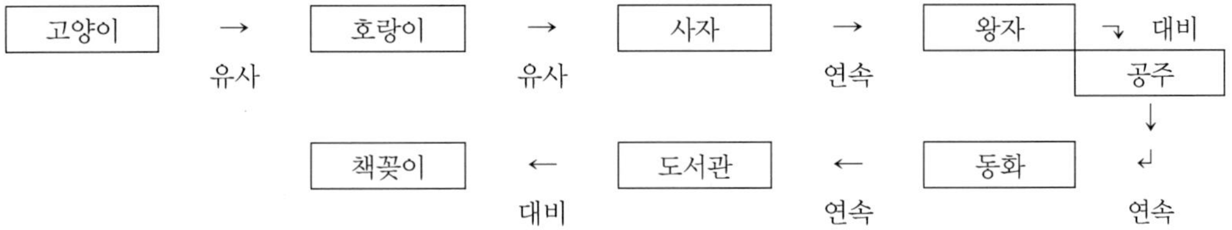

⑤ 도형으로 연상 활동을 해 본다(도형적인 창의성): 그림이나 도형을 보고 연상하기.

⑥ 장면을 연상해 본다(신체적인 창의성): 떠오르는 것을 몸으로 표현하기.

Part 02

창의적 인성개발의 실제

창의적 인성 개발을 위한 덕목별 교수활동

창의인성 덕목	창의성 교육요소	수업방법	창의적 사고기법	창의적 사고기능	창의적 사고성향
나 찾기	사고의 확장	문제중심학습	브레인스토밍/ 하이라이팅/연상법	독창성, 융통성, 민감성	정직성, 탐구심, 자신감
감성	사고의 수렴	팀프로젝트학습	브레인라이팅/ PMI/ 강제결합법/ 괴상하게생각하기	유추성, 독창성, 유창성	변화에 대한 개방성, 집중성
정직	문제해결력	독서토론	마인드맵/ 육색모자기법	정교성, 유창성, 상상력	자신감, 자발성, 정직성
약속	개방성	실습학습	희망열거법/ 스캠퍼	정교성, 독창성, 유창성	정직성, 자발성, 집중성
배려	몰입	토론학습	속성열거법/ 시네틱스	정교성, 유창성, 민감성	탐구심, 자신감, 자발성, 정직성
책임	호기심 및 흥미	실습학습	만약에/색다른 용도법/ 평가행렬법	유추성, 독창성, 융통성	정직성, 독자성, 집중성
소유	사고의 확장	탐구학습	스토리보드/ 형태학적 분석	융통성, 유창성, 상상력	탐구심, 정직성, 변화에 대한 개방성
용서	독립성	협동학습	결점열거법/ 4축사고	정교성, 융통성, 상상력	호기심, 자발성, 변화에 대한 개방성

#05

나 찾기

•주제: 나를 소개해요

•창의인성 덕목: 나 찾기

•창의성교육요소: 사고의 확장

•수업 방법: 문제중심학습

•사고 기법: 브레인스토밍/하이라이팅/연상법

•창의적 사고기능: 독창성, 융통성, 민감성

•창의적 사고성향: 정직성, 탐구심, 자신감

▶ 활동명: 자기소개 콜라주

▶ 활동목표: －자기를 탐구할 수 있다.

　　　　　　－나를 객관적으로 이해할 수 있다.

　　　　　　－다른 사람에게 자신감 있게 설명할 수 있다.

▶ 활동자료: 잡지(혹은 전단지), 도화지, 가위, 풀, 사진, 크레파스, 색연필 등

▶ 활동방법

1. 나는 어떤 사람이라고 생각하는지 생각한다.

2. 나를 소개하기 위한 방법이 어떤 것이 있는지 여러 가지 방법을 생각하여 이야기한다. 내가 좋아하는 것, 싫어하는 것, 잘하는 것, 못하는 것, 잘하고 싶은 것, 버리고 싶은 것, 재미있어 하는 것 등 여러 방법으로 브레인스토밍하며 자신을 소개하도록 분위기를 조성한다.

3. 다른 친구의 소개를 듣는다. 다른 친구가 소개하는 것을 들으면서 미처 내가 깨닫지 못한 나를 찾은 부분이 있는지 다시 이야기한다(히치하이킹).

4. 나에 관한 이야기 중에서 나를 가장 잘 설명하고 있는 것에 하이라이팅한다.

5. 나를 소개하기 위한 방법이 어떤 것이 있는지 여러 가지 방법을 생각하고 그중에 내가 가장 자신 있게 수행할 수 있는 방법으로 나를 소개한다.

6. 만약 콜라주 활동을 한다면 어떻게 도화지 위에 배치하면 좋을지 여러 가지 방법을 찾아본다. 그리고 가장 좋은 방법으로 수행하도록 격려한다.

▶ 활동지1. 나(브레인스토밍)

반   이름 :

주제	나를 알려 줄게	
나는	이름 생일 가족 성별 별명 소중한 것	
내 몸은	좋은 점 자랑스러운 점 싫은 점	
내 맘은	성격 기분 칭찬할 점	
내가 잘하는 것은	부러워하는 것 칭찬받는 것 자랑스러운 것	
내가 하고 싶은 것은	기분 좋은 활동 소원 본받고 싶은 사람	
내 친구는		
그래서 나를 소개하면		

▶ 활동지2. 자기소개 콜라주(잡지책에서 나를 소개할 것이 무엇인지 가위로 자른 것을
  중심으로 그림을 활용하여 완성한 후 발표한다)

▶ 활동지3-1. 강아지(연상법)

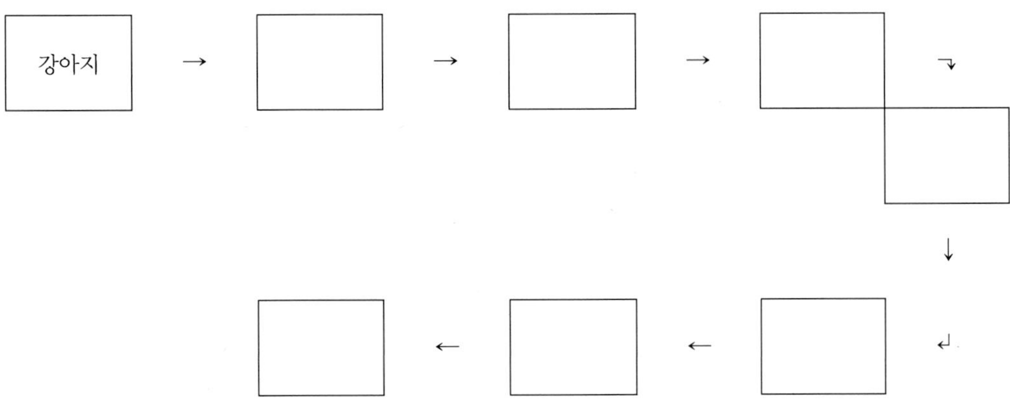

▶ 활동지3-2. 나(연상법)

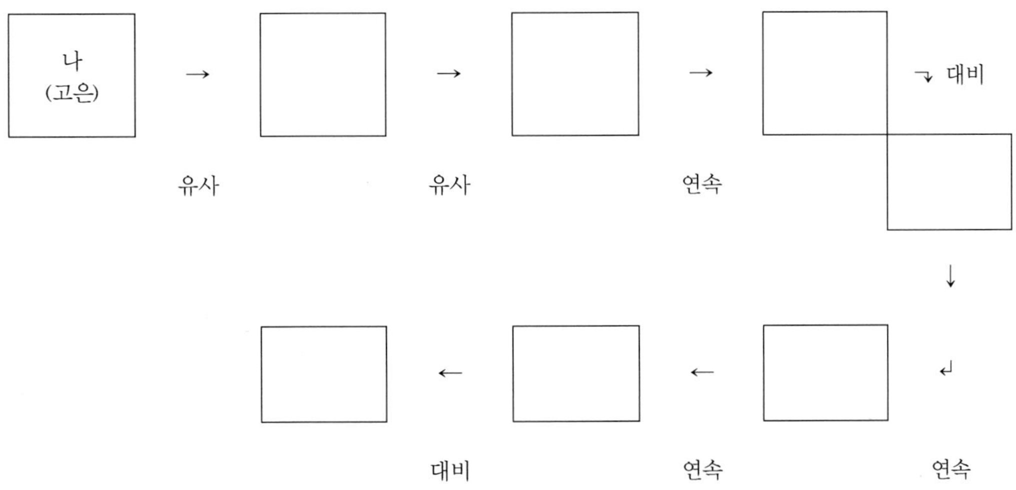

▶ 활동평가

1. 창의인성 평가표(교사용)

반   이름 :

주제: 나를 소개해요

영역	평가 기준		평가척도	
		우수	보통	노력 바람
활동목표	•자기를 탐구할 수 있다. •나를 객관적으로 이해할 수 있다. •다른 사람에게 자신감 있게 설명할 수 있다.			
창의인성 목표	확산적 사고 | 다양한 방법을 찾았는가?			
	상상·시각화 | 문제해결을 위하여 다양하게 상상하나?			
	유추·은유 | 은유적 표현을 사용하였나?			
	독창성 | 자기만의 방식으로 판단하고 표현하나?			
	융통성 | 다른 범주로도 생각하나?			
	민감성 | 자신만의 관점으로 민감하게 탐색하나?			
	정직성 | 자신을 솔직하게 소개하고 있나?			
	탐구심 | 적극적으로 탐색하나?			
	자신감 | 자신 있게 소개하나?			
교사 의견				

2. 자기평가표

반　　　　이름 :

	평가지표	평가점수		
1	나는 활동준비를 잘 하였다.	3	2	1
2	나는 오늘 활동내용을 잘 이해하고 있다.			
3	나는 친구의 이야기를 잘 들었다.			
4	나는 나의 생각을 적극적으로 표현하였다.			
5	나는 학습 도중에 어려울 때, 포기하지 않고 끝까지 열심히 하였다.			
6	나는 나만의 생각을 적극적으로 표현하였다.			
7	나는 나의 부끄러운 점도 친구들 앞에서 이야기하였다.			
	총 점			

활동 소감	
좋았던 점	
어려웠던 점	
아쉬운 점	
칭찬하고 싶은 점	

#06

감성(정서)

•주제: 느낌을 알아요

•창의인성 덕목: 감성

•창의성교육요소: 사고의 수렴

•수업 방법: 팀프로젝트학습/ 역할놀이

•사고 기법: 브레인라이팅/ PMI/ 강제결합법/ 괴상하게 생각하기

•창의적 사고기능: 유추성, 독창성, 유창성

•창의적 사고성향: 변화에 대한 개방성, 집중성

▶ 활동명: 여러 가지 얼굴

▶ 활동목표: ―음악을 들으며 느낌을 알 수 있다.

　　　　　　―여러 가지 얼굴을 보면서 어떤 기분인지를 알 수 있다.

　　　　　　―나는 어떤 기분을 느껴 보았는지 생각해볼 수 있다.

　　　　　　―다른 사람의 감정을 알아차릴 수 있다.

　　　　　　―다른 사람의 기분이 변화하는 것을 유추할 수 있다.

　　　　　　―역할을 바꿔가면서 감정을 느껴 본다.

▶ 활동자료: 음악CD, 잡지(혹은 전단지), 다양한 활동자료, 동그라미 스티커, 도화지, 가
　　위, 풀, 사진, 크레파스, 색연필 등

▶ 활동방법

1. 음악을 듣는다(빠르고 경쾌한 것, 슬픈 것, 편안한 것 등).

2. 음악을 들으면서 그 음악을 들을 때 표정이 어떤지 친구의 얼굴을 관찰한다.

3. 다양한 얼굴표정을 표현한다.

4. 팀을 나눈다. 각 팀마다 활동 그림이나 사진을 잡지책에서 찾아본다.

5. 다양한 활동자료를 수집해서 그럴 때 어떤 표정이 되는지 알아본다.

6. 좋아하는 친구의 마음을 알아차리려면 어떻게 해야 좋은지 팀별로 의견을 논의하고 발표한다.

7. 내가 좋아하는 친구에게 나의 마음을 표현한 편지를 전달한다. 나만의 방법을 찾아서 꼼꼼하게 표현해보도록 분위기를 조성한다.

▶ 확장활동

1. 부모님께 나의 마음을 표현한 편지를 써서 전달하고 답장을 받아오도록 한다.

2. 감정표현을 위하여 날씨, 색깔, 꽃, 냄새, 촉감 등으로도 표현해볼 수 있다.

3. 나의 감정을 표현하는 나만의 방법을 개발한다.

▶ 활동지1. 똑같은 표정을 찾아요

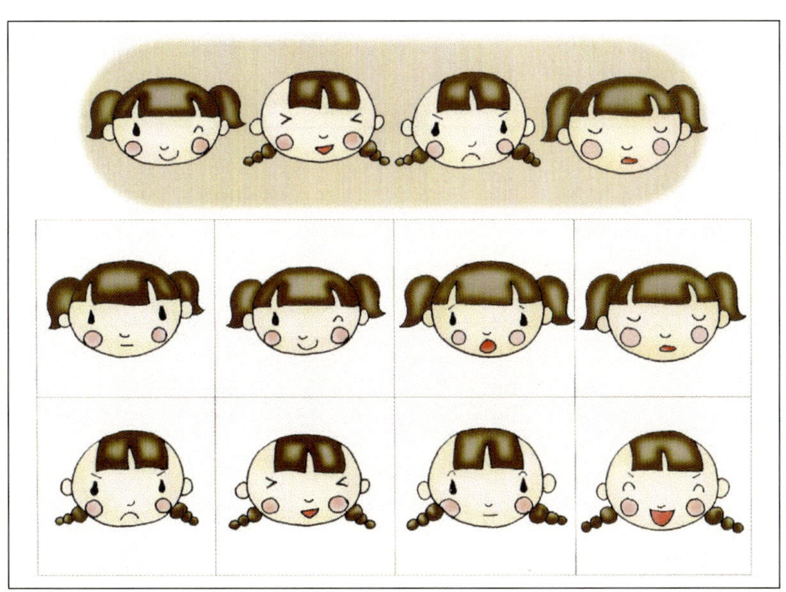

1. 위의 얼굴표정과 같은 것을 아래에서 찾아보아요.

2. 다른 것은 어떤 점이 다른지 이야기해요.

3. 각 얼굴 표정은 기분이 어떤 것을 표현하고 있는지 이야기해 보아요.

4. 어떤 때 그런 기분을 느꼈는지 이야기해 보아요.

▶ 활동지2

브레인라이팅 시트(반 이름:)

문제(주제): 나의 감정은 ~할 때 ~느낌이에요.

A1	A2	A3
B1	B2	B3
C1	C2	C3
D1	D2	D3
E1	E2	E3
F1	F2	F3
G1	G2	G3
H1	H2	H3

▶ 활동지3

주제: 감정의 표정을 그려요
활동방법: 아래의 동그라미에 감정단어에 알맞은 표정을 표현해보아요.
       −눈과 입모양으로도 쉽게 표현할 수 있어요.

기쁨	화남	짜증
피곤	황당	슬픔
싫음	달콤	사랑
놀람	아픔	피로움

▶ 활동지4. 감정파이

활동주제: 음악을 들으면서 느낀 감정을 그 크기에 따라 표현해요.

☆ PMI 기법

•Pluse: 음악을 들으면서 내 기분에 어떤 느낌을 더 느끼게 되었나요?

•Minus: 음악을 들으면서 내 기분에서 어떤 느낌이 없어지게 되었나요?

•Interesting: 현재 내가 느끼는 감정 중에서 흥미 있는 느낌들은 어떤 것인가?

친구 얼굴 표정 그리기	그럴 때 내 기분은

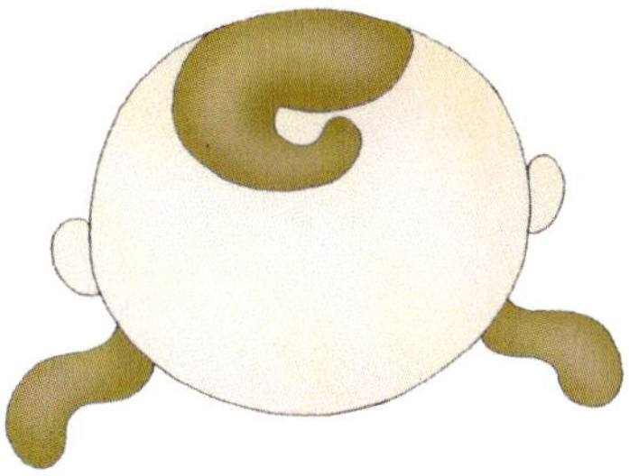

▶ 활동지6. 가면 만들기

활동주제: 내가 가장 좋아하는 표정을 활용하여 가면을 꾸며요.

ー한 가지 이상의 표정을 복합적으로 표현할 수도 있어요.

☆ PMI 기법

•Pluse: 현재 내 기분에 어떤 느낌을 더하면 기분 좋은 표정이 될까?

•Minus: 현재 내 기분에 어떤 느낌을 빼면 기분 좋은 표정이 될까?

•Interesting: 내가 느끼는 감정 중에서 흥미 있는 느낌들은 어떤 것인가?

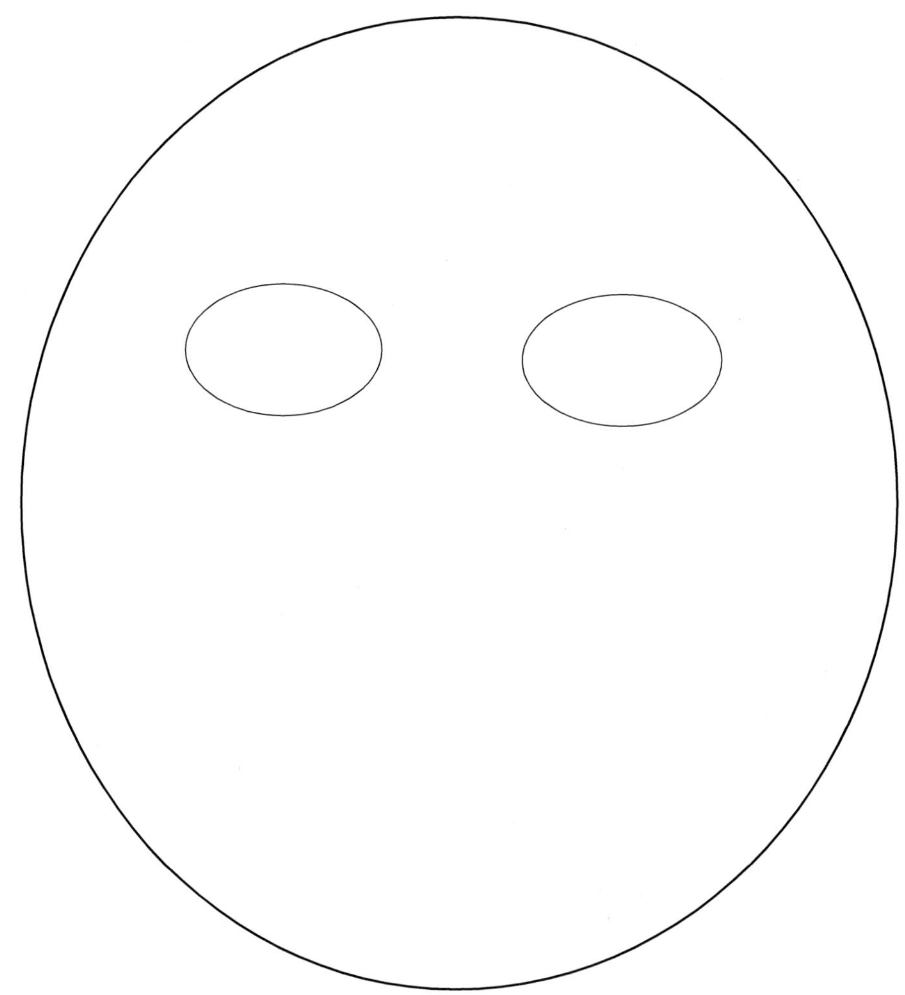

☆ 확장 활동: 가면을 쓰고 역할놀이를 해보아요.

▶ 활동지7. 나의 감정일지(강제결합법)

요일 표현방법	월요일	화요일	수요일	목요일	금요일
표정					
색깔					
날씨					
꽃					
냄새					
촉감					

▶ 활동지8. 감정 편지를 써요(괴상하게 생각하기)
- 나만의 기호나 상징으로 표현해도 좋아요.

▶ 활동평가

1. 창의인성 평가표(교사용)

반   이름 :

주제: 느낌을 알아요

영역	평가 기준		평가척도		
			우수	보통	노력 바람
활동목표	•음악을 들으며 느낌을 알 수 있다. •여러 얼굴을 보면서 어떤 기분인지 알 수 있다. •내가 느껴본 기분을 생각해볼 수 있다. •다른 사람의 감정을 알아차릴 수 있다. •다른 사람의 기분 변화를 유추할 수 있다. •역할을 바꿔가면서 감정을 느껴볼 수 있다.				
창의인성 목표	논리	자신의 생각을 논리적으로 표현하나?			
	분석	주장의 근거를 제시하나?			
	비판적 사고	비판적 시각으로 분석하나?			
	독창성	자신만의 방법을 찾으려고 하나?			
	유추성	변화의 원인과 결과를 생각하나?			
	민감성	변화를 금방 알아차리나?			
	유창성	감정 느낌을 다양하게 이해하나?			
	변화에 대한 개방성	변화를 수용하고 이해하나?			
	집중성	감정에 몰입할 수 있나?			
교사 의견					

2. 자기평가표

반   이름 :

	평가지표	평가점수		
1	나는 활동준비를 잘 하였다.	3	2	1
2	나는 오늘 활동 내용을 잘 이해하고 있다.			
3	나는 오늘 활동에 집중하였다.			
4	나는 나의 생각을 적극적으로 표현하였다.			
5	나는 학습 도중에 어려울 때, 포기하지 않고 끝까지 열심히 하였다.			
6	나는 나만의 생각을 적극적으로 표현하였다.			
7	나는 다른 의견을 잘 받아들였다.			
	총 점			

활동 소감
좋았던 점
어려웠던 점
아쉬운 점
칭찬하고 싶은 점

#07

정직

• 주제: 정직해요

• 창의인성 덕목: 정직

• 창의성교육요소: 문제해결력

• 수업 방법: 독서토론

• 사고 기법: 마인드맵/ 육색모자기법

• 창의적 사고기능: 정교성, 유창성, 상상력

• 창의적 사고성향: 자신감, 자발성, 정직성

▶ 활동명: 「벌거벗은 임금님」을 읽고 나서

▶ 활동목표: -「벌거벗은 임금님」을 읽고 거짓말을 발견할 수 있다.

　　　　　　 -거짓말하는 마음을 알 수 있다.

　　　　　　 -정직한 태도를 알 수 있다.

▶ 활동자료: 동화(「벌거벗은 임금님」), 도화지, 가위, 풀, 사진, 크레파스, 색연필 등

▶ 활동방법

1. 「벌거벗은 임금님」을 읽는다.

2. 「벌거벗은 임금님」에서 거짓말을 하는 이유를 찾아낸다.

3. 「벌거벗은 임금님」에서 정직한 태도는 어떤 것인지 이야기한다.

4. '정직', '거짓말', '벌거벗은 임금님'이라는 말로 마이드맵을 한다.

5. 「벌거벗은 임금님」을 육색모자기법에 따라서 다르게 보려고 한다.

6. 나의 생각에 따라서 「벌거벗은 임금님」을 바꿔 본다.

벌거벗은 임금님

옛날에 새 옷을 너무 좋아하는 임금님이 있었어요.
임금님은 새 옷으로 멋내기를 좋아했어요.
어느 날 두 남자가 찾아와서 말했어요.
"우리는 세상에서 가장 아름다운 옷감을 짜는 사람들입니다. 그냥 아름답기만 한 게 아니라, 바보 같은 사람이나 일을 잘 못하는 사람 눈에는 절대로 안 보이는 신기한 옷감이랍니다."
사실 그들은 사기꾼이었습니다.

임금은 많이 기대했어요.
"당장 새 옷을 만들어라."
임금님은 작업실을 보고 깜짝 놀랐어요.
아무것도 보이지 않았어요. 그러나
"오, 참으로 아름답군! 내 마음에 꼭 들어!"
임금님은 보이지도 않는 옷을 훌륭하다고 칭찬했고,
장관과 신하들 역시 너무나 멋지다면서 감탄했어요.

옷을 자랑하기 위해 임금님의 행차가 시작되었어요.
백성들은 외쳤어요.
"우와, 저런 옷은 또다시 없을 거야!"
자기 눈에 아무것도 보이지 않는다고 말하지 않았어요.
바보취급당하고 싶지는 않았으니까요.

이때 사람들 속에서 한 아이가 외쳤어요.
"어! 임금님이 벌거벗었어!"
그제야 사람들은 "임금님이 벌거벗었대!"라고 말했어요.
임금님은 그래도 꼿꼿이 몸을 곧추 세우고 행진을 계속했어요.
그러면서 "아름다운 옷이 보이지 않으니 바보들이로구먼!" 했어요.

— 원작: 안데르센

▶ 활동지1-2. '정직'을 주제로 마인드맵하기

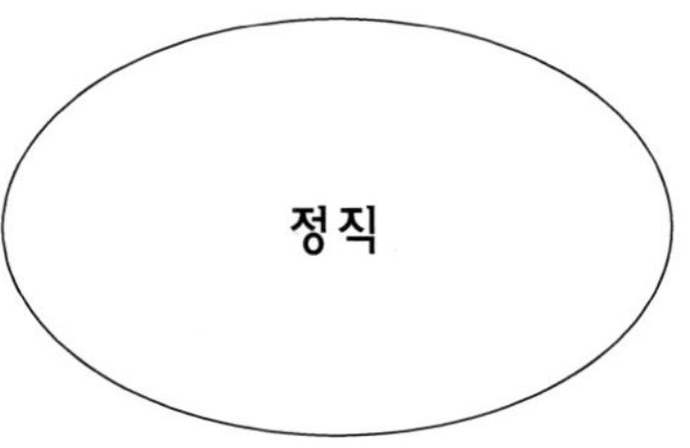

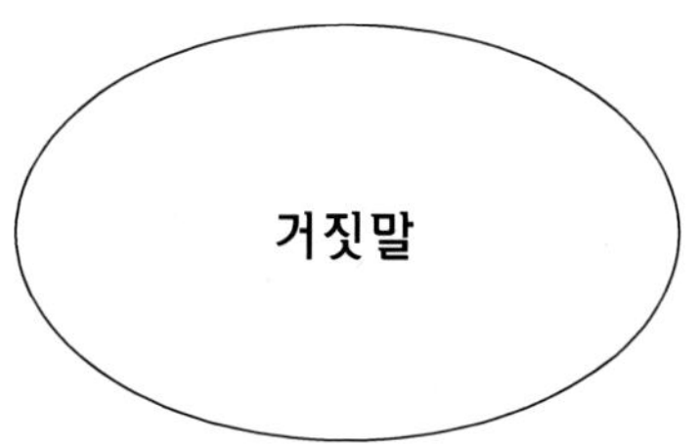
거짓말

▶ 활동지1-4. 「벌거벗은 임금님」을 주제로 마인드맵하기

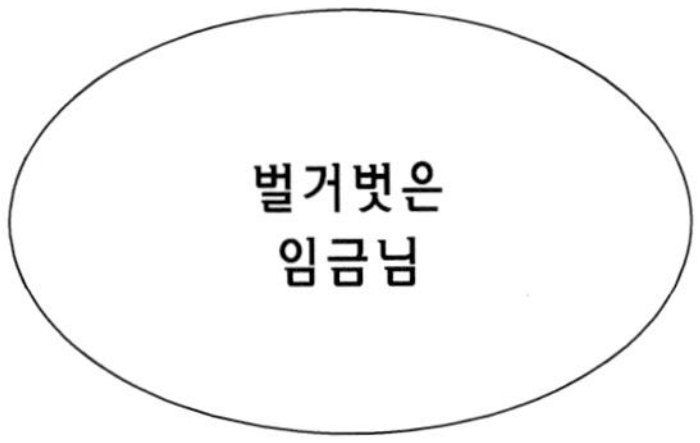

▶ 활동지2. 「벌거벗은 임금님」을 읽고, 정직을 주제로 육색사고모자기법으로 활동하기

색깔	관점	내용
파란 모자	통제와 냉정 전체적 관점	
빨간 모자	감정과 느낌, 직관과 육감	
노란 모자	긍정적 · 희망적, 밝음과 낙천주의	
흰색 모자	중립적 객관적 정보와 수치	
검은 모자	부정적 판단 비판적 관점	
녹색 모자	풍요로움, 성장, 창조적임,	
「벌거벗은 임금님」의 설명		
「벌거벗은 임금님」의 느낌		
육색모자사고법을 활용하여 생각하면서 느낌 점, 배운 점, 새롭게 알게 된 점		

☆ 긍정적 판단을 위해서는 노란 모자 다음에 검은 모자를 사용한다.

▶ 활동평가

1. 창의인성 평가표(교사용)

반   이름 :

주제: 정직해요

영역	평가 기준	평가척도		
		우수	보통	노력 바람
활동목표	•「벌거벗은 임금님」을 읽고 거짓말을 발견할 수 있다. •거짓말하는 마음을 알 수 있다. •정직한 태도를 알 수 있다.			
창의인성 목표	문제발견 — 새로운 문제를 찾고 형성하는가?			
	문제해결 — 체계적으로 자료를 수집하나?			
	문제해결 — 자료에 근거하여 결론내리나?			
	상상력 — 경험을 넘어 자신만의 관점이 있나?			
	유창성 — 여러 가지로 생각하고 있나?			
	정교성 — 보다 구체화하고 치밀하게 다듬나?			
	정직성 — 나와 남의 의견을 공정하게 대하나?			
	자발성 — 자기 생각을 솔선수범하여 적극적으로 표현하나?			
	자신감 — 자기 신뢰감을 나타내고 있나?			
교사 의견				

2. 자기평가표

반   이름 :

	평가지표	평가점수		
1	나는 활동준비를 잘 하였다.	3	2	1
2	나는 오늘 활동 내용을 잘 이해하고 있다.			
3	나는 새로운 문제를 찾고 형성하였다.			
4	나는 체계적으로 자료를 수집하였다.			
5	나는 자료에 근거하여 결론 내렸다.			
6	나는 내 생각을 솔선수범하여 적극적으로 표현하였다.			
7	나는 여러 가지로 생각하였다.			
	총 점			

활동 소감	
좋았던 점	
어려웠던 점	
아쉬운 점	
칭찬하고 싶은 점	

#08
약속

- •주제: 꼭꼭 약속해
- •창의인성 덕목: 약속
- •창의성교육요소: 개방성
- •수업 방법: 실습학습
- •사고 기법: 희망열거법/스캠퍼
- •창의적 사고기능: 정교성, 독창성, 유창성
- •창의적 사고성향: 정직성, 자발성, 집중성

▶ 활동명1: 약속노래

▶ 활동목표: —다른 친구도 나만큼 소중하다는 것을 알 수 있다.

　　　　　　—약속의 소중함을 이해할 수 있다.

　　　　　　—노랫말을 바꿔 부를 수 있다.

　　　　　　—다른 노래에 맞춰 노래해 볼 수 있다.

▶ 활동자료: 부분 가사판, 필기도구 등

▶ 활동방법

1. 익숙하게 알고 있는 약속 노래(꼭꼭 약속해)를 함께 부른다.

2. 친구가 약속을 지켜 주었으면 하는 생각을 이야기할 수 있도록 분위기를 조성한다.

3. 약속을 지키지 않았던 경험을 이야기한다.

4. 다른 친구가 약속을 지키지 않았던 경험을 이야기할 때 잘 듣고 있는다.

5. 우리 반에서 지켜야 할 약속에 대하여 이야기한다.

6. 「꼭꼭 약속해」의 노랫말에 맞도록 언어표현을 정교하게 하여 만들어서 바꿔 불러본다.

▶ 활동지1(희망열거법)

반   이름 :

주제	이런 약속을 해주세요
엄마	
아빠	
친구 (　　　)	
선생님	
내가 할 약속	
우리가 할 약속은	

▶ 활동지2

「꼭꼭 약속해」 노랫말을 바꿔서 적어 보세요.

▶ 활동지3

우리가 바꾼 노랫말로 다른 노래에 적용해서 불러 보아요.

노래제목1.

노래제목2.

노래제목3.

▶ 활동평가1

1. 창의인성 평가표(교사용)

반   이름 :

주제　　　　　꼭꼭 약속해

영역	평가 기준		평가척도		
			우수	보통	노력 바람
활동목표	•다른 친구도 나만큼 소중하다는 것을 알 수 있다. •약속의 소중함을 이해할 수 있다. •노랫말을 바꿔 부를 수 있다. •다른 노래에 맞춰 노래해 볼 수 있다.				
창의인성 목표	다양성	다른 의견을 잘 수용하나?			
	복합적 성격	반대의 모순되는 성격을 표현하나?			
	모호함에 대한 참을성	완성되지 않은 모호함을 잘 참아내나?			
	감수성	미세한 느낌이 잘 나타나는가?			
	정교성	노랫말을 적합한 언어로 다듬나?			
	독창성	자신만의 관점이 있나?			
	유창성	여러 가지로 생각하고 있나?			
	정직성	나와 남의 의견을 공정하게 대하나?			
	자발성	자기 생각을 솔선수범하여 표현하나?			
	집중성	약속이란 말에 집중하여 표현하나?			
교사 의견					

2. 자기평가표

반   이름 :

	평가지표	평가점수		
1	나는 활동준비를 잘 하였다.	3	2	1
2	나는 오늘 활동 내용을 잘 이해하고 있다.			
3	나는 친구의 이야기를 잘 들었다.			
4	나는 나의 생각을 적극적으로 표현하였다.			
5	나는 학습 도중에 어려울 때, 포기하지 않고 끝까지 열심히 하였다.			
6	나는 다른 의견을 잘 수용하였다.			
7	나는 여러 가지로 다양하게 생각하였다.			
	총 점			

활동 소감
좋았던 점
어려웠던 점
아쉬운 점
칭찬하고 싶은 점

▶ 활동명2: 모범 교통표지판

▶ 활동목표: 약속은 중요하다는 것을 알 수 있다.

약속을 지켜야 하는 이유를 안다.

다양한 교통표지판의 의미를 안다.

교통표지판에 따라 어떻게 해야 하는지 이해할 수 있다.

▶ 활동자료: 교통표지판 그림, 그리기 도구, 필기도구 등

▶ 활동방법

1. 교통표지판을 보면서 무슨 의미인지 알아본다.

2. 교통표지판이 필요한 이유를 안다.

3. 교통표지판을 다르게 이해하면 어떻게 되는지 생각해본다.

4. 교통표지판의 지시대로 하지 않았을 때 발생하는 일에 대하여 이야기한다.

5. 우리 반에서 행동할 때 지켜야 할 약속을 교통표지판으로 표현해본다.

6. 교통표지판을 발전시키는 방안에 대하여 생각하며 다양하게 표현하고 정교하게 다
   듬어 본다.

반   이름 :

주제	교통 표지로 약속해요		
어린이보호 (어린이보호구역안)		자동차전용도로	
횡단보도		30	
보행자보행금지			
통행금지		도로공사중	
자전거통행금지표시		위험 DANGER	
양보 YIELD			

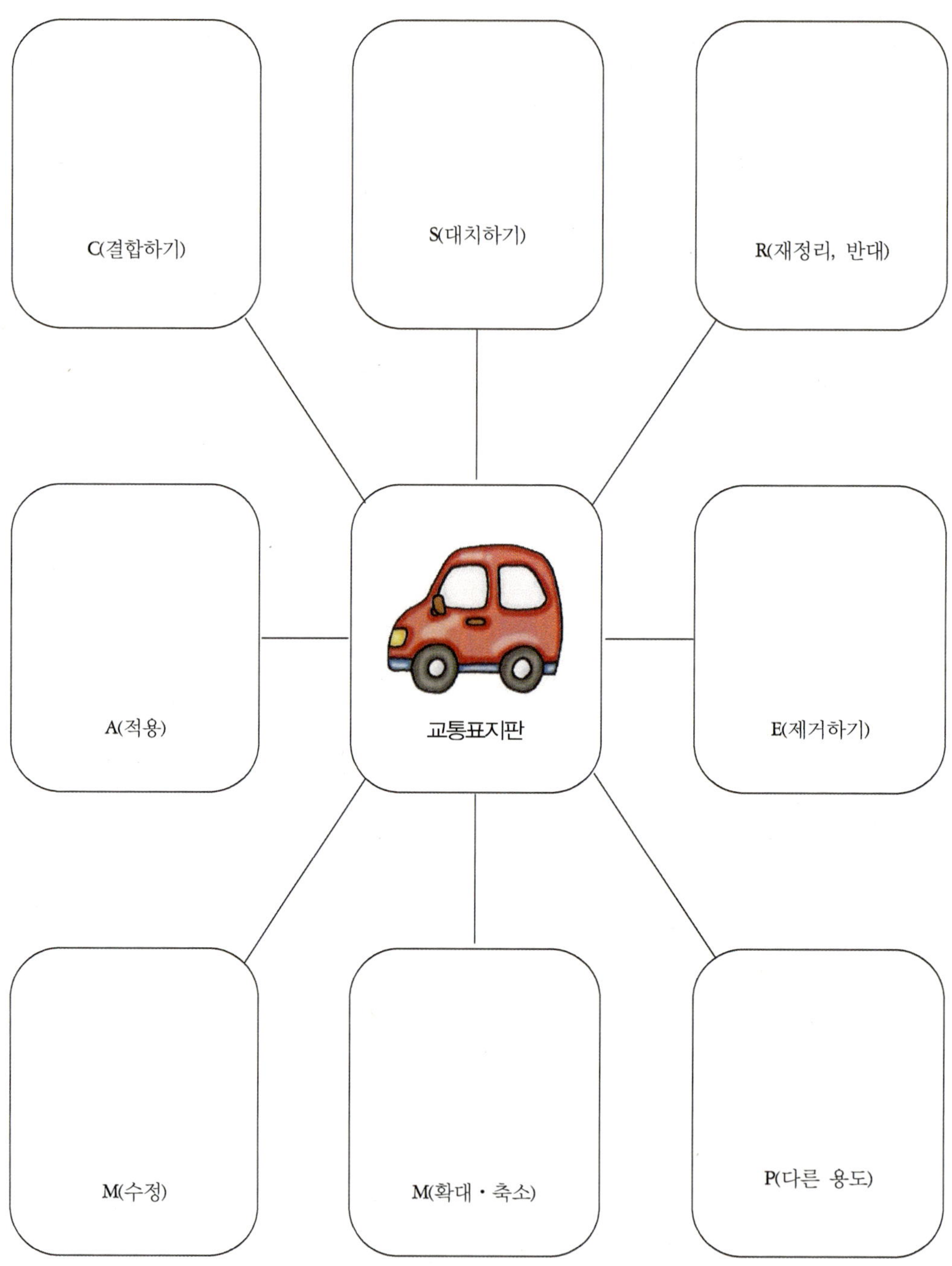
C(결합하기)
S(대치하기)
R(재정리, 반대)
A(적용)
교통표지판
E(제거하기)
M(수정)
M(확대 · 축소)
P(다른 용도)

C(결합하기)	S(대치하기)	R(재정리, 반대)
A(적용)	E(제거하기)	M(수정)
M(확대·축소)	M(확대·축소)	P(다른 용두)

▶ 활동평가2

1. 창의인성 평가표(약속)

반　　　　이름 :

주제: 교통 표지로 약속해요

영역	평가 기준		평가척도		
			우수	보통	노력바람
활동목표	• 약속은 중요하다는 것을 알 수 있다. • 약속을 지켜야하는 이유를 알 수 있다. • 다양한 교통표지판의 의미를 알 수 있다. • 교통표지판에 따라 어떻게 해야 하는지 이해할수 있다.				
창의인성 목표	다양성	다른 의견을 잘 수용하나?			
	복합적 성격	반대의 모순되는 성격을 표현하나?			
	모호함에 대한 참을성	완성되지 않은 모호함을 잘 참아내나?			
	감수성	미세한 느낌이 잘 나타나는가?			
	정교성	노랫말을 적합한 언어로 다듬나?			
	독창성	자신만의 관점이 있나?			
	유창성	여러 가지로 생각하고 있나?			
	정직성	나와 남의 의견을 공정하게 대하나?			
	자발성	자기 생각을 솔선수범하여 표현하나?			
	집중성	약속이란 말에 집중하여 표현하나?			
교사 의견					

2. 자기평가표

반   이름 :

	평가지표	평가점수		
1	나는 활동준비를 잘 하였다.	3	2	1
2	나는 다양한 교통표지판의 의미를 잘 이해하고 있다.			
3	나는 친구의 의견을 잘 받아들였다.			
4	나는 나만의 독창적인 생각을 적극적으로 표현하였다.			
5	나는 학습 도중에 어려울 때, 포기하지 않고 끝까지 열심히 하였다.			
6	나는 다른 의견을 잘 수용하고 공정하게 대하였다.			
7	나는 약속에 대하여 여러 가지로 다양하게 생각하였다.			
	총 점			

활동 소감	
좋았던 점	
어려웠던 점	
아쉬운 점	
칭찬하고 싶은 점	

\#09
배려

•주제: 친구의 입장을 먼저 생각해요

•창의인성 덕목: 배려

•창의성교육요소: 몰입

•수업 방법: 토론학습

•사고 기법: 속성열거법/시네틱스

•창의적 사고기능: 정교성, 유창성, 민감성

•창의적 사고성향: 탐구심, 자신감, 자발성, 정직성

▶ 활동명: 친구를 위한 샌드위치

▶ 활동목표: −다른 친구도 나만큼 소중하다는 것을 알 수 있다.

　　　　　　−다른 사람이 나와 다르다는 것을 이해할 수 있다.

　　　　　　−내가 좋은 것이 남에게 해가 될 수 있다는 것을 안다.

　　　　　　−다른 사람을 우선적으로 배려할 수 있다.

▶ 활동자료: 식빵, 딸기잼(땅콩잼), 계란, 마요네즈, 양상추, 토마토, 샌드위치 속 재료, 접시 등

▶ 활동방법

1. 나는 어떤 빵을 좋아하는지 이야기한다.

2. 샌드위치의 속성에 대하여 브레인스토밍한다.

3. 내가 좋아하는 샌드위치, 내가 싫어하는 샌드위치를 소개한다.

4. 다른 친구가 좋아하는 샌드위치, 다른 친구가 싫어하는 샌드위치, 먹을 수 없는 것이 무엇인지 잘 듣는다.

5. 다른 친구에게 가장 잘 맞는 샌드위치를 가장 맛있게 만들어서 선물한다.

▶ 활동지1(속성열거법)

반   이름 :

주제	다른 사람들을 위한 샌드위치
샌드위치 빵	
샌드위치 모양	
샌드위치 크기	
샌드위치 특성	
내가 할 수 있는 것	
받고 싶은 것	

▶ 활동지2. 사람들마다 다르게 보일 수 있어요

□ 안의 샌드위치와 같이 보이는 사람은 누구일까요?

★ 확장활동: 다른 사람이 바라본 샌드위치 모양을 그려 보는 것도 좋아요.

▶ 활동지4(시네틱스)

반　　이름:

주제: 친구를 위한 샌드위치

개인적 유추	• 내가 샌드위치라면 어떤 방법으로 나를 만들어 주는 것을 원할까?
직접적 유추	• 햄버거는 어떻게 만들까?
상징적 유추	• 햄버거와 비슷하다.
환상적 유추	• 친구의 마음이 나에게 들어와서 친구를 위하여 가장 맛있는 샌드위치를 만들 수 있다면?

▶ 활동지5(시네틱스)

반   이름:

주제: 친구를 위한 샌드위치 그려 보기

• 내가 샌드위치라면 어떤 방법으로 나를 만들어 주는 것을 원할까?	• 햄버거는 어떻게 만들까?
• 햄버거와 비슷하다.	• 친구의 마음이 나에게 들어와서 친구를 위하여 가장 맛있는 샌드위치를 만들 수 있다면?

▶ 활동평가

1. 창의인성 평가표(교사용)

반   이름 :

주제: 친구의 입장을 먼저 생각해요

영역	평가 기준	평가척도		
		우수	보통	노력 바람
활동목표	•친구도 나만큼 소중하다는 것을 알 수 있다. •다른 사람이 나와 다르다는 것을 알 수 있다. •내가 좋은 것이 남에게 해가 될 수 있다는 것을 안다. •다른 사람을 우선적으로 배려할 수 있다.			
창의인성 목표	몰입 질문을 많이 했는가?			
	몰입 문제해결을 위하여 몰두하여 상상하나?			
	정교성 보다 치밀하게 다듬으려고 하나?			
	유창성 여러 가지 아이디어로 생각하나?			
	민감성 다른 범주로도 생각하나?			
	자발성 자신만의 관점이 있나?			
	정직성 자신을 솔직하게 소개하고 있나?			
	탐구심 적극적으로 변화를 탐색하나?			
	자신감 자신 있게 소개하나?			
교사 의견				

2. 자기평가표

반   이름 :

	평가지표	평가점수		
1	나는 활동준비를 잘 하였다.	3	2	1
2	나는 오늘 활동 내용을 잘 이해하고 있다.			
3	나는 친구의 이야기를 잘 들었다.			
4	나는 여러 가지 아이디어로 생각하였다			
5	나는 문제해결을 위하여 몰두하여 상상하였다.			
6	나는 적극적으로 변화를 탐색하였다.			
7	나는 질문을 많이 하였다.			
총 점				

활동 소감
좋았던 점
어려웠던 점
아쉬운 점
칭찬하고 싶은 점

#10
책임

•주제: 책임감이 있어요

•창의인성 덕목: 책임

•창의성교육요소: 호기심 및 흥미

•수업 방법: 실습학습

•사고 기법: 만약에/ 색다른 용도법/ 평가행렬법

•창의적 사고기능: 유추성, 독창성, 융통성

•창의적 사고성향: 정직성, 독자성, 집중성

▶ 활동명: 다양한 직업

▶ 활동목표: ─다양한 직업을 안다.

　　　　　　─직업마다 하는 일을 알 수 있다.

　　　　　　─부모님의 직업을 안다.

　　　　　　─우리 사회에서 중요한 직업이 무엇인지 이해할 수 있다.

▶ 활동자료: 직업카드, 직업에 사용되는 상징 물건들, 도화지, 가위, 풀, 그리기 도구 등

▶ 활동방법

1. 주변에 있는 다양한 직업을 알아본다.

2. 직업에 따라서 중요하게 하는 일이 무엇인지 알아본다.

3. 직업에 따라서 무엇이 필요한지 알아본다.

4. 우리 부모님의 직업을 친구에게 설명한다.

5. 우리 주변에서 중요한 직업이 무엇인지 이야기한다.

6. 우리 주변에서 없어서는 안 되는 꼭 필요한 중요한 식업을 알아본다.

▶ 활동지1-1. 다양한 직업, 다양한 물건

반   이름 :

직업	필요한 것(가능한 많이 생각한다)	하는 일(가능한 많이 생각한다)
주부		
선생님		
경찰관		
소방관		
청소부		
의사		
피아니스트		
화가		
요리사		
축구선수		

▶ 활동지1-2. (만약에~) 주제의 직업을 가진 사람이 우리 주변에 없다면 어떤 일이 일어
날까요? 이 사람들은 무슨 책임이 있나요?

반   이름 :

만약에 ○○가 없다면	어떤 일이 일어날까요?	책임
주부		
선생님		
경찰관		
소방관		
청소부		
의사		
피아니스트		
화가		
요리사		
운전기사		

▶ 활동지1-3. (만약에~) 주제의 직업을 가진 사람에게 ○○○가 없다면 어떤 일이 일어날까요? 이 사람들은 무슨 책임이 있나요?

반　　　　이름 :

직업	없는 것(가능한 많이 생각한다)	일어날 일(가능한 많이 생각한다)
주부		
선생님		
경찰관		
소방관		
청소부		
의사		
피아니스트		
화가		
요리사		
축구선수		

▶ 활동지1-4. 우리 부모님 직업은요?

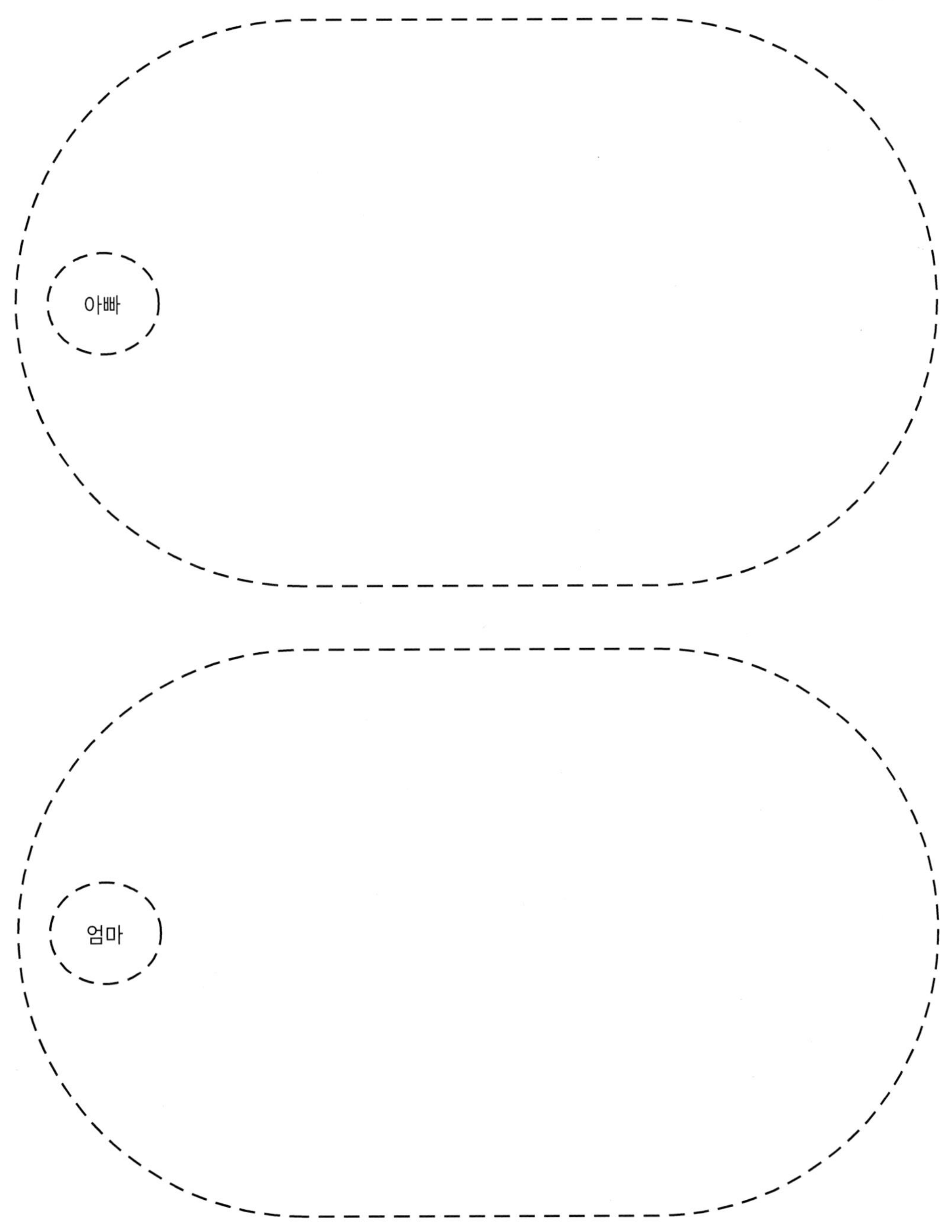

▶ 활동지2-1. 청진기의 색다른 용도는(색다른 용도법)?

주제	의사선생님이 진료하는 것 외에 청진기의 색다른 용도는?
청진기	•장난감 •소리 관찰 • • • • •

▶ 활동지2-2. 빗자루의 색다른 용도는(색다른 용도법)?

주제	청소할 때 사용하는 것 외에 빗자루의 색다른 용도는?
빗자루	• 마녀의 지팡이 • 벽화 그리는 붓 • • • • • •

▶ 활동지3. 우리 주변에서 중요한 직업은(평가행렬법)?

이름 직업						총점
주부						
선생님						
경찰관						
소방관						
청소부						
의사						
피아니스트						
화가						
요리사						
운전기사						

♣ 윗줄에는 친구들 이름을 적는다. 그들이 각각 생각하는 중요한 순서를 적는다. 오른쪽 총점에 여러 친구들이 생각한 순위의 점수를 합하면 가장 낮은 점수를 받은 직업이 가장 중요한 직업이 된다.

☆ 가장 중요하다고 생각하는 직업은 ＿＿＿＿＿＿＿＿＿＿입니다.

☆ 이유는 ＿＿＿＿＿＿＿＿＿＿＿＿＿＿＿＿＿＿＿＿입니다.

☆ ＿＿＿＿＿＿＿＿＿는 책임감을 갖고 자기의 직업을 잘 수행할 것이라고 믿습니다.

▶ 활동평가

1. 창의인성 평가표(교사용)

반   이름 :

주제: 책임감이 있어요

영역	평가 기준		평가척도		
---	---	---	우수	보통	노력 바람
활동목표	•다양한 직업을 안다. •직업마다 하는 일을 알 수 있다. •부모님의 직업을 안다. •우리 주변에서 중요한 직업이 무엇인지 이해할 수 있다.				
창의인성 목표	궁금증 가지기	주변의 현상에 대하여 의문을 갖나?			
	자신의 흥미 탐색하기	직업에 대하여 흥미를 관심이 있나?			
	학습내용 응용하기	질문을 많이 하는가?			
	독창성	자기만의 방법으로 판단·표현하나?			
	융통성	다른 관점으로 보려고 하나?			
	유추성	사물·현상의 관련성을 생각하나?			
	정직성	나와 남의 의견을 공정하게 대하나?			
	독자성	스스로 탐색하고 시도하나?			
	집중성	시간 가는 줄 모르고 하나?			
교사 의견					

2. 자기평가표

반   이름 :

	평가지표	평가점수		
1	나는 활동준비를 잘 하였다.	3	2	1
2	나는 오늘 활동 내용을 잘 이해하고 있다.			
3	나는 친구의 이야기를 잘 들었다.			
4	나는 주변의 현상에 대하여 의문을 갖는다.			
5	나는 사물과 현상의 관련성을 생각하였다.			
6	나는 나만의 생각을 적극적으로 표현하였다.			
7	나는 나와 남의 의견을 공정하게 대하였다.			
	총 점			

활동 소감	
좋았던 점	
어려웠던 점	
아쉬운 점	
칭찬하고 싶은 점	

#11
소유

•주제: 주인이 있어요.

•창의성교육요소: 사고의 확장

•수업 방법: 탐구학습

•사고 기법: 스토리보드/ 형태학적 분석

•창의적 사고기능: 융통성, 유창성, 상상력

•창의적 사고성향: 탐구심, 정직성, 변화에 대한 개방성

▶ 활동명1: 내 그림자(스토리보드)

▶ 활동목표: －그림자의 생성을 이해할 수 있다.

  －내 그림자의 다양함을 이해할 수 있다.

  －내 것이라도 모두 가질 수 있는 게 아니라는 것을 이해한다.

  －내 것을 공유할 수 있다.

▶ 활동자료: 랜턴, 커튼, 필기도구 등

▶ 활동방법

1. 내 그림자를 탐색한다.

2. 내 그림자가 경우에 따라서 다르게 보인다는 것을 안다. 길게 혹은 짧게/한 개 혹은 여러 개/가늘게 혹은 뚱뚱하게/진하게 혹은 흐리게 보인다는 것을 그림자 놀이하는 가운데 이해한다.

3. 내 그림자는 신체의 부분을 합하면 때때로 엉뚱하게 다른 모양을 만들 수 있는지 실

제 활동을 하면서 브레인스토밍한다.

4. 내 그림자이지만 내가 가지지 못한다는 것을 이해한다.

5. 내 그림자이지만 내 맘대로 할 수 있는 것은 아니라는 것을 이해한다.

「욕심 많은 개」의 이야기를 완성할 수 있도록 빈칸에 만화를 그리고 이야기를 완성해 보아요.

	강아지는 맛있는 뼈를 입에 물고 다리 위를 걸어가고 있었어요.
	강아지의 입에 있던 맛있는 뼈는 그만 시냇물 속으로 풍덩 빠져 버렸어요.

▶ 활동1. 내 그림자 놀이

－교실을 어둡게 만들고 난 후 랜턴을 비추며 다양하게 그림자를 만들며 탐색한다.

－그림자 밟기 게임을 한다.

▶ 활동지1-1. 내 그림자 놀이

그림자로 만들 것	손 모양 그림	그림자 모양
개의 얼굴		
나비		
오리 모양		
개의 얼굴		
여우		

▶ 활동지1-2. 「그림자 연극」 만들기 위하여 좋은 방법은(스토리보드 만들기)?

•스토리보드에 있는 '그림자, 손(모양), 빛'을 각 영역의 아이디어 자극제로 이용한다.

•각 영역마다 속성에 대해 각각 3가지 해결책을 찾는다.

•모든 해결책들을 검토하면서 어떤 새로운 아이디어가 더 나올 수 있겠는지 생각한다.
  위에 찾아낸 열거된 9개의 아이디어를 결합함으로써 멋진 해결책들을 얻을 수 있다.

▶ 해결책1.

▶ 해결책2.

▶ 활동평가1

1. 창의인성 평가표(교사용)

반   이름 :

주제: 주인이 있어요

영역	평가 기준	평가척도		
		우수	보통	노력 바람
활동목표	•그림자의 생성을 이해할 수 있다. •내 그림자의 다양함을 이해할 수 있다. •내 것이라도 모두 가질 수 있는 게 아니라는 것을 이해한다. •내 것을 공유할 수 있다.			
창의인성 목표	확산적 사고　다양한 방법을 찾았는가?			
	상상력　문제해결을 위하여 다양하게 상상하나?			
	유추・은유　현상에서 내적 관련성을 발견하는가?			
	유창성　많은 양의 아이디어를 생각하나?			
	융통성　다른 관점으로 보려고 하나?			
	정직성　자신을 솔직하게 소개하고 있나?			
	탐구심　적극적으로 탐색하나?			
	변화에 대한 개방성　모호함을 견디고 새로운 방향을 찾나?			
교사 의견				

2. 자기평가표

반   이름 :

	평가지표	평가점수		
1	나는 활동준비를 잘 하였다.	3	2	1
2	나는 오늘 활동 내용을 잘 이해하고 있다.			
3	나는 친구의 이야기를 잘 들었다.			
4	나는 나의 생각을 다른 관점으로 보려고 하였다.			
5	나는 문제해결을 위하여 다양하게 상상하였다.			
6	나는 나만의 생각을 적극적으로 표현하였다.			
7	나는 모호함을 견디고 새로운 방향을 찾아보았다.			
총 점				

활동 소감
좋았던 점
어려웠던 점
아쉬운 점
칭찬하고 싶은 점

▶ 활동명2: 내 가방(형태학적 분석)

▶ 활동목표: －내 가방을 멋지게 디자인할 수 있다.

－보이지 않는 것도 주인이 있다는 것을 이해할 수 있다.

－다른 사람의 물건은 허락받고 사용한다는 것을 이해할 수 있다.

－내 것을 다른 사람과 함께 공유할 수 있다.

▶ 활동자료: 도화지, 가위, 풀, 사진, 크레파스, 색연필 등

▶ 활동방법

1. 내 가방의 속성을 알아본다.

2. 내 가방이 어떻게 변하면 좋을지 상상한다.

3. 형태학적 분석법에 의하여 재료, 모양, 색깔, 장식, 가방 안 항목으로 가로축을 정한다. 그에 따라서 세로축의 항목들을 각각 생각해낸다.

4. 각 항목 중 가장 적합한 것을 하나씩만 체크한다.

5. 체크한 항목들을 결합하여 나만의 가방을 만들어 본다.

▶ 활동지2-1. 어떻게 하면 멋진 내 가방을 만들 수 있을까?

재료	모양	색깔	장식	가방 안
부직포	동그란 모양	빨간색	지퍼	안주머니
상자	네모	노란색	단추	두 개로 나눔
헝겊	복주머니	파란색	찍찍이	하나의 통
가죽	사다리꼴	검정색	자석	지퍼주머니와 열린 주머니
레자	원통모양	분홍색	쇠잠금	지갑

☆ 매트리스에서 선택한 것들을 결합하여 보면

재료는 헝겊, 모양은 사다리꼴, 색깔은 파란색과 분홍색이 혼합된 것, 장식은 찍찍이를 사용, 가방 안은 하나의 통으로 된 것을 만들기로 한다.

☆ 정리하면

내 가방은 '헝겊으로 된 사다리꼴 모양이고 찍찍이 장식을 부착한 하나의 통으로 된 파란색과 분홍색이 혼합된 색'으로 멋지게 디자인하여 만들면 멋지게 될 것으로 기대한다.

▶ 활동지2-2. 내 가방 그리기

활동1의 가방을 상상하여 멋진 내 가방을 그리고 색칠해본다.

▶ 활동평가2

1. 창의인성 평가표(교사용)

반   이름 :

주제: 내 가방

영역	평가 기준		평가척도		
			우수	보통	노력바람
활동목표	•내 가방을 멋지게 디자인할 수 있다. •보이지 않는 것도 주인이 있다는 것을 이해할 수 있다. •다른 사람의 물건은 허락받고 사용한다는 것을 안다. •내 것을 공유할 수 있다.				
창의인성 목표	확산적 사고	다양한 방법을 찾았는가?			
	상상력	문제해결을 위하여 다양하게 상상하나?			
	유추·은유	현상에서 내적 관련성을 발견하는가?			
	유창성	많은 양의 아이디어를 생각하나?			
	융통성	다른 관점으로 보려고 하나?			
	정직성	자신을 솔직하게 소개하고 있나?			
	탐구심	적극적으로 탐색하나?			
	변화에 대한 개방성	모호함을 견디고 새로운 방향을 찾나?			
교사 의견					

2. 자기평가표

반   이름 :

	평가지표	평가점수		
1	나는 활동준비를 잘 하였다.	3	2	1
2	나는 오늘 활동 내용을 잘 이해하고 있다.			
3	나는 친구의 이야기를 잘 들었다.			
4	나는 나의 생각을 다른 관점으로 보려고 하였다.			
5	나는 문제해결을 위하여 다양하게 상상하였다.			
6	나는 나만의 생각을 적극적으로 표현하였다.			
7	나는 모호함을 견디고 새로운 방향을 찾아보았다.			
총 점				

활동 소감	
좋았던 점	
어려웠던 점	
아쉬운 점	
칭찬하고 싶은 점	

#12
용서

•주제: 다른 점을 받아들여요

•창의인성 덕목: 용서

•창의성교육요소: 독립성

•수업 방법: 협동학습

•사고 기법: 결점열거법/ 4축사고

•창의적 사고기능: 정교성, 융통성, 상상력

•창의적 사고성향: 호기심, 자발성, 변화에 대한 개방성

▶ 활동명: 모두 이겼어요.

▶ 활동목표: －다른 사람이 나의 생각에 대해 반대할 수 있다는 점을 안다.

　　　　　　　－나의 생각에 대해 비판하는 것을 받아들일 수 있다.

　　　　　　　－친구가 나와 다른 사고방식을 행동해도 이해하고 받아들일 수 있는 열
　　　　　　　　린 마음을 갖는다.

▶ 활동자료: 음악CD, 도화지, 가위, 풀, 크레파스, 색연필 등

▶ 활동방법

1. 워밍업활동으로 「엉금엉금 기어서 가자」에 맞춰서 노래와 율동을 하고, 「산토끼」 노
　 래를 율동과 함께 한다.

2. 「토끼와 거북이의 경주」 이야기를 다시 한번 상기시켜 듣는다.

3. 토끼의 특성은 무엇인지 브레인스토밍을 통하여 마인드맵 활동을 한다.

4. 거북이의 특성은 무엇인지 브레인스토밍을 통하여 마인드맵 활동을 한다.

5. 지금까지 나온 나에 관한 이야기 중에서 나를 가장 잘 설명하고 있는 것에 하이라이팅한다.

6. 토끼와 거북이의 특성에서 결점열거법을 활용한다.

7. 결점을 보완할 수 있는 방법을 찾아준다.

8. 빨랐지만 게임에서 진 토끼가 어떻게 진 것을 수용할 수 있는지 협동하여 토론하며 방법을 찾는다.

9. 거북이는 토끼가 잠든 곳을 지나면서 그냥 놔두고 가면서도 이긴 것을 어떻게 받아들여야 하는지에 대해 토론하여 합의된 의견을 찾는다.

10. 토끼와 거북이가 모두 이길 수 있는 방법을 찾아본다.

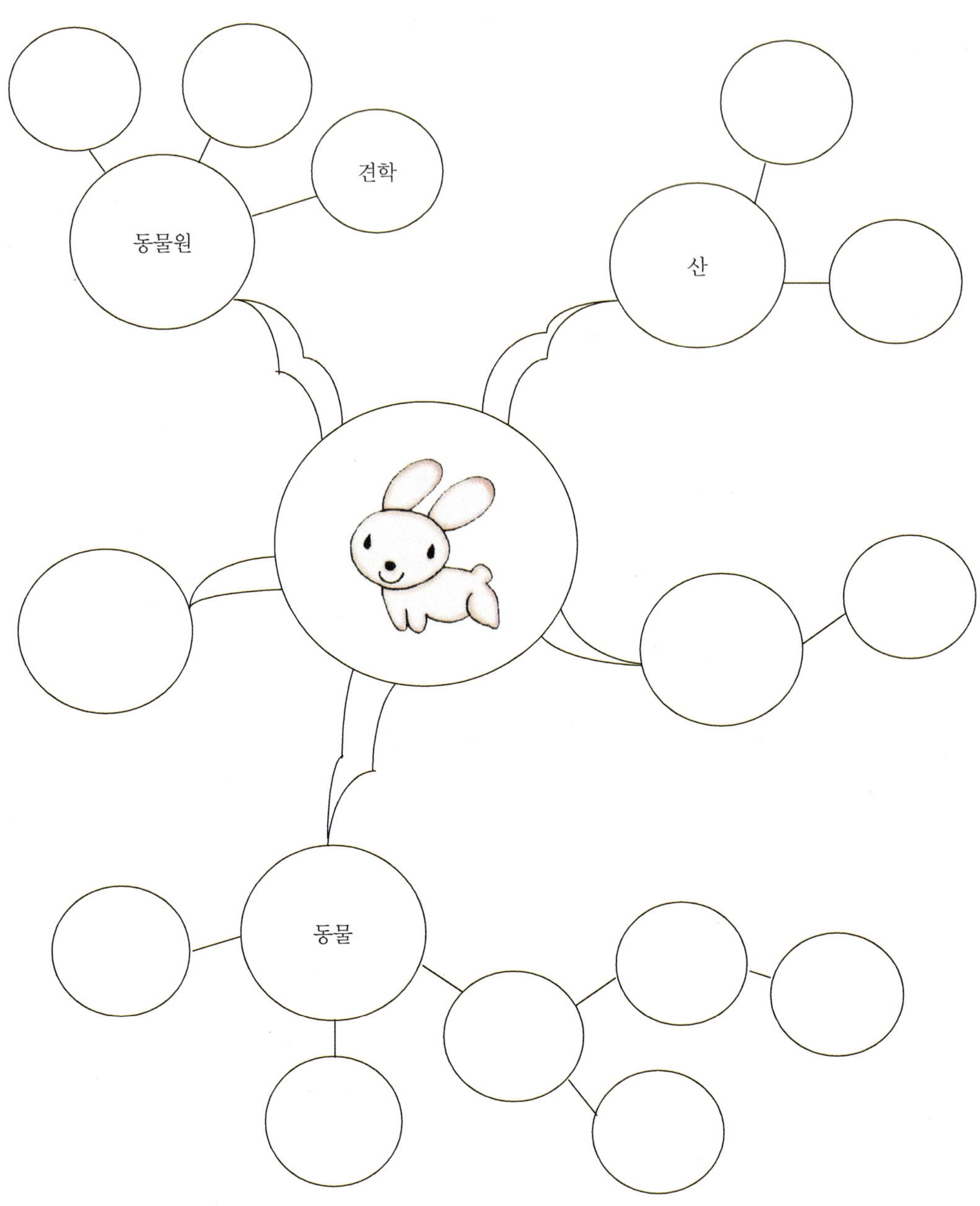
견학
동물원
산
동물

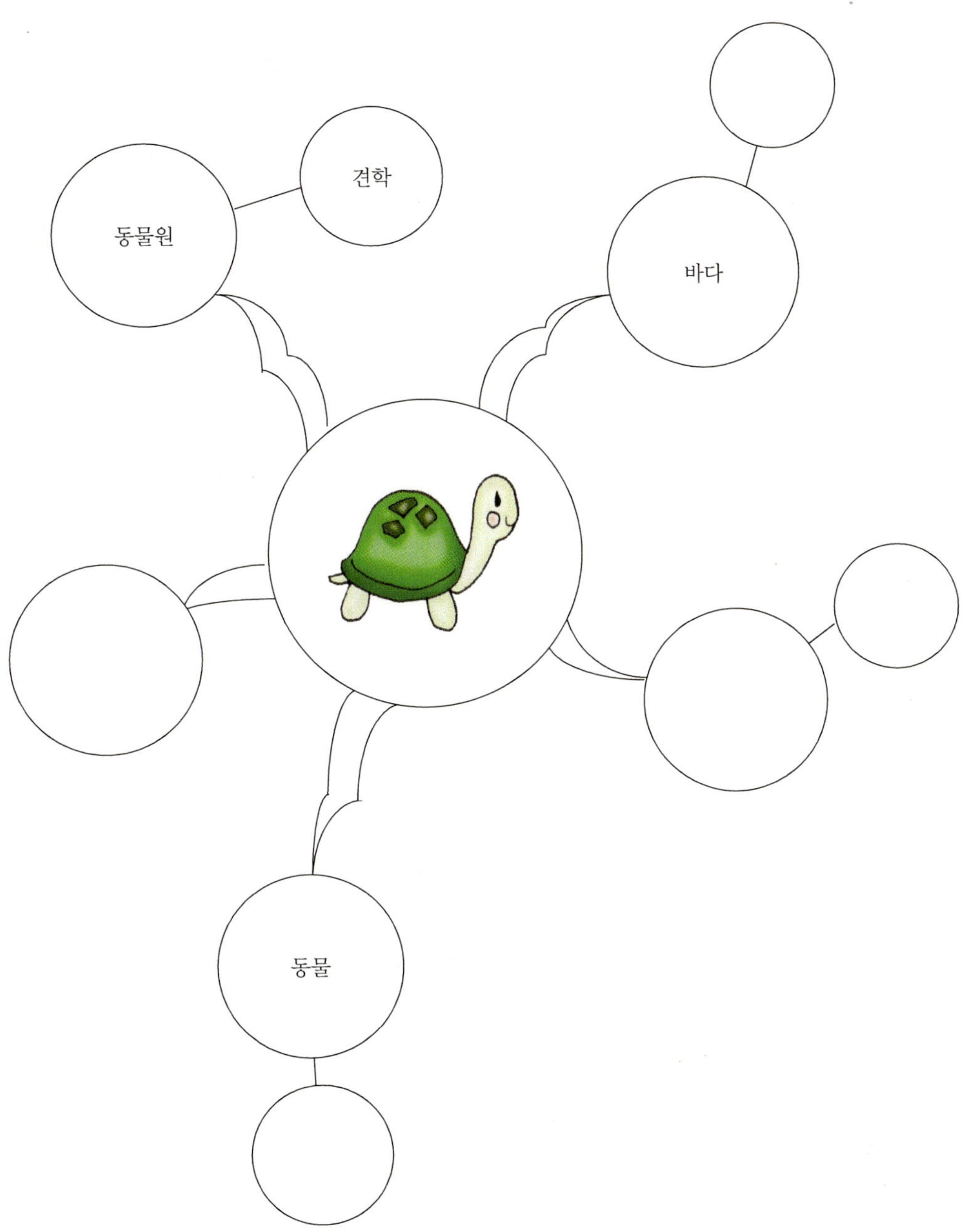
견학
동물원
바다
동물

▶ 활동지1-3. 결점열거하기

─마인드맵 활동을 통하여 알게 된 '토끼'와 '거북이'의 결점을 열거하고 결점을 해결
　할 수 있는 방법을 찾아본다.

토끼의 결점열거법			거북이의 결점열거법		
결점	➜	해결점	결점	➜	해결점
	➜			➜	
	➜			➜	
	➜			➜	
	➜			➜	
	➜			➜	
	➜			➜	
	➜			➜	

▶ 활동지1-4. '결점열거하기'를 통하여 둘 다 이기는 방법을 찾는다.

♥ 토끼가 이기는 방법

♥ 거북이가 이기는 방법

♥ 둘 다 이기는 방법을 표현하기 ♥

♥ 서로 다르다는 것을 알고 용서하는 방법을 표현하기 ♥

▶ 활동지2-1. 4축사고

－토끼와 거북이의 경주 현장으로 상상여행을 떠나요.

4축	문제해결 관점	상상하며 사고하기
시간축	과거	
	현재	
	미래	
공간축	장소를 달리한다	
주제축	주제를 달리한다	
인물축	문제 속의 주요 인물이 되어 본다.	

활동지2-2. 상상여행 결과 글쓰기

♣ 언제인가?
♣ 어디인가?
♣ 누구와 누구인가?
♣ 무엇을 하였나?
♣ 그래서 어떻게 되었나?

▶ 활동평가

1. 창의인성 평가표(교사용)

반   이름 :

주제: 다른 점을 받아들여요

영역	평가 기준		평가척도		
			우수	보통	노력 바람
활동목표	•다른 사람이 나의 생각에 반대할 수 있다는 점을 안다. •나의 생각에 비판하는 것을 받아들일 수 있다. •친구가 나와 다른 사고방식을 행동해도 이해하고 받아들일 수 있는 열린 마음을 갖는다.				
창의인성 목표	용기	도전하려고 하는가?			
	자율성	스스로 선택하고 행동하는가?			
	독창성	자기만의 방식으로 판단하고 표현하나?			
	정교성	보다 구체화하고 치밀하게 다듬나?			
	융통성	다른 시각으로도 보려고 생각하나?			
	상상력	경험을 넘어 자신만의 관점이 있나?			
	호기심	주변에 의문을 갖고 질문하고 있나?			
	자발성	문제에 스스로 적극적으로 탐색하나?			
	변화에 대한 개방성	다양한 아이디어나 입장을 수용하는 열린 마음인가?			
교사 의견					

2. 자기평가표

반   이름 :

	평가지표	평가점수		
1	나는 활동준비를 잘 하였다.	3	2	1
2	나는 오늘 활동 내용을 잘 이해하고 있다.			
3	나는 친구의 이야기를 잘 들었다.			
4	나는 문제에 스스로 적극적으로 탐색하였다.			
5	나는 경험을 넘어 자신만의 관점으로 끝까지 열심히 하였다.			
6	나는 주변에 의문을 갖고 질문하였다.			
7	나는 다양한 아이디어나 입장을 수용하는 열린 마음을 가졌다.			
총 점				

활동 소감
좋았던 점
어려웠던 점
아쉬운 점
칭찬하고 싶은 점

참고문헌

곽노의(2010) 숲속유치원에서의 놀이와 인성교육에 관한 연구. 홀리스틱교육연구 제15권 제3호 pp. 1~23.

곽재희 외(2012) 창의·인성교육을 위한 전략 연구. 파주: 한국학술정보.

교육과학기술부(2010) 교과부 보도자료. '창의·인성교육 기본방안'발표

_____________(2010) 유치원기본과정 내실화를 위한 인성교육 프로그램.

_____________(2010) 유치원기본과정 내실화를 위한 창의성교육 프로그램.

_____________(2010) 유치원기본과정 내실화를 위한 종합 프로그램.

_____________(2010) 창의와 배려의 조화를 통한 인재육성 창의인성교육 기본방안.

권오남(2010) 창의·인성교육을 위한 교수방법. 교과서연구. 제62호. pp.50~53.

권윤자(2008) 문학 접근을 통한 언어교육이 유아의 창의성 발달에 미치는 영향. 국제문화대학원대학교 석사학위논문.

김선미(2009) 창의성 계발 훈련 프로그램이 아동의 창의적 사고력과 창의적 성향에 미치는 영향. 한신대학교 대학원 석사학위논문.

김선중 외(2012) 실과수업의 이해와 실제. 파주: 한국학술정보.

김언주(2000) 21C 정보화 사회와 인성교육. 교육심리연구, 14(1). pp. 5-17.

김영채(2010) 창의, 인성, 봉사 그리고 창의적 체험활동. 대한사고개발학회 2010년차 학술대회 주제발표논문.

김왕동(2010) 창의인성교육의 근본적 해법. STEP I ISSUES & POLICY 2010-2011.

김정희(2007) 산책을 통한 자연친화적 탐구활동이 유아의 창의적 사고력 증진에 미치는 효과 영남대학교 대학원 석사학위논문.

김종호(1999) 자녀의 인성과 창의성, 두 마리 토끼잡기. 서울: 교육과학사.

문정화, 하종덕(2001) 또 하나의 교육 창의성. 서울: 학지사.

박명숙(2005) 철학적 탐구공동체 활동이 유아의 비판적 사고력 향상에 미치는 효과. 계명대학교 대학원 석사학위논문.

박병현(2003) 마인드 맵 활용 수업이 아동의 창의적 사고력과 성향에 미치는 효과. 전주대학교 대학원 석사학위논문.

박숙희(2011) 창의·인성교육의 효과 증대를 위한 교사연수 방안. 2011년 한국창의력 교육학회 춘계 학술대회.

박윤화(1990) 사고력 향상을 위한 어린이 철학교수법 고찰. 한국외국어대학교 대학원 석사학위논문.

박장호(1997) 한국교육의 성장과 개혁. 서울: 교육과학사.

안영진(2010) 유아인성교육. 서울: 창지사.

우영효(2010) 영유아 인성교육의 이론과 실제. 파주: 양서원.

우종옥(2010) 21세기 교육의 큰 두 개의 축. 파주: 교육과학사.

원호택(1998) 교육학대백과사전. 서울대학교교육연구소편. 서울: 하우동설.

이경화(2010) 창의·인성교육과 학교교육의 역할. 교육전남. 특집/ 창의·인성이 조화된 교육과정 운영.

이동원(2009) 창의성교육의 실천적 접근. 서울: 교육과학사.

이병석 외(2010) 영유아인성교육. 파주: 양서원.

이수원등(1988) 심리학: 인간의 이해. 서울: 정민사.

이영석(2003) 유아 영재의 판별과 교육 프로그램 운영방법. 한국영재학회 추계학술대회 주제발표자료. pp. 20-51.

이진규(2011) 2011년 창의·인성교육의 추진방향. The Eduforum January-211.

임혜숙, 전남련(2004) 유아영재 지각인지사고력의 이론과 실제. 서울: 청송.

임혜숙(2007) 다요인학습프로그램이 유아의 창의성과 지능에 미치는 영향. 명지대학교 대학원 석사학위논문.

조난심(2010) 창의·인성교육의 방향과 과제: 초등 도덕과 교육을 중심으로. 2010 한국초등도덕교육학회 하계 연차학술대회 발표원고.

조선희, 유연옥(2001) 유아사고교육의 이론과 실제. 서울: 창지사.

조연순(2009) 창의적 문제해결과 교육방법. 대한사고개발학회 2009년차 학술대회주제발표논문.

전경석(2001) 유아기 인성교육을 위한 에듀테인먼트기기 디자인에 관한 연구. 홍익대학교 대학원석사학위논문.

전경원(1998) 나도 '창의(創意)'를 낼 수 있다구요. 서울: 창지사.

______(2000) 창의학. 서울: 학문사.

전경원, 김경희(2012) 유아창의성교육. 파주: 정민사.

전남련(2005) 창의성을 키우면 누구나 영재다. 서울: 생명의말씀사.

전남련, 임혜숙(2004) 유아영재창의구성교육과 심리검사. 서울: 청송.

정영교(2006) 창의적 사고의 기술. 서울: crḗdu.

최민수(2011) 유아교육현장에서의 영유아 인성교육 방안 모색. 유아교육·보육행정연구 제15권 제4호.

한국과학항의재단(2010) 미래사회 영재를 위한 창의·인성교육방안 연구.

______________(2011) 취학 전 초등 저학년 대상 창의·인성교육 모델 프로그램 개발 연구.

______________(2010) 미래형 인재와 창의·인성교육.

______________(2010) 창의·인성교육 총론.

한국교육개발원(2004) 영재의 창의적 문제해결력 계발을 위한 교수-학습 자료 개발.

______________(2005) 창의성교육 프로그램 개발 연구 보고서.

한국교육과정평가원(2011) 창의·인성교육의 현장적용성 제고방안.

홍경자(2010) 청소녀의 인성교육 나는 누구인가. 서울: 학지사.

홍명희(2012) 유아인성교육. 서울: 형설.

홍순정(1999) 지능과 창의성. 서울: 양서원.

홍순정 외(2011) 인성교육의 기초: 유아품성지도. 서울: 창지사.

홍승분(2007) 유아 철학놀이가 유아의 창의적 사고력 향상에 미치는 효과. 건국대학교 대학원 석사학위논문.

<번역도서>

Edward De Bono(1994). 여섯색깔 생각의 모자(송광한, 양선진 옮김). 서울: 한울.

______________((2005) 드 보노 그림놀이(신기호 옮김). 서울: (주) 한언

Robert Boostrom(1999). 창의적·비판적 시고(강명희 옮김). 서울: 창지사.

<참고사이트>
http://www.mest.go.kr 교육과학기술부
http://www.sen.go.kr 서울특별시교육청
http://www.cbe.go.kr 충청북도교육청
http://www.fpsp.or.kr 창의력 한국 FPSP/ 현곡 R&D.
http://www.scienceall.com 사이언스올
http://www.tcnc.net 창의넷
http://www.crezone.net 창의인성 교육넷
http://www.kofac.re.kr 한국과학창의재단

임혜숙

단국대학교 국어국문학과(문학학사)
명지대학교 영재교육학 전공(영재교육학석사)
국제문화대학원대학교 사회복지학과 졸업(사회복지학석사)
백석대학교 기독교사회복지대학원 기독교사회복지학과(사회복지학 박사)

현) 서울사회복지대학원대학교 사회복지학과 교수
　　서울사회복지대학원대학교 평생교육원 창의영재지도사 주임교수
　　K&T창의영재교육연구소 소장
　　한국창의영재지도사 검정평가원장(사단법인 한국미래교육평가연구회)
　　21세기사회복지학회 이사
　　한국임상복지예술심리치료학회(KCAP) 이사
　　(사회복지법인)명신원 감사

프로그램 개발

영·유아영재교육(언어, 수, 창의력, 사고력)(1999)
유아영재교육 프로그램(공저, 2003)
GT아동지능검사(공저, 2003)
유아영재판별검사(공저, 2003)
K&T유아영재프로그램(공저, 2003)
CBE프로그램(공저, 2003)
가드너 영재교육프로그램(공저, 2003)
EGB프로그램(공저, 2004)
IM창의영재교육프로그램(2006)

주요 논저

『유아영재교육 개론』(공저, 2004)
『유아지각인지 사고력의 이론과 실제』(공저, 2004)
『유아영재창의성구성과 심리검사』(공저, 2004)
『유아영재 수, 과학의 이론과 실제』(공저, 2004)
『유아영재 언어, 감성, 기억의 이론과 실제』(공저, 2004)
『방과후학교 강사를 위한 공통교양』(한국지식기반평가연구회, 2006)
「장애청소년의 자아정체감 형성에 관한 경험연구」(박사학위 논문)
「보육시설 장애영유아의 지능과 창의사고력에 관한 연구」(석사학위 논문)
「다요인 학습 프로그램이 유아의 지능과 창의사고력에 미치는 효과」(석사학위 논문)
「장애인의 직업재활을 위한 자기표현력 향상에 관한 집단미술치료 사례연구」
「장기요양시설 서비스만족도가 주관적 안녕감에 미치는 영향요인 분석」
「교회사회복지 프로그램에 「영재교육 전문가 양성과정」 적용의 제안」
「저소득층아동의 집단미술치료를 통한 사례연구」
「소외 계층 영재들에 대한 교육복지정책 분석」

창의적 인성개발

초판인쇄 | 2012년 8월 24일
초판발행 | 2012년 8월 24일

지 은 이 | 임혜숙
펴 낸 이 | 채종준
펴 낸 곳 | 한국학술정보㈜
주   소 | 경기도 파주시 문발동 파주출판문화정보산업단지 513-5
전   화 | 031) 908-3181(대표)
팩   스 | 031) 908-3189
홈페이지 | http://ebook.kstudy.com
E-mail | 출판사업부 publish@kstudy.com
등   록 | 제일산-115호(2000. 6. 19)

ISBN   978-89-268-3803-7 93370 (Paper Book)
        978-89-268-3804-4 95370 (e-Book)

내일을여는지식 은 시대와 시대의 지식을 이어 갑니다.